民國歷史與文化研究

十 二 編

第 **1** 冊

《十二編》總目

編 輯 部 編

清末民初江蘇地方政制轉型研究（1905～1927）

祝 小 楠 著

花木蘭文化事業有限公司

國家圖書館出版品預行編目資料

清末民初江蘇地方政制轉型研究（1905～1927）／祝小楠 著

-- 初版 -- 新北市：花木蘭文化事業有限公司，2021〔民110〕

目 4+272 面；19×26 公分

（民國歷史與文化研究　十二編；第1冊）

ISBN 978-986-518-298-4（精裝）

1. 地方政治 2. 民國史 3. 江蘇省

628.08　　　　　　　　　　　　　　　　110000126

ISBN-978-986-518-298-4

9 789865 182984

民國歷史與文化研究
十二編　第 一 冊　　　　　　　ISBN：978-986-518-298-4

清末民初江蘇地方政制轉型研究（1905～1927）

作　　者　祝小楠
總 編 輯　杜潔祥
副總編輯　楊嘉樂
編　　輯　許郁翎、張雅淋　美術編輯　陳逸婷
出　　版　花木蘭文化事業有限公司
發 行 人　高小娟
聯絡地址　235　新北市中和區中安街七二號十三樓
　　　　　　電話：02-2923-1455／傳真：02-2923-1452
網　　址　http://www.huamulan.tw 信箱 service@huamulans.com
印　　刷　普羅文化出版廣告事業
初　　版　2021 年 3 月
全書字數　221351 字
定　　價　十二編 4 冊（精裝）台幣 12,000 元　　版權所有・請勿翻印

《十二編》總目

編輯部 編

《民國歷史與文化研究》十二編　書目

《民國歷史與文化研究》十二編
各書作者簡介‧提要‧目次

第一冊　清末民初江蘇地方政制轉型研究（1905～1927）

作者簡介

祝小楠，1981 年生，河北邯鄲人。歷史學博士。安陽師範學院馬克思主義學院副教授。2012 年獲得南京大學歷史學博士學位。在《歷史教學》《雲南社會科學》《江西社會科學》《廣西社會科學》《北方論叢》等期刊上發表論文數篇。現主要從事中華民國政治制度史研究。

提　要

清末民初，隨著清王朝統治崩潰，延續兩千多年的封建制度走向終結。然而，始於 1905 年的清末憲政改革並未隨著清王朝的結束而結束，反而影響至民國，並繼續推動著地方制度的現代化變革。江蘇作為清末憲政在地方實踐的典型代表，在時代變遷和社會轉型中表現出極為複雜的面相。一方面，江蘇作為近代中國最先受到歐風美雨浸染的區域之一，無論思想開化，觀念更新，還是制度變革，在全國範圍內都處於領先地位。而借憲政改革之機，江蘇地方制度不斷突破傳統「官治」的藩籬，立法、司法、行政、地方自治出現多頭並進的局面，民眾民主思想萌發，參政意識高漲，政治參與不斷擴大化，推動了江蘇地方制度現代化發展；另一方面，憲政改革在江蘇地方的剛性植入，使得社會精英所力推的變革措施在實踐層面上遭到了來自守舊階層的強力阻撓。保守集團既反對制度合理化，又反對政治參與擴大化。結

果導致「官治」與「民治」，「公權」與「私權」之間的對抗與衝突成為清末憲政改革過程中難以規避的焦點問題。尤其是在中央權威失墜，邊緣勢力迅速崛起的時代大背景下，地方精英與保守勢力對傳統制度的認知共識非但不能如清政府所希望的那樣，通過政治參與擴大化來統一新舊階層產生政見分歧，反而加深了地方社會的分裂。應該說，江蘇在這一時期的變革，既表現出一脈相承的延續性，又反映出其處於特殊轉型時期的斷裂性。「開新」與「守舊」的對峙與衝突，「西體」與「中體」的調適與頡頏，成為清末民初江蘇地方制度轉型的突出特點。而在這個過程中，即便傳統固化的政治制度在不斷坍塌，卻並不昭示著近代江蘇就此走上政治現代化之路。因為傳統政治觀念的掣肘與動盪多變時局又不斷攪擾著現代化進程，使得江蘇省地方政治制度改革自始至終都顯得步履維艱，困難重重。至 1927 年，隨著北伐戰爭的逐步勝利，國民黨政府成立，結束了北洋政府的統治。國民黨隨即建立起了以「五權憲法」為主體的政治體系，徹底終結了清末民初以來流於表面的憲政模式。「三民主義」意識形態開始貫穿於政治體制內，黨權代替立法權、司法權、行政權，並將其納入到黨化範圍之內。江蘇省自清末民初以來確立的政治結構又被國民黨體制異化，並納入到新的政治體制中，迎來了近代江蘇政治體系的又一次重要轉型。

目　次

第二冊　中國早期馬克思主義者的傳統觀
——以李大釗、陳獨秀、瞿秋白為例

作者簡介

周后燕，1985 年 5 月生，祖籍重慶永川。2008 年獲四川理工學院法學學士學位，2011 年獲西北大學哲學碩士學位，2017 年獲西北大學歷史學博士學位。2017 年 7 月至 2020 年 6 月任西華大學馬克思主義學院專職教師。2020 年 8 月入成都大學從教。發表學術論文：《陳榮捷論人文主義》、《朱熹對〈大學〉的改造》、《從「學為聖人」到「敦本善俗」——論張載的教化思想》、《莊子〈大宗師〉之「生」的世界》、《瞿秋白知識分子論》等。

提　要

傳統觀是文化自覺、文化自信繞不開的問題。中國近代傳統觀肇端於學術思想的轉變。五四時期，隨著馬克思主義理論的引入與傳播，中國早期馬克思主義者隊伍逐漸形成，他們將新的理論武器運用到對傳統的認識中，最終形成了具有自身特色的傳統觀。李大釗從理論層面奠定了早期馬克思主義者傳統觀發展的方向，他從新舊之間的聯繫入手，主張以傳統中具有生命力的內容為基點，批判地融合新的時代因素，實現傳統的現代化。他開啟了以馬克思主義理論研究中國傳統的先河。陳獨秀將李大釗開啟的新方向從思想領域推進到政治領域。陳獨秀認為社會的發展是通過質變實現的，新舊之間的關係是生死存亡的競爭關係。他極力凸顯新舊之間性質上的差異，主張以激烈的革命方式促進傳統向現代的轉化。瞿秋白沿著李大釗、陳獨秀的方向將對傳統的反思推進到社會革命領域。他將馬克思主義的辯證唯物主義引入到對傳統的認識中，明確提出了批判繼承法。瞿秋白從新舊之間的辯證關係入手，以歷史主義的眼光、階級的立場對傳統展開了批判繼承。早期馬克思主義者從不同側面，將傳統觀從抽象引向具體、從學術引向實踐，找到了推動傳統變革的現實力量，奠定了中國近代傳統觀的科學基礎。

目　次

第三冊 「文明戲」的文化政治——戲劇現代性與20世紀初社會文化

作者簡介

　　林存秀，現任紹興文理學院副教授，華東師範大學中國近現代史專業博士，曾任紐約大學聯合培養博士，臺灣中央研究院近代史研究所訪問學人。主要研究方向為社會文化史，中國婦女史及性別研究。

提　要

　　這個目前學術界唯一一部對「文明戲」進行譜系考察和概念分析的專著。文明戲的重要性在於，它展示了20世紀初期複雜的社會文化變遷。在近現代戲劇史上，至少有三種文明戲，即作為歷史事件的文明新戲運動，作為自稱的文明戲，和作為他稱的標籤化的文明戲。要講述文明戲的歷史，必須將其脈絡化和語境化。

　　本書同時關注兩個進程，一是以政治動員為目的的戲劇啟蒙運動；一是以大眾文化發展為中心的日常生活變遷，兩個過程實際上也是交織在一起的。戲劇的現代進程，也是近代中國所面臨的道路選擇的歷史隱喻。文明戲史，必須是新劇史和改良戲曲史的綜合考量，是傳統和現代的結合。「現代性」敘事的陷阱，使得文明戲被等同於早期話劇，遮蔽了傳統戲曲和地方曲藝自身趨向現代的歷史進程。

　　總之，這是以戲劇史為線的社會文化史，也是運用新文化史方法，綜合運用概念史、情感理論來研究的戲劇史。同時，女性主義史學也是本書重點關注的內容。通過對不同時段流行的家庭和情感劇的文本分析，展示近代女性在公共空間的崛起，和對大眾文化趣向所施加的影響。在結構上，基本上以時間為軸，輔以民族、階層、性別等議題。在某些章節，又會打破時間的敘事，使得一個故事得以完整敘述。

目　次

第四冊　民國時期書法理論轉型研究

作者簡介

　　李群輝，湖南慈利人，中國人民大學美學（書法）博士，中國社會科學院博士後，現供職於開明出版社，中國書法家協會會員，中央文史館書畫院「民國鉤沉」課題組研究成員，中國人民大學藝術學院、國務院辦公廳老幹局特聘書法教師。學術論文《民國書法批評的反思與重構》入選 2017 年當代書法批評蘇州論壇，並在《中國書法》、《漢字文化》、《造型藝術》等核心期刊上發表多篇學術文章，參與編寫《蘇軾行書集字對聯》、《吳大澂金文集字對聯》等字帖叢書。

提　要

　　民國時期的書法理論承前啟後，從縱向來看，民國書論對古代書論成果尤其是晚清以來的書學觀念進行批判性繼承，保證了書法理論的歷史延續性；民國學者用辯證的態度對碑帖關係進行重新整理與闡釋，碑帖結合的理念逐漸深入人心，進而促使書法創作進入一個更加寬闊的境地；從橫向看，民國學者尤其是受到西方文藝理論影響的一批人，開始運用康德美學、文藝心理學等理論方式來解釋中國傳統文藝現象，或者將其與中國傳統學說結合而形成兼具中西色彩的文藝理論，這種文化交融顯得富有國際性視野。

　　本文將民國書論與古代書論的主要內容進行對照，找出民國時期在書法本質、書法價值和前途、書法創作和書法品評等方面呈現出來的新思路和新觀念。

　　「書法的本質是什麼」的提出，最直接原因是因為西方文藝體系裏面沒有書法這一門類，其根源還在於書法與生俱來的泛文化特徵，這是民國書法理論最明顯也是最重要的一個特徵。關於書法價值和前途的討論也異常激烈，這一定程度上反映出民國學者對生存和命運的審視與思考。

　　在書法創作觀念上，民國學者提出以下四個主要論點：碑學和帖學難以涇渭分明；碑學未必盡善盡美；書法能否成為典型與碑帖的拓本無關；碑帖之間可以取長補短。民國書法創作理論的轉變主要表現為兩條線索：第一條線索是「理」，他們將藝術總的原則提到最重要的位置，說明當時的藝術家和學者對書法藝術的創作思想具有明顯的前瞻性；第二條線索是「用」，這一時期對新出土的甲骨文、漢簡以及敦煌寫經書法的借鑒和運用逐漸流行。

　　民國時期的學者開始追問藝術審美的普遍原則和藝術批評的基本標準，張宗祥、劉咸炘等人傾向對古代書法品評方法進行理論上的分析，他們提出兩大主要論點，一是反對以派別歸屬論書，一是反對以時代先後論書。

　　綜上所述，民國時期書法理論具有明顯的現代轉型意味，民國學者綜合中西文藝思想，視野十分寬闊，取得大量優秀成果的同時也為以後的書法理論研究奠定良好的現代學術基礎。

目　次

作者簡介

祝小楠，1981 年生，河北邯鄲人。歷史學博士。安陽師範學院馬克思主義學院副教授。2012 年獲得南京大學歷史學博士學位。在《歷史教學》《雲南社會科學》《江西社會科學》《廣西社會科學》《北方論叢》等期刊上發表論文數篇。現主要從事中華民國政治制度史研究。

提　　要

　　清末民初，隨著清王朝統治崩潰，延續兩千多年的封建制度走向終結。然而，始於 1905 年的清末憲政改革並未隨著清王朝的結束而結束，反而影響至民國，並繼續推動著地方制度的現代化變革。江蘇作為清末憲政在地方實踐的典型代表，在時代變遷和社會轉型中表現出極為複雜的面相。一方面，江蘇作為近代中國最先受到歐風美雨浸染的區域之一，無論思想開化，觀念更新，還是制度變革，在全國範圍內都處於領先地位。而借憲政改革之機，江蘇地方制度不斷突破傳統「官治」的藩籬，立法、司法、行政、地方自治出現多頭並進的局面，民眾民主思想萌發，參政意識高漲，政治參與不斷擴大化，推動了江蘇地方制度現代化發展；另一方面，憲政改革在江蘇地方的剛性植入，使得社會精英所力推的變革措施在實踐層面上遭到了來自守舊階層的強力阻撓。保守集團既反對制度合理化，又反對政治參與擴大化。結果導致「官治」與「民治」，「公權」與「私權」之間的對抗與衝突成為清末憲政改革過程中難以規避的焦點問題。尤其是在中央權威失墜，邊緣勢力迅速崛起的時代大背景下，地方精英與保守勢力對傳統制度的認知共識非但不能如清政府所希望的那樣，通過政治參與擴大化來統一新舊階層產生政見分歧，反而加深了地方社會的分裂。應該說，江蘇在這一時期的變革，既表現出一脈相承的延續性，又反映出其處於特殊轉型時期的斷裂性。「開新」與「守舊」的對峙與衝突，「西體」與「中體」的調適與頡頏，成為清末民初江蘇地方制度轉型的突出特點。而在這個過程中，即便傳統固化的政治制度在不斷坍塌，卻並不昭示著近代江蘇就此走上政治現代化之路。因為傳統政治觀念的掣肘與動盪多變時局又不斷攪擾著現代化進程，使得江蘇省地方政治制度改革自始至終都顯得步履維艱，困難重重。至 1927 年，隨著北伐戰爭的逐步勝利，國民黨政府成立，結束了北洋政府的統治。國民黨隨即建立起了以「五權憲法」為主體的政治體系，徹底終結了清末民初以來流於表面的憲政模式。「三民主義」意識形態開始貫穿於政治體制內，黨權代替立法權、司法權、行政權，並將其納入到黨化範圍之內。江蘇省自清末民初以來確立的政治結構又被國民黨體制異化，並納入到新的政治體制中，迎來了近代江蘇政治體系的又一次重要轉型。

目
次

緒　論

一、選題緣起

　　上世紀九十年代起，學界對清末憲政改革的關注持續升溫，逐漸成為研究熱點。然而，這些研究多偏重於宏觀考察，視線多停留在中央層面，至於憲政在地方層面的實際運作展開情形，憲政對之後地方現代化的正反向作用，則觸及較少。這種研究現狀的「不平衡性」給筆者留下了進一步探索的空間。筆者以為選擇某一省份或區域進行微觀考察，能夠更清楚更具象地揭示歷史的真實情形及其複雜性。之所以選擇江蘇作為考察對象，是因為江蘇地處東南，東臨大海，自古以來人文薈萃，經濟發展迅速，成為中國最為發達的地區之一。同時，受西力東漸影響，近代江蘇飽受歐風美雨薰染，得以開風氣之先，在清末憲政改革中多領先各省而被視為楷模。議會精神的勃發、司法體系的初創、行政機構的建立、地方自治的實踐使得地方精英迅速發展壯大，開始主導江蘇地方制度變革的進程，並延續至民國時期，深刻影響了江蘇的政治現代化進程。而在這一轉型過程中，既有中央與地方之間的博弈與較量，也有基層社會與上層建築的矛盾與對立，更有現代「公權」觀念與傳統「私權」意識的頡頏與糾纏。那麼，江蘇在清末是如何實施和推進地方制度的變革？對民初時期江蘇省地方政制產生了怎樣的影響？前後兩個時期的地方政制有何差異？這種差異背後反映出江蘇怎樣的政治發展軌跡？這些都是要著重考察的方面。現實是歷史的延續和反映，解決這些問題，有助於我們以史為鑒，對歷史上的經驗教訓進行總結，從而更好的審視近代江蘇政治現代化發展的歷史脈絡和特點。

二、學術史回顧

第一、國內研究狀況

1. 1990 年之前

國內相關研究最早可見於胡繩《帝國主義與中國政治》（人民出版社，1952年）。該書對清末憲政持較為批判的態度，認為此次改革不僅「蒙蔽人民，同時也是為了討好帝國主義列強」。因此，此次改革帶有明顯的欺騙性質，最終難以擺脫失敗的命運。在另一部由胡繩武、金沖及《論清末的立憲運動》（上海人民出版社，1959 年）強調由於受當時革命意識形態的影響，作者認為「清末的立憲運動，在性質上是一次地主階級──資產階級的反動的改良主義的政治運動，已經是十分明顯的事情了」，對清末立憲及立憲派秉持批判和否定的態度，這也基本上代表了當時整個學界的基本觀點和態度。此後，由於受「左」的思潮和十年文化大革命的影響，對清末憲政的研究被當時的革命化語境所左右，基本談不上有什麼學術性的研究，更無成果可言。

隨著文化大革命的結束，長期束縛人們的思想枷鎖被打破，學術研究也開始逐漸步入正軌，研究領域相對拓寬。學界也開始有意識用實事求是的態度重新審視清末憲政改革。開始在學術觀點上出現爭鳴，並對清末憲政時期所進行的一系列改革措施提出了新的觀點和見解。呂美頤《論清末官制改革與國家體制近代化》（《河南大學學報（哲學社會科學版）》，1986 年第 4 期）認為清末官制改革雖未完成從君主制到君主立憲制度過渡的目標，但在官制改革中出現的新式機構是作為君主專制政體的對立物出現的，因此「可以把清末官制變化看作中國國家體制近代化進程中重要的一環」，是「國家體制近代化的開端」。鄭大華《重評〈欽定憲法大綱〉》（《湖南師大社會科學學報》，1987 年第 6 期）強調清末所制定的《欽定憲法大綱》並非完全是鞏固和強化君主專制的封建法典，因為它不僅限制了一部分皇權，而且確認了三權分立的政權組織形式，並賦予人民一些基本權利。是一部「既具有濃厚的封建性質，又有著鮮明的資本主義色彩」的二元制君主立憲制的憲法綱領。而在另一文《關於清末預備立憲幾個問題的商榷》（《史學月刊》，1988 年第 1 期）中認為，清末統治集團內部立憲派與資產階級立憲派關於立憲之爭的實質並非是「真假立憲」之爭，問題的關鍵在於，究竟是以選擇日本二元制君主立憲制還是英國虛君共和制度才是問題本源所在。指出就當時中國社會發展的趨勢而言，兩種制度在中國皆無施行的可能性，但強調清末憲政是具有進步

意義的政治性改革。錢實甫《北洋政府時期的政治制度》（中華書局，1984
年）對北洋時期北京政府的立法、司法、行政各相關機構的演變和形成進行
了詳細的介紹，其史實性較強。不過，由於受十年文化大革命影響，此時期
對清末憲政的研究仍不免有所分歧。喬志強《辛亥革命前的十年》（山西人民
出版社，1987 年）則對預備立憲前的「新政」和預備立憲都有所論及，他對
整個清末憲政給予了較低評價，認為「立憲前的新政是半殖民地半封建性質
的假維新，預備立憲也只不過是假維新失敗後的另一個騙局」。總體來說，此
一時期對清末憲政改革研究處於革命話語向學術話語轉型的階段，學界也開
始對清末憲政改革進行重新審視與思考，為之後的研究奠定了一定的基礎。

　　與此同時，20 世紀 70 年代末 80 年代初，臺灣「中央研究院」的學者相
繼推出了一批關於中國現代化區域研究的成果論著，均由「中央研究院」近
代史研究所出版。其中王樹槐《中國現代化區域研究：江蘇省（1860～1916）》，
（《中央研究院近代史研究所專刊》（48），1984 年）與本研究在領域和時間
段上有重合之處。王著分別從政治、經濟、社會等幾方面對近代江蘇現代化
進行考察和分析，認為江蘇現代化發展是三者合力推動的結果。不過，由於
該書時間跨度較大，對江蘇現代化進程的討論偏重於宏觀敘述，且時間止於
1916 年，研究的著眼點與用力點均與本文不同。因此，為本文清末民初江蘇
省地方政治轉型研究留下了較大空間。

　　2. 1990 年至 2000 年

　　有關清末民初政治制度變革研究日益成為學界關注的焦點之一。隨著研
究領域的不斷拓展與深化，呈現出多視角，廣維度的研究態勢，相關成果著
作層出不窮，其中不乏觀點獨到見解新穎的論著。

　　關於清末時期主要包括以下論著：侯宜傑《二十世紀初中國政治改革風
潮》（人民出版社，1993 年）認為不應將清末憲政改革視為一種反動的潮流，
認為立憲運動的目的在於挽救空前嚴重的民族危機，因而它既是愛國運動，
又是民主運動。韋慶遠、高放、劉文源《清末憲政史》（中國人民大學出版社，
1993 年）探討了晚清憲政改革的背景、過程及結果，展現了清末憲政改革的
主要過程。認為晚清憲政改革雖然對當時政治體制產生了一定的推動作用，
但並不能挽救封建專制統治，被辛亥革命推翻乃是時代所趨。由白鋼主編《中
國政治制度通史》十卷本（人民出版社，1996 年）對中國古代政治制度的發
展進行了深入的剖析。其中對清朝中央的行政制度、司法審判制度、地方制

度、官員選任制度有較為全面的考察分析。認為清末憲政改革雖然是迫於內外形勢壓力下進行改革，也沒有觸動封建制度，但「它的那些變革措施和計劃，不少還是被民國政府所繼承，並加以發展」。殷嘯虎《近代中國憲政史》（上海人民出版社，1997 年）強調在主觀上，清政府想通過憲政改革擺脫嚴重的社會危機，以穩固其政權。但在實行過程中，又與中國封建傳統專制制度相衝突，最終招致失敗，對近代中國憲政的發展上產生了極其不良的影響。郭世祐《晚清政治革命新論》（湖南人民出版社，1997 年）肯定了清末憲政改革的做法，強調清末「憲法大綱」的制定，有以法治取代人治的色彩，具有進步意義，而且還在某種程度上體現出了立法、行政、司法「三權分立」的意向，具有時代的進步性。蕭功秦《危機中的變革：清末現代化進程中的激進與保守》（上海三聯書店，1999 年）以現代化的視角對清末預備立憲的失敗原因予以分析，認為晚清的憲政改革是在權威政治尚未具有高度合法性與權威性的情況下強行變革，致使傳統的意識形態、價值理念及政治結構成為改革的障礙性因素，使得權威力量缺乏向前推動改革的力量，造成改革失敗。吳春梅《一次失控的近代化改革——關於清末新政的理性思考》（安徽大學出版社，1998 年）通過對清末中央資政院與地方諮議局的建立，行政與司法的分立為考察對象，認為一方面清末憲政改革不僅突破了中國傳統政治體制的束縛，而且開始了向三權分立的現代政治體系轉變，並發起了對皇權的挑戰。另一方面又強調三權分立原則又與清政府集權制難以調和，並加劇了清末政局的混亂。張海林《蘇州早期城市現代化研究》（南京大學出版社，1999 年）以近代蘇州為考察對象，對蘇州早期城市化過程中的各個領域（工商活動、政治結構、市民構成、傳播方式、社會心態、教育模式、社團組織、市政建設、治安管理、社區福利等方面）進行了細緻的研究與分析。認為蘇州從傳統向現代化方向的突進是全面的，並在政治、經濟、文化等方面取得了輝煌的成就。但同時也應該看到，蘇州在邁向現代化過程中仍遭遇著傳統因素的頑強抵抗與阻礙，使社會呈現出一種半新半舊，非驢非馬的狀態。因此，在傳統與現代的碰撞與衝突中，「蘇州城市現代化是一次不成功的現代化運動」。

論文方面則主要有：董方奎《論清末實行預備立憲的必要性及可能性——兼論中國近代民主化的起點》（《安徽史學》，1990 年第 1 期）運用政治學的觀點，對憲政改革各項措施進行分析，認為在當時的情形之下，清政府的

九年立憲改革並非騙局，而是一次真誠的體制改革。董叢林《清末籌備立憲期間統治集團內部的思想分化》（《河北學刊》，1990 年第 3 期）認為清朝統治集團內部主張立憲派和反對派的思想分化，是貫穿於籌備立憲過程始終的，反映出內部思想停滯與進化的兩種形態。但同時強調，儘管二者主張不同，但從整體來說，主張立憲派的思想並未跳出封建主義的窠臼，其鼓吹立憲的根本動機還主要「在於挽救封建統治危機，免於君權遭受廢棄」。從這個意義上可以說他們與反對立憲派殊途同歸。王開璽《清統治集團的君主立憲論與晚清政局》（《北京師範大學學報（社科版）》，1990 年第 5 期）集中考察了清統治集團內部對憲政實施的論爭，認為這種論爭不僅未能取得實際效果，反而引發統治集團內部權力傾軋，結果給晚清政局造成嚴重混亂，引發危機。陸建洪《清末地方自治剖析》（《探索與爭鳴》，1991 年第 6 期）對清末地方自治持否定態度，認為晚清政府推行地方自治的目的是遏制革命，以維護其統治權，而並非是擴張民權的做法，對清末地方自治制度持批判的態度。侯宜傑《預備立憲失敗的原因》（《史學月刊》，1991 年第 4 期）認為清朝政府之所以失敗是由於自身缺乏改革的主動性和緊迫感，以及將改革事業進行到底的堅強領導核心，以致失去民眾信任導致失敗。而在其另一篇文章《預備立憲是中國政治制度近代化的開端》（《歷史檔案》，1991 年第 4 期）中強調，清末憲政改革不僅在政體上否定了封建皇權統治，而且國體上也發生了重大質變，民族資產階級及其政治代表已經開始取得參政議政的權利，並逐漸開啟了政治制度向資本主義近代化演進的大門。羅華慶《略論清末資政院議員》（《歷史研究》，1992 年第 6 期）通過對晚清資政院議員群體、職能、監督、議會鬥爭等內容分析，認為清末資政院，是近代社會立憲政治發展一般規律與當時具體條件矛盾運動的產物。而作為「議院基礎」資政院的設立雖帶有被迫性質，但其自身就具有了歷史進步性。李育民《試論清末的憲政改革》（《求索》，1992 年第 4 期）認為清政府憲政改革是有一定誠意的，但其強行仿照日本憲政則是削足適履，反而激化了各種矛盾，加速了革命危機的到來。蕭功秦《清末新政與中國現代化研究》（《戰略與管理》，1993 年創刊號）以現代化的視角來考察中國傳統的集權政體在受到各種內外因素刺激和壓力後所面臨的諸多挑戰，強調由於中國傳統的文化背景、歷史條件、國際背景、政治精英的態度、改革的戰略選擇、面對社會問題和矛盾、社會結構和政治結構等方面都與其他國家現代化相比有所不同，而所有這些因素

都成為制約中國現代化的具體過程和結果。馬小泉《清末地方自治運動論綱》（《史學月刊》，1993 年第 5 期）及《晚清政府對地方自治的操縱與控制》（《歷史檔案》，1995 年第 4 期）集中探討了清末地方自治的影響及效果，指出清末的地方自治運動的目的，並非是要從事政權改造，而是想借紳權以補「官治」之不足，以達到穩固皇權政治的目標，使之帶有濃厚的官辦色彩，但並未產生廣泛的社會效應，起到社會整合的作用。曹余濂《清末江蘇的民意機關——江蘇省省諮議局》（《江蘇地方志》，1994 年第 2 期）是較早關注江蘇諮議局的一篇文章，主要對江蘇諮議局的職能，當選議員的資格和具體人數作了介紹。朱英《清末新政與清朝統治的滅亡》（《近代史研究》，1995 年第 2 期）通過對憲政改革的討論，認為清政府在推行憲政改革的過程中，反應能力及其對策均顯得十分笨拙，結果使得原屬體制內的政治力量轉向與體制外的革命力量結成聯盟，不但削弱了自身的政治資源，而且壯大了反對力量，造成嚴重後果。在另一篇文章《清末「新政」與社會動員》（《開放時代》，1999 年第 4 期）中強調，清政府推行地方自治並非一紙空文，而是制定了較為詳細的計劃和措施，推動了地方自治的發展。而地方自治的實施又為工商業者提供了一定的政治空間，初步顯露出市民社會的雛形。楊小川《掉入陷阱的清末憲政》（《探索與爭鳴》，1996 年第 8 期）提出清末憲政改革之所以動盪，主要原因在於慈禧的去世留下了權力的真空，而接續的皇權又呈現出弱化的形態，使得憲政改革步履蹣跚。並同時強調薄弱的社會經濟基礎難以提供給憲政改革的物質支撐，也是導致憲政失敗的根源性因素。張海林《清末江蘇「商變」淺論》（《近代史研究》，1998 年第 6 期）通過對清末江蘇「商變」的細緻考察，認為無論在其發生的頻率，動員的規模還是社會政治影響都比「民變」或「兵變」有過之而無不及，進而反映出晚清商人在時代轉型過程中的政治取向及鬥爭水平。

民初時期主要包括以下論著：丁旭光《近代中國地方自治研究》（廣州出版社，1993 年）梳理了清末民初時期地方自治的發展過程，認為地方自治在近代中國的萌發與形成在各個階段都有其不同的特點和性質，但從總體趨勢而言，體現出近代中國的民主化進程。徐矛《中國民國政治制度史》（上海人民出版社，1992 年）中對北洋時期北京政府的議政機構、司法制度和中央地方制度進行了較為詳細的介紹，側重於對史實的考察，史實性較強。劉景全《北京民國政府的議會政治》（天津古籍出版社，1996 年）認為辛亥革命後，

資產階級自由派與清末立憲派逐漸合流，並向袁世凱為代表的地主階級自由派靠攏，並達成施行議會政治的約定，而這也成為近代中國議會政治的實際來源。但由於資產階級自由派與地主階級自由派在實際力量上的失衡又導致了議會政治的失敗。揭示出由於缺乏階級基礎，資產階級議會政治始終在近代中國難以扎根的客觀因素。周俊旗、汪丹《民國初年的動盪：轉型期的中國社會》（天津人民出版社，1996 年）對民國初年政治制度進行了考察，認為由於受軍閥政治和動盪局勢的影響，民初的立法、司法、行政等機構不僅效率低下，而且難以正常運作，以致三權分立徒具形式而未有實質性內容。郭寶平《民國政制通論》（山西人民出版社，1995 年）通過對民初行政、司法、立法、地方制度的考察，認為從政治發展的角度來說，民國政制是中國傳統政體向現代政體一次失敗的過渡，也是西方政治制度在中國實驗與破產的歷史過程。

其相關民初研究論文有：丁旭光《辛亥革命與地方政制變化》（《廣東社會科學》，1993 年第 5 期）指出辛亥革命之後，地方制度呈現出新的發展特點，地方議會與地方自治的蓬勃興起不僅體現出民主精神，而且推動了地方分權的趨勢，但由於袁世凱復辟帝制，採取了一系列加強中央集權的措施，使地方分權趨勢戛然而止，為之後政局的混亂埋下了隱患。趙小平《論民國初國會的失敗》（《四川大學學報（哲學社會科學版）》，1995 年第 2 期）從政治、經濟、軍事實力等三方面對民初國會失敗的原因進行探討，認為資產階級在以上三方面的先天缺陷決定其無法克服自身弱點，而民初國會的失敗，也「證明了單靠三權分立的政體形式是不能真正實現民主政治的，也是不可能根本改變中國半殖民地半封建的社會狀況的」。謝偉《論民初議會政治失敗的原因》（《江海學刊》，1995 年第 2 期）強調民初議會政治之所以失敗，是由於三方面原因所致：一、資產階級脫離廣大民眾，缺乏階級基礎；二、民初黨爭削弱了資產階級自身力量，以致無力鉗制袁世凱獨裁統治。三、袁世凱對資產階級和議會政治的打壓，使議會無法發揮權能作用。指出正是以上三方面原因導致民初議會政治的失敗。而在另一篇《民初議會政治作用評述》（《重慶社會科學》，1996 年第 3 期）中，作者從議會監督權、財政權、立法權三方面對民初議會職能進行考察，認為此三方面在防止袁世凱政府專職獨裁起到了一定的積極作用。但在與袁政府鬥爭過程中，又表現出軟弱性，以致在關鍵問題上未能發揮出立法機關的職能。姬麗萍《民初議會制度的確立

及其運作》（《民國檔案》，1996 年第 1 期）與謝偉觀點相類似，認為民初議
會政治失敗是資產階級基礎薄弱所致，但又強調議會政治是民主制度在中國
的首次嘗試，維護了民主共和原則，具有時代進步性。張玉法《民國初年山
東省的司法變革》（《社會科學戰線》，1997 年第 3 期）著重對北京政府時期
和國民政府時期山東司法變革進行了考察。作者認為北京政府時期山東司法
較清末進步較大，期間雖經歷袁世凱復辟，縣知事兼理司法權，但幫審員制
度的確立又牽掣了縣知事的司法裁判權，提高了司法權的地位，延續了司法
進步的趨勢。武乾《論北洋政府的文官制度》（《法商研究》，1999 年第 2 期）
通過對北洋政府時期文官制度形成與發展的考察，認為相較於清末行政法與
文官制度改革滯後的情形比，北洋文官制度無論在法規的體系結構上還是法
規的具體內容上都要比清末進步許多。初步建立起中國近代文官法律制度的
雛形，對近代行政制度產生了重要影響。王續添《論五四運動中的省議會》
（《中共黨史研究》，1999 年第 4 期）認為在「五四運動」中省議會對學生運
動持同情和支持態度，但同時面對政府的壓力又表現出一定的妥協性。夏錦
文、秦策《民國時期司法獨立的矛盾分析》（《南京社會科學》，1999 年第 5
期）指出民國時期已基本確立了司法獨立原則，但從實際運行效果而言，卻
不斷遭到行政權和軍事權的侵蝕，使司法獨立原則在民國時期有名無實。

　　3. 2000 年以來

　　清末民初政治制度轉型研究有了進一步的延伸與拓展。研究領域從過去
對上層建築的宏觀考察逐漸下移到對基層社會的探知上，研究對象呈現出多
元化的趨勢，人物、制度、區域等相關研究均呈現出具體化、細緻化、微觀
化的研究態勢。

　　此時期相關清末憲政論著包括：馬小泉《國家與社會：清末地方自治與
憲政改革》（河南大學出版社，2001 年）強調晚清所推動地方自治是社會和
政府雙向推動的結果，具有多重意義和價值。但地方自治的本身涵義又在於
反對封建專制統治。因此，清末地方自治運動的興起與發展，對於中國早期
政治現代化歷程，仍有一定的積極影響。高旺《晚清中國的政治轉型：以清
末憲政改革為中心》（中國社會科學出版社，2003 年）從政治現代化的角度
為切入點並予以分析，認為晚清憲政改革是一場以王朝自救為目的政治變革
運動。雖然許多具體政治措施在實際推行中扭曲變形，但其基本導向推動了
中國政治由傳統向現代的轉型，標誌著中國政治現代化的起步和發展。李細

林、曾友祥在《論晚清的司法獨立》（《華南理工大學學報（社會科學版）》，2005 年第 5 期）中通過對晚清司法獨立的障礙性因素考察，認為清末司法獨立缺乏民主憲政制度支撐，因此司法獨立也就只能是徒具形式的機構分立。崔道峰《清末江蘇地方自治述論》（揚州大學 2005 年碩士論文）通過對清末江蘇地方自治的考察，探討了江蘇地方自治與政治發展的關係，以及存在的歷史侷限和對當前政治改革的現實啟示。姜棟《清末憲政改革：以清末地方自治為視角》（《法律文化研究》，2006 年第 00 期）對清末地方自治思想興起的背景、原因及實踐進行了敘述，認為地方自治作為清末憲政改革的重要組成部分，無論從觀念上還是政治制度上，對推動近代民主化進程均是一種有益的嘗試。張劍《〈欽定憲法大綱〉與清末政治博弈》（《史學月刊》，2007 年第 6 期）以各派別圍繞憲法大綱的制定展開博弈，認為在大綱的框架下，傳統皇權受到制約，民主權利得到伸張，具有進步性，但並未完成近代政治轉型的重任。王國平《江蘇現代化啟動的歷史特點》（《社會科學》，2007 年第 7 期）從現代化理論的角度出發，分別從江蘇區域現代化的歷史背景、社會經濟基礎、區位優勢、對現代化的反應及人的因素等幾方面詳細論述了江蘇現代化的自身特點及歷史特點，由此彰顯出近代江蘇現代化過程中的獨特性與唯一性。李俊《論晚清〈司法獨立〉原則的引進》（《福建論壇（人文社會科學版）》，2008 年第 8 期）一方面強調晚清司法獨立原則的引進與中國傳統司法制度鑿枘難容；另一方面又成為「預備立憲」的重要原則，成為推動司法制度轉型的重要理論支柱。史新恒《清末官制改革與各省提法使的設立》（《求索》，2010 年第 8 期）通過對提法使設立的分析，認為清政府在憲政改革過程中既想走司法獨立之路，又想借機鞏固中央集權，以致各省提法使與督撫之間為爭奪司法權力而產生矛盾，折射出憲政改革的內在困境。李細珠在《晚清地方督撫權力問題再研究——兼論清末「內外皆輕」權力格局》（《清史研究》，2012 年第 3 期）中指出，關於晚清中央與地方關係的權力格局，學界長期以來多信奉「外重內輕」說。但在清末新政時期，尤其是預備立憲的開展，清政府不斷加強中央集權措施，地方督撫的權力被收束而日益變小，其干政的影響力也有逐漸減弱的趨勢。而清政府中央集權的實際效力卻並不顯著，反而隨著統治集團內部矛盾的激化而有削弱之勢。這樣，便形成「內外皆輕」的權力格局。崔志海《清末十年新政改革與清朝的覆滅》（《社會科學輯刊》，2013 年第 2 期）認為，一方面，清末新政改革方

但對消弭戰爭維持和平起到了作用，並在一定程度上推動了中國憲政和民治的發展。魏光奇《官治與自治：20 世紀上半期的中國縣制》（商務印書館，2004 年）一書通過對清末民初縣制的研究，認為在此一時期內，縣一級的地方官紳，得益於地方自治的推行，逐漸結成公共權力網絡而實現組織化，並通過系統的組織、機構和法令使得他們可以在一定範圍內協調一致行動，強行貫徹自身的意志，使紳權急劇膨脹，成為國家組織之外的另一極社會權力。吳永明《理念、制度與實踐：中國司法現代化的變革（1912～1928）》（法律出版社，2005 年）通過對民初司法觀念的轉變、組織機構的建設、審檢制度改良等方面的考察，認為民初司法雖然經歷了曲折艱難的變革，但也反映出傳統司法觀念向現代司法觀念的轉型，其趨勢是逐步走向現代法治化道路。沈曉敏《處常與求變——清末民初的浙江諮議局和省議會》（三聯書店，2005年）對清末民初浙江省諮議局和省議會為考察對象，探討了浙省議會政治在發展過程中所遭遇的挫折和困境，反映出近代民主政治進程的艱難曲折性。周松青《上海地方自治研究：1905～1927》（上海社會科學院出版社，2005年）以上海地方自治為考察對象，通過對清末民初地方自治的興起，細緻的梳理了從上海總工程局成立到 1927 年南京國民政府成立這一時期的地方自治。認為近代上海在推行地方自治過程中始終面臨異化的危機，同時也受到國家權力的敵視和壓制，並進一步壓縮了自治的生存空間。薛恒《民國議會制度研究》（中國社會科學出版社，2008 年）對民國前期議會制度的淵源、發展、演變及各項具體制度的推行進行了考察。認為民初議會政治是捍衛民主共和制度的重要屏障，但由於惡劣的政治生態環境和議會內部功能的運行紊亂，導致議會政治最終歸於失敗。劉建軍《你所不識的民國面相：直隸地方議會政治 1912～1928》（廣西師範大學出版社，2009 年）對民初直隸地方代議制的沿革、政治環境、社會情境予以分析考察，並對議會議員的群體結構、議會運作及政治活動進行深入分析，探尋民國時期直隸議會政治發展與變遷的深層次原因。畢連芳《北京民國政府司法官制度研究》（中國社會科學出版社，2009 年）認為，一方面，民國時期北京政府初步構建了現代司法獨立制度，從選任機制、激勵機制、保障機制三方面形成了較為完整的司法官制度體系，對造就新式司法人才，推進司法獨立起到了不容忽視的作用；另一方面，由於受北京政府政治結構、傳統觀念、文化底蘊等因素影響，司法制度又遭遇意想不到的挫折與障礙，又決定了當時不可能真正實現司法獨立

的目標。張熙照的《傳統審判制度近代化研究》（吉林人民出版社，2009 年）主要從近代化的角度來考察中國傳統審判制度的發展歷程，分別對清末、民初、國民政府時期的審判制度予以描述分析，認為從晚清到民國政府，對審判制度近代化真正起到作用的並非純法律因素，而是法律的政治性因素。朱宗震《大視野下清末民初變革》（新華出版社，2009 年）通過對辛亥革命前後社會政治、經濟、文化、思想等方面一系列變革的深入考察，認為辛亥革命推翻清王朝統治，具有劃時代的意義。但也應看到，民國的建立並不代表著資產階級革命目標就此實現，它僅僅完成了一次有限度的王朝更替，而並沒有對王朝的社會基礎進行徹底摧毀，重建中央集權制統一國家的任務也沒有完成，辛亥革命後的中國走上了軍閥割據的道路。丁德昌《民初湖南省憲自治研究》，（上海人民出版社，2011 年）主要考察了 20 世紀 20 年的湖南省憲自治運動和「聯省自治」運動。認為民初湖南省憲自治運動是在國家面臨危機的背景下，試圖為當時中國找到一條政治出路。而此次運動也是近代中國探索和追求聯邦主義的政治體制的一次嘗試。劉勁松《民初議會政治研究（1911～1913 年）》，（中國社會科學出版社，2014 年）以民初中央民意機關為中心，從議會政治的時代期許、議員選舉及結構、議會的運作績效、議員的素質、議會政黨等方面，全面闡釋民初議會政治的運作狀況，進而深入探討有關民初議會政治重要的理論和實踐問題。鄧建鵬《清末民初法律移植的困境：以訟費法規為視角》（法律出版社，2017 年）以清末民初訟費這一普遍存在的陋規社會現象為切入點，具體考察民國初期法律移植、移植後法律的變異、法律實施效果等內容。認為訟費立法不是從當事人訴權平等保護的角度出發，而是以官僚集團意志為核心，法制成為其維持和擴張利益的工具。而這種選擇性立法不僅破壞與曲解了西方法制精神，也是造成近代法律移植未能帶來預期法治秩序的原因之一。肖傳林《民初內閣制度研究》（中國社會科學出版社，2018 年）以民國初期的內閣制度為主要考察對象，梳理內閣與議會、總統之間關係演變為基本線索，探析民國初期內閣制度的確立、運行、更迭、消亡的過程，重點剖析了民國初期內閣制度設計、運行中的矛盾與衝突，指出了民初內閣制的變異及其原因，並闡述了民初內閣制在中國近代政治史上的價值。岑紅《清末民初政府管理模式的現代性流變》（商務印書館，2019 年）主要考察從 1901 年清末新政到 1916 年袁世凱政權結束這一歷史時段的政府管理模式。指出在此期間，中國各級政府，特別是中央政府的管理

模式變更頻繁、內容豐富、操作覆。而從清末新政改革政府行政的運行方式、權力架構到民國初年建立新型民主分權模式的種種嘗試，政府本身和整個社會的政治架構也經歷了一次重大變革，影響深遠。

此時期民初相關論文有：朱雲平《辛亥革命前後江蘇地區的審判制度研究》（揚州大學 2003 年碩士論文）通過對清末民初江蘇省審判制度的考察，認為江蘇省新的審判制度的確立，為近代江蘇地區法制化建設從傳統向現代的轉型起到了承前啟後的作用。沈曉敏《民初省議會失敗原因概論》（《政法學刊》，2004 年第 6 期）強調民國議會政治之所以失敗，是由於中央與地方的權力矛盾、議會與民眾的利益衝突、議會內部鬥爭等幾方面所致，使得民初議會政治名存實亡。在另一文《民初袁世凱政府與各省議會關係述論》（《歷史教學》，2004 年第 10 期）中認為民初各省議會同袁世凱政府的鬥爭並未在憲政框架下進行，而是將過多精力消耗在與中央政爭之上，損害了省議會的正常職能。朱英《民國時期江蘇繭行紛爭與省議會被毀案》（《歷史研究》，2005 年第 6 期）主要對民國時期江蘇絲織機緞四行業同省議會之間的衝突進行了考察，從經濟角度分析了其矛盾產生的來龍去脈，認為缺乏有效的市場整合機制和行政監督是造成此次衝突的根本原因。在另一篇《民國時期省議會與省長之間的衝突：以江蘇省議會彈劾省長案為例》（《社會科學研究》，2007 年第 1 期）則主要以民國時期江蘇省議會與省長之間權力鬥爭和衝突為考察點，揭示出議會在監督行政方面權威的弱化和失衡。但又強調正是由於議會本身的存在，又使得行政官不敢肆意妄為，對其起到了一定的限制作用。葉利軍《民國北京政府時期選舉制度研究》（湖南師範大學 2004 年博士論文）通過對民國時期北京政府國會選舉制度的分析，一方面認為，當時的選舉使人民享有了一定的民主權利，具有進步性；另一方面又強調，因為軍權的干涉，所以無形中又使選舉活動徒具虛名，難以發揮真正作用，在一定程度上阻礙了民主的發展。李超《清末民初的審判獨立研究：以法院設置與法官選任為中心》（中國政法大學 2004 年博士論文）以清末民初法院的設置和法官選拔制度為考察對象，討論了司法制度在近代中國的形成和發展過程。指出民初民主共和國家的成立，初步形成了三權分立體制，但由於缺乏社會物質的保障，現代化的司法體系始終沒有發展起來。黃燕群《民國時期「兼理司法制度」組織形式演變探析》（《湘潭師範學院學報（社會科學版）》，2005 年第 9 期）對民國縣知事兼理司法制度予以考察，認為此制度的存在與民國時

期逐漸形成的司法獨立原則相悖，行政權凌駕於司法權之上，使司法獨立難以實現。趙豔玲、季鵬《立憲運動及立憲派與民初議會制的建立》（《社會科學輯刊》，2006 年第 5 期）指出民初議會制的形成是對清末立憲運動的繼承和發展，強調晚清立憲派對民初議會制形成和建立起到重要作用。葉利軍《民初〈省議會議員選舉法〉探略》（《求索》，2006 年第 5 期）將民初「省議會議員選舉法」同清末「諮議局議員選舉章程」進行對比，認為民初選舉法不僅有較大完善和進步之處，而且帶有明顯的資產階級色彩，符合民初社會轉型的特點。吳建銘《民初（1912～1913）立法與行政關係的論爭》（福建師範大學 2009 年博士論文）以袁世凱統治集團、國民黨、進步黨三方對行政權與立法權的論爭為切入點，認為清末、民初、南京國民政府三個時期對立法與行政的論爭既有一脈相承的地方，也有創新發展的地方。張熙照《傳統審判制度近代化研究》（吉林大學 2007 年博士論文）和郭正懷《民國時期審判制度研究》（湘潭大學 2010 年博士論文）對晚清至南京國民政府期間司法獨立的發展歷程進行了梳理和探討，通過對審判制度、審判機構、審判原則等幾方面的考察，認為近代中國司法制度始終是在趨新和附舊的過程中艱難發展。塔麗婷《清末民初的東三省地方議會研究——從清末諮議局到民初省議會（1907～1914）》（吉林大學 2014 年博士論文）通過對清末民初時期東北三省地方議會的轉型過程進行了細緻的梳理考察。認為清末東三省地方諮議局的創立不僅對官府進行了有力的權力制衡監督，而且體現出積極向上的民主精神，對開啟民智起到了重要的推動作用。而在民國肇建之後，臨時省議會繼承了諮議局的衣缽，繼續發揮立法機構的作用，彰顯了民國新氣象。但此後由於袁世凱復辟，議會成為政治鬥爭中的犧牲品，民主精神逐步喪失。張敏《民國初期央地權力聚散關係研究（1912～1928）》（西南政法大學 2016 年博士論文）。通過對清末至民國時期中央與地方權力關係的考察分析，認為央地權力關係的實質是權力聚散，央地權力的合理配置是現代國家建設的前提，央地權力配置不合理就會陷入權力聚散循環的困境。強調在國家轉型時期，央地權力聚散關係會受到諸多因素影響而陷入到困境之中，而要克服這種困境，應以建設現代集權國家為主，並實現地方自治下的民主參與。楊國強《清末新政與共和困局（上、下）——民初中國的兩頭不到岸》（《學術月刊》，2018 年第 1、2 期）指出清末新政在極短的時間內改變了中國兩千多年的政治主體構成，也改變了中國傳統社會的結構。但新出現的地方諮議局和

地方軍事力量的膨脹則逐漸擺脫了清政府的操控，成為一種既不在朝廷又不歸地方的東西。而辛亥革命之後的各省獨立趨勢也是借助武力得以實現，並逐漸形成地方割據，地方主義傾向加劇，而被捲入其中的政客、官僚、武人、黨人等在同造困局的同時也無力擺脫困局，成為民國初年政治的一道奇特景象。

綜合已有研究看，雖然學界對清末民初憲政研究成果較為豐富，但對清末民初時期江蘇地方政治制度研究，尤其是通過對比清末與民初兩個時期的發展階段，進而反映出近代江蘇政治現代化性質和特點的相關研究仍相對匱乏。因此，這也為本文的進一步拓展和深化研究提供了較大的空間。

第二、海外研究狀況

有關清末民初江蘇地方政治制度方面研究的專著，就筆者所知，海外並未有相關論著予以專門探討，僅就與之相關內容作一介紹：

（美）卡梅倫所著的《中國的改革運動（1898～1912）》（Meribeth. E.Cameron,The reform movement in China, (1898~1912), Octagon Books, 1963）。在此書中，作者針對清末憲政改革提出了自己的看法，認為清政府的仿行立憲並非是以欺騙的方式維護自身統治。強調清朝政府儘管對憲政改革沒有一個清晰的目標，但卻意識到要重新建立一個能容納各個階層集團並表達其訴求的政府和體制。因此，這實際上是一次具有里程碑式意義的改革。最後，作者得出觀點，認為清政府改革如果能再延續十到二十年，或許會加速推動中國從傳統向現代的轉型過程。（美）費正清主編的《劍橋中華晚清史》（中國社會科學出版社，1985 年）中對清末政治改革的特點的分析。該書認為從政治層面來看，清末憲政改革層面中有很多自取失敗的矛盾，而且所有參與制定改革方案的人都各謀私利，各懷其心，與政治改革的初衷嚴重背離。雖然清政府的「改革方案可以被看作是滿洲統治者及漢族督撫和紳士企圖保存，甚至擴大他們勢力的嘗試。但這些人的行事往往各有打算。結果，這些改革反而促成了王朝的滅亡」。而在所編《劍橋中華民國史》（中國社會科學出版社，1991 年）認為民初憲政延續了清末憲政改革的趨勢，並向前發展。之所以這樣，是因為清末民初憲政的推行不僅給予官僚和政客合法的政治場所，而且更加符合其自身利益。因此，清末憲政的發展並未因國體的變更而中斷，反而沿著現代化的軌道繼續演進。（美）任達的《新政革命與日本》（江蘇人民出版社，1998 年）認為清政府在改革過程中，各個階層的改革者都要

求取得話語權並分享憲政改革的利益，但清政府卻對其訴求漠然視之，反而藉此機會強化其特權，結果「憲法和圍繞憲法受到的誤導，疏遠了它最忠誠的保守的中國人和官員們」，進而導致清政府的滅亡。（美）傅因徹的《中國的民主：1905～1914 年地方、省和中央三層次的自治運動》（Joh.H.Fincher, Chinese Democracy: The Self-government Movement in Local, Provincial and National Politics, 1905~1914, Australian National University press, 1981）。從晚清憲政改革的角度分析了中央與地方代議制度和地方自治變化，認為伴隨著憲政的改革，政治參與的擴大化與清政府的中央集權統治並不矛盾，因為這種民主擴大化本身就是集權統治的產物。並進一步對比同時期的美國與俄國，指出這種政治動員不僅將多數精英納入到改革範圍內，更是推動了當時中國民主的發展。（美）湯普森·羅格則在《憲政改革時期的中國地方議會 1898～1911》（Roger.R.Thompson, China's Local Councils in the Age of Constitutional Reform, 1898~1911, Council on East Asian Studies, Harvard University, 1995）中指出，由於受日本憲政改革的激勵，從清政府中央官員到地方精英都在嘗試推行地方自治運動，並在清王朝倒臺之前建立了大約五千個地方議會。而作者認為這恰恰體現出晚清地方自治運動過程所蘊藏的巨大能量，並推動了中國近代民主的發展。（美）菲利普·黃的《模式，習俗和法律的實踐：清末民初的比較》（Philip C.Huang, Code, Custom, and Legal Practice in China: The Qing and the Republic Compared, Stanford University Press, 2001）以清末民初民法的衍變為線索，著重對比了清末與國民黨時期司法的變化，認為清末的民法主要模仿了德國的民法體系，並一直延續至國民黨政府時期，期間雖有修訂增刪，但其本質並未脫離清末的司法體系。（美）徐小群的《司法的現代化：20 世紀早期中國的司法改革，1901～1937》（Xiaoqu Xu, Trial of Modernity: Judicial Reform in Early Twentieth-Century China, 1901~1937, Stanford University Press, 2008）通過對清末憲政司法制度的變革為著眼點，細緻探討了北洋政府時期、南京國民政府時期至抗戰前中國司法制度的演變過程，並分別對審判制度、監獄制度、地方司法制度為重點考察對象，認為近代中國司法制度呈現出一種進步的態勢。

　　上述著作基本上是圍繞清末民初時期憲政的相關內容展開論述，並對其中的問題進行了較為細緻深入的分析。雖然各自的著眼點和考察對象不同，但對本文研究思路和方法提供了新的視角和借鑒。

三、核心概念的界定

1. 本文所用「清末民初」一詞，指涉時間大約從 1905 年清末推行憲政改革至 1927 年國民政府成立之前。之所以如此截取，是因為自 1905 年清政府頒布法令，開始推行憲政改革，由此啟動了近代中國政治現代化的進程，並為此後的政治現代化奠定了基礎。辛亥革命至國民政府成立前這一時期，又為近代中國政治轉型最為顯著的時期。因此，將本文研究對象放在清末民初進行對比考察，更能顯現出江蘇地方政制的發展特點和路徑。

2. 本文「政制」一詞，主要指涉的是以清政府頒布的《欽定憲法大綱》為基礎，並在此基礎之上確立「三權分立」為原則的政治制度改革，主要包含立法、司法、行政、地方自治等核心內容。因此，題中所指地方政制主要是以上述四方面為主，不過多涉及軍事、地方精英等諸如此類內容。使本文論述內容更為集中，以凸顯清末憲政改革對近代江蘇政治制度發展的影響。

3. 對「現代化」的界定。中外學界關於現代化的定義不下數百種，但至今未有一種權威性的定義來對「現代化」作出全面詳盡的概括。因此，在此主要借用羅榮渠先生的定義與解釋作為本文對現代化界定的主要觀點：「現代化作為一個世界性的歷史過程，是指人類社會從工業革命以來所經歷的一場急劇變革，這一變革以工業化為推動力，導致傳統的農業社會向現代工業社會的全球性的大轉變過程，它使工業主義滲透到經濟、政治、文化、思想各個領域，引起深刻的相應變化」。〔註1〕

四、研究重點與研究方法

1. 研究重點。本文通過對清末民初江蘇地方政制轉型分析，重點凸顯清末與民初兩個時期江蘇地方政制是如何變化發展的。著重從議會政治的轉型與嬗變，行政系統的傳承與變化，司法體系的創建與蛻變、地方自治的萌發與挫折幾方面予以深入剖析。進而反映出清末民初江蘇地方政制在現代化轉型過程中的性質和特點。

2. 研究方法。首先，在掌握充分詳實資料的基礎上，對清末民初江蘇地方政制發展的四個方面作具體考察分析。其次，使用現代化理論也是本文研究的主要思路與方法。第三、國家與社會關係理論是近年來歷史研究的重要

〔註1〕羅榮渠，《現代化新論──世界與中國的現代化進程》，北京大學出版社，1993
年，16～17 頁。

方法，尤其在把握社會發展脈絡上，與現代化理論相映成輝，互為補充，使問題得到更為合理的闡釋與解決。因此本文在實證研究的基礎上綜合運用上述兩種理論對研究目標予以闡釋說明，以得出相應結論。

五、資料的來源與使用

本文以研究清末民初江蘇地方政制的發展變化為重點考察對象。因此，在資料來源上主要分為以下幾類。

第一，清朝政府和民國政府所頒布的有關江蘇地方制度的諭旨、詔書、法令、文書。這一部分資料多見於檔案卷宗。如清末時期主要有，故宮博物院明清檔案部所編的《清末籌備立憲檔案史料》（中華書局，1979 年）、中國第一歷史檔案館所編的《宣統朝上諭檔》（廣西師範大學出版社，1996 年）和館藏的《清代官員履歷檔案全編》（華東師範大學出版社，1997 年），南京圖書館館藏的《大清光緒新法令》（上海商務印書館刊本，1910 年）和《江蘇各級審判廳試辦章程》（江蘇省審判廳編，1911 年）等資料；民初時期主要有，中國第二歷史檔案館編《北洋政府檔案》（中國檔案出版社，2010 年）和《中華民國史檔案資料彙編》（江蘇古籍出版社，1991 年）、商務印書館編譯所編《中華民國法令大全》（商務印書館，1915 年）、江蘇省行政公署內務司編《江蘇省內務行政報告書》（1914 年）、江蘇省長公署公報處編《江蘇省單行法令初編》（1924 年）、天津市檔案館編《北洋軍閥天津檔案史料選編》（天津古籍出版社，1990 年）等相關資料。這些資料不僅在時間上橫跨清末民初時期，而且在空間上涉及中央和地方層面，具有原始檔案性質。為本文研究清末民初江蘇地方政制的流變提供了較為堅實的基礎。

第二，清末民初時期與江蘇相關的報刊、雜誌。這些資料雖然不像官方檔案的可信度和真實性那麼高，但卻如實記錄了當時江蘇政治制度變革的方方面面，且在時間上保持高度的連貫性。比如清政府所編《政治官報》和《內閣官報》中就主要列載了中央和地方憲政改革的法令、諭旨、電報、奏摺、示諭等方面內容，較為完整的反映出清末憲政改革的全貌。而《申報》、《時報》不僅在時間跨度上較大，而且報導內容較為豐富，評論性、紀實性的文章對於瞭解清末民初江蘇地方政制發展狀況提供了較為豐富的素材。而《江蘇自治公報》、《江蘇省司法彙報》等江蘇地方報紙主要側重於對地方自治和司法制度的關注和報導。對於研究江蘇地方政制的具體內容頗有助益。當然，

由於受報刊自身性質所限，在報刊資料的使用過程中仍需對其中的內容加以參證，比對，去偽存真，以得出客觀公允的結論。

第三，方志資料。方志是本文研究清末民初江蘇地方政制的另一重要資料來源。相對其他資料，方志不僅記錄了地方風土人情，而且也反映出當時社會制度的發展情況，比如對縣議會、縣司法機關、縣行政機構、地方自治的演變過程均有較為詳實的記載。不過，由於當時各地方財力、人力、物力的差別，在方志修撰內容的詳略程度上也有所不同。此外，由於受修撰者本人思想觀念等因素的影響，在對本地人物事件評述過程中不免帶有個人的主觀評判，因此在利用這部分資料時應需謹慎。

第四，時人書籍、文集、調查報告、回憶錄、劄記等也是本文使用的主要資料之一。如《端忠敏公奏稿》（臺灣文海出版社，1966 年）、《止叟年譜》（臺灣文海出版社，1966 年）、《江蘇兵災調查紀實》（上海商務印書館，1924 年）、《張謇全集》（江蘇古籍出版社，1994 年）、《近代稗海》（四川人民出版社，1987 年）等。這些資料主要以個人在當時的言論、回憶、親歷為主要內容，反映出時人對某些問題的態度和觀點，有助於瞭解歷史事件的真實面貌。

第五，今人專著、期刊、論文等。這些資料是後人在前人研究基礎之上形成，不僅對前人已有的研究有所整理總結，而且在相關領域有所創新，深化並拓展了前人研究，具有較大的史料價值。這些資料也對本文的啟發和借鑒意義較大。

六、創新之處

1. 觀點的創新。本文以清末憲政改革為切入點，對比考察清末民初江蘇立法、司法、行政、地方自治前後兩個時期的發展脈絡，進而反映出近代江蘇在政治現代化轉型中的性質與特點。此外，對清末江蘇省、縣兩級官員出身履歷、民國時期江蘇省四屆議會議員姓名及部分議員出身履歷進行歸納、整理、總結，繪製成表，是本文另一創新之處。

2. 資料的創新。在資料的使用上，本文主要依據與當時江蘇省相關的檔案、報刊、調查報告及地方志等一手資料，如《清代官員履歷檔案全編》、《北洋政府檔案》、《江蘇省司法彙報》、《江蘇各級審判廳試辦章程》、《江蘇各級檢察職務綱要》、《江蘇各級審判廳辦事規則》、《江蘇省內務行政報告書》、《江蘇省單行法令初編》等資料。這些資料多為過去研究不曾用到或較少用到，

對解讀當時江蘇地方政制的發展情形具有較大的史料價值。為本文的拓展研究提供了較為新鮮的資料來源。

　　3. 深化了江蘇政治現代化的研究領域。學界對近代江蘇政治現代化的某些領域雖有觸及，但以清末民初江蘇地方政制為考察對象，剖析前後兩個時期發展脈絡的研究較為薄弱和欠缺。因此，通過對近代江蘇政治制度轉型研究，不僅有助於釐清其發展的性質和特點，而且也為當前江蘇政治現代化建設提供參考樣本和借鑒意義。

第一章　江蘇省議會政治的勃興與蛻變

隨著晚清憲政改革的實施，議會政治在江蘇省得以初興，議會精神勃發，民主意識覺醒不僅重塑了人們的傳統政治觀念，而且開啟了近代江蘇政治民主化的大門。民初之後，由於時代急劇轉型與社會加速變革，江蘇省議會不僅未能延續清末諮議局的民主精神，反而在政治民主化進程中呈現出倒退的趨勢，民主精神逐漸渙散。那麼，自清末民初以來，江蘇省議會政治是如何產生發展的？從諮議局向議會的轉型過程中經歷了怎樣的繁興嬗退？反映出近代江蘇議會政治怎樣的歷史特點？這是本章要著力探討的問題。

第一節　議會政治的引入與興起：諮議局的成立與發展

一、發軔：諮議局章程的頒布

十九世紀末二十世紀初，在經歷了「庚子事變」和「八國聯軍」輪番衝擊之後，清王朝統治已經呈現出敗亡之相。當此之際，統治者不得不進行政治體制上變革，以挽救清王朝的統治危機。

1905 年清政府頒布上諭，決定派載澤、戴鴻慈、徐世昌、端方等「分赴東西洋各國考求一切政治，以期擇善而從」。[註1] 此舉拉開了清末憲政改革

〔註1〕《派載澤等分赴東西洋考察政治諭》，見故宮博物院明清檔案部編，《清末籌備立憲檔案史料》上冊，中華書局，1979 年，第 1 頁。

的序幕。隨後五大臣（後改派紹英）出洋考察各國政治制度，親眼目睹了西方憲政的發達，見證了西方社會的文明昌盛。他們每到一處，必先「率同參隨等員至其行政各局署詳加參考，復延請彼國政治名家悉心討論」，〔註2〕詳細考求本國憲政的利弊得失。五大臣用大半年的時間，分頭考察了美、日、英、法等十一個國家，而考察的結果認為日本、英國的議會政治是法善可行。回到京師，就聯名上摺稱「立憲政體，利於君，利於民……下情得上達也，身命財產得保護也，地方政事得參預補救也……東西諸國，大軍大政，更易內閣，解散國會，習為常事，而指視所集，從未及於國君。此憲法利君利民，不便庶官之說也。而諸國臣工，方以致君澤民，視為義務，未聞有以一己之私，阻撓至計者」。〔註3〕主張效法西方國家政治制度，推行憲政改革。

面對五大臣情詞懇切之言說，清政府隨即採納奏表內容。1906 年 9 月 1 日，清政府頒布諭旨，稱「時處今日，惟有及時詳晰甄核，仿行憲政，大權統於朝廷，庶政公諸，以立國家萬年有道之基」，〔註4〕準備效法西國，著手變法。仿行立憲的核心內容是，定憲法，設議院。清政府認為議院不能一蹴而就，應先行在中央設立資政院，然後在各省設立諮議局，以奠定憲政基礎。隨後，從 1907 年開始，各省諮議局相繼開設，中國傳統政治格局中第一次出現了「非行政化」的權力因素。不過，清政府雖然從形式上建立了代議性質的議會，卻把議會看作一個採諸輿論的諮詢機構，並未真正將其視為立法機關。地方諮議局成為地方督撫垂詢考問的諮詢部門，資政院不過是地方諮議局與地方督撫遇有訴訟紛爭時的仲裁機關而已。此外，清政府對諮議局與督撫之間的權限和職責也並未明晰劃定，這也為此後「督」，「局」之爭埋下了隱患。

光緒三十四年六月二十四日（1908 年 7 月 22 日），清政府頒布了各省諮議局議員選舉章程摺，並限期一年內迅速成立。章程共分十二章六十二條，主要對選舉資格、諮議局職責權限、諮議局與督撫關係等內容作出詳細規定，

〔註2〕 《出使各國考察政治大臣載澤等奏在法考察大概情形並在赴英呈遞國書摺》，見故宮博物院明清檔案部編，《清末籌備立憲檔案史料》上冊，中華書局，1979 年，第 14 頁。

〔註3〕 《出使各國考察政治大臣載澤等奏請以五年為期改行立憲政體摺》，見故宮博物院明清檔案部編，《清末籌備立憲檔案史料》上冊，中華書局，1979 年，第 111 頁。

〔註4〕 《宣示預備立憲先行釐定官制諭》，見故宮博物院明清檔案部編，《清末籌備立憲檔案史料》上冊，中華書局，1979 年，第 43～44 頁。

其主要內容為：

1. 規定各省議員額數。用復選法選任。各省分配名額為：奉天五十名，吉林三十名，黑龍江三十名，順直一百四十名，江寧五十五名，江蘇六十六名，安徽八十三名，江西九十七名，浙江一百十四名，福建七十二名，湖北八十名，湖南八十二名，山東一百名，河南九十六名，山西八十六名，陝西六十三名，甘肅四十三名，新疆三十名，四川一百零五名，廣東九十一名，廣西五十七名，雲南六十八名，貴州三十九名。

2. 關於選舉權資格。凡屬本省籍貫之男子，年滿二十五歲，具有下列資格者，得具有選舉權：一、在本地方辦理學務及其他公益事業滿三年以上者。二、中學堂及以上文憑者。三、舉貢生員之出身者。四、曾任實缺職官文七品武五品以上未被參革者。五、在本省地方有五千元以上之營業資本或不動產者。關於被選舉權資格。凡屬本省籍貫，或寄居本省滿十年以上之男子，年滿三十歲以上者，得被選舉為諮議局議員。凡品行悖謬，營私武斷者，曾處監禁以上之刑者，營業不正者，失財產上之信用，被人控實，尚未清結者，吸食鴉片者，有心疾者，身家不清白者，不識文義者不得被選舉。

3. 職任權限：諮議局應辦事件主要為，議決本省應興應革事件、歲出入預算決算事件、稅法公債、擔任義務之增加事件、單行成規則之增刪修改事件、權利之存廢事件、選舉資政院議員、申覆資政院諮詢事件、申覆督撫諮詢事件、公斷和解自治會之爭議事件、自治會或人民陳請建議事件。

4. 諮議局與督撫關係。本省督撫如有侵奪諮議局權限，或違背法律等事，諮議局得呈請資政院核辦。本省官紳如有納賄及違法等事，諮議局得指明確據，呈侯督撫查辦。凡他省與本省爭論事件，諮議局得呈請督撫，諮送資政院和核決。省督撫有監督諮議局選舉及會議之權，並於諮議局之議案有裁奪施行之權。如議事有逾越權限，不受督撫勸告者，所決事件違背法律者，議長不能處理者，督撫得令其停會。如所決事件有輕蔑朝廷情形者，所決事件有妨害國家治安者，不遵停會之命令，議員多數不赴召集，屢經督促仍不到會者，督撫得奏請解散。諮議局議員解散後，督撫應同時通飭，重

行選舉，於兩個月以內召集開會。……〔註5〕

其實，在朝廷頒布諮議局章程之前，江蘇「寧蘇兩屬各府廳州縣士紳於上海曾議數次，妥擬章程」，並會同包括「江蘇教育總會等十二團體會議公舉起草員七人研究兩月之久，作成草案」。而在所擬定的草案大綱中，擬將諮議局分議事會參事會兩部，並嚴格限定兩部之間的權限，「議事會……有議決之權，而無執行之權，斷不容肆恣侵佔辦事界限；參事會……組織之為全省之行政合議機關，於執行之際，實有完全無缺之權，亦斷不受議事會絲毫之侵佔」。〔註6〕並上稟督撫，希翼照此草案大綱設立諮議局。然而當時資政院所編訂的諮議局章程並未公布頒行，兩江總督也未敢貿然批准施行，在回覆中道「設議會參事會兩機關，用意雖深切，究與論旨權限微有不符，現準資政院行知諮議局，事關重要外，訂章程恐難劃一，俟院訂章程頒布等，因此時所擬章程既未能作為定案，自應先行設局，預為研究，一俟院訂章程辦法，即行遵照辦理」。〔註7〕在清政府編訂諮議局章程公布後，並未如江蘇士紳所預期將諮議局分為兩部，這不免使預先規劃的草案大綱部分落空。不過，這也從另外一方面反映出江蘇士紳在政治制度革新與實踐方面所具有的開拓性和主動性精神。

二、籌設：諮議局籌備處的設立及議員選舉

在清政府頒布各省諮議局及選舉章程後，憲政編查館便電諮各省督撫迅速選派官紳創辦。不過，當時各省對清政府飭辦諮議局反應不一，「有諮議局之動議者，直隸、山西、福建、江蘇而已」。〔註8〕江蘇在接到朝廷諭令之後，兩江總督端方迅即酌委吳藩司，陳學司為總辦，監巡道榮恒，候補道熊希齡，趙從嘉為會辦，並會同士紳先行成立諮議局籌辦處，辦理各項事務。並制定了籌辦處簡章，對籌辦處組織機構、權限、職責、經費等內容作出規定，其主要內容為：

第一條、本處以籌辦設立諮議局一切事宜為宗旨，至諮議局成立時即行裁撤。

〔註5〕《各省諮議局章程》，見故宮博物院明清檔案部編，《清末籌備立憲檔案史料》下冊，中華書局，1979年，第670～681頁。

〔註6〕《江蘇紳士上督撫公呈（為主旨諮議局事）》，《申報》1908年1月1日。

〔註7〕《論江蘇官吏之對於諮議局》，《申報》1908年9月19日。

〔註8〕《論江蘇官吏之對於諮議局》，《申報》1908年9月19日。

第二條、本處由撫院派委藩、學、臬三司為督辦，並委明達官紳為專任職員，其應派職員如下：一總辦，一會辦，一提調，一科長，一科員，一司選員。總會辦、提調長均由撫院委派，科員、司選一員均由本處委派詳報仍官紳并用。

第三條、本處應辦各事分為三科如下：一選舉科：掌解釋諮議局選舉章程及關於選舉各項事宜。一文牘科：掌本處一應文牘事宜。一庶務科：掌本處一應庶務及會計事宜。

第四條、每科各設科長一員，另設科員數員以分理之。應設科員如下：甲、選舉科：管理左列一切事宜。一分理關於選舉及編纂各事。一分理關於選舉報告登記及調查各事。乙、文牘科：管理下列一切事項。一分理文件之撰擬各事。一分理文件之收發及檢存案卷各事。一分理文件之收發及監用關防各事。一分理文件之繕校各事。丙、庶務科：管理下列一切事項。一分理款項之收支及購置各事。一分理不關於他科之一切雜事。

第五條、總會辦商同督辦處理本處一切事宜。

第六條、各科長商承總會辦，率同本科科員辦理本科事宜。

第七條、各科員商承本科科長分理本科事宜。

第八條、本處得遴派諳習法政員紳為司選員，分赴各州縣為該屬士紳，講演諮議局及選舉章程，並幫同地方官籌辦初選復選一切事宜。

第九條、司選員對於派赴各地方所辦選舉事宜，有會同查催之責。

第十條、諮議局現限三十五年（1909年）九月初一日為成立之期，應將辦理調查選舉各事，另定籌辦日期表。

第十一條、本處經費分為開辦費，常年費二種，由本處預算詳院指撥。

第十二條、本章程詳定後如有未盡事宜，有應增應減之處，隨時更訂呈院核定施行。〔註9〕

〔註9〕《蘇省諮議局籌辦處簡章》，上海《時報》1908年10月25日。

　　從章程內容來看，諮議局籌辦處組織結構和人員基本以官員為主，士紳則處於輔助地位。但籌辦處先期職責主要集中在選舉調查、選民登記、章程解釋及巡迴演講等具體事務上，需要在全省府廳州，城鎮鄉進行較大範圍的調查統計，以確定選民資格。因此，在很大程度上官府又不得不借助熟稔當地民情風俗的士紳來充當調查員。在選舉機構設置上，「以府廳州縣衙門為辦理選舉事務所，復選本地明達士紳，設選舉調查事務所，專調查合境人民，具有選舉資格者，編定名冊，呈由本管府廳州縣察核，送省各廳縣中有發起較遲，查造不及者，則遴委法政學業員紳為司選員，分赴各屬幫同趕辦，紳以輔官之所不逮，而司選員又以輔紳之所不逮」。〔註10〕

　　隨後，諮議局籌備處公布了選舉事宜時間表，詳細規定了選舉日期、選舉區域、選舉名額、選舉方式、選舉監督等事宜，其表如下：

表 1-1-1：籌辦諮議局選舉事宜預定日期表

諮議局選舉成立步驟	成立日期
設立籌辦處	1908.10.10
頒發曉諭告示，解釋章程，各州縣設立預備選舉事務所	10.10～11.2
調查選舉資格，編查選舉名簿	11.3～12.22
初選監督審察編訂選舉人名冊	1908.12.23～1909.1.1
宣示人名冊	1.2～1.11
選舉人呈訴初選復選監督之判定	1.12～1.31
督撫分配議員額數榜示各復選區，初選監督分割投票區張貼選舉告示	2.1～2.19
復選監督提分配初選當選人額數，榜示各初選區張貼選舉告示	2.20～3.6
復選監督提分配初選當選人額數，榜示各初選區張貼選舉告示	3.7～3.16
初選投票	3.22.
初選開票檢票	3.25
重行選舉	3.28
重行開票	3.31

〔註10〕《奏報江蘇諮議局籌辦處辦理情形》，《政治官報》1909 年 4 月 22 號（531號），第 81 頁。

知會初選當選人	4.3
初選當選人呈明情願應選	4.4～4.13
給與執照並榜示姓名	4.14～4.16
申報復選監督	4.17～4.25
復選監督造復選人名冊，頒發投票紙投票簿投票匭	4.26～6.29
復選投票	5.4
復選開票檢票	5.7
知會復選當選人	5.8～5.17
復選當選人呈明情願應選	5.17～5.26
給與當選人執照並榜示姓名	5.27～6.1
申報督撫	6.2～6.7
諮議局成立	10.14

資料來源：《籌辦諮議局選舉事宜預定日期表》，上海《時報》1908 年 11 月 1 號。

　　從諮議局籌備處的設立到選舉規則的制定與頒布，為議員選舉及諮議局的成立做好了相應準備。其後，各府廳州縣相繼成立選舉調查事務所，著手調查府廳州縣選舉人資格，下表為寧、蘇二屬選舉調查進行表：

表 1-1-2：江蘇寧屬選舉調查進行表

江寧府屬	是否成立	是否調查
上元縣	司選員報告調查事務所成立	已調查
江寧縣	同	同
句容縣	同	同
溧水縣	同	同
江浦縣	縣稟報成立	同
六合縣	司選員報告成立	同
高淳縣	同	同
淮安府屬		
山陽縣	同	
阜寧縣	縣電報告成立	同
鹽城縣	司選員報告成立	同
清河縣	縣函報成立	同

安東縣	縣電報成立	同
桃源縣	司選員報告成立	同
海州	同	
贛榆縣	電告成立	已調查
沐陽縣	司選員報告成立	同
揚州府屬		
江都縣	同	已調查
甘泉縣	同	同
儀徵縣	同	同
高郵州	同	同
興化縣	同	同
寶應縣	同	同
泰州縣	同	同
東臺縣	同	同
通州屬		
通州	同	已調查
如皋縣	電報成立	同
泰興縣	縣稟報成立	同
徐州府屬		
銅山縣	電告成立	已調查
蕭縣	同	
碭山縣	報告成立	已調查
豐縣	同	
沛縣	縣文報成立	
邳縣	電告成立	已調查
宿遷縣	同	同
睢寧縣	同	同

資料來源：《江蘇寧屬選舉調查進行表》，上海《時報》1908 年 12 月 23 日。

表 1-1-3：蘇屬諮議局籌辦處選舉調查進行表

蘇州府屬	是否成立	是否調查	人名冊調查
靖湖廳	司選員報告調查事務所成立	調查已竣	人名冊告成是否送復選監督請示核遵
太湖廳	司選員報告調查事務所成立	已調查	
長洲縣	縣報告調查事務所成立	調查已竣	人名冊簿告成合格一千一百二十五人
元和縣	縣報告調查事務所成立	同	人名冊簿告成合格一千一百六十九人
吳縣	縣報告調查事務所成立	同	人名冊簿告成合格一千七百三十五人
崑山縣	縣報告調查事務所成立	同	申報劃定投票四區
常熟縣	縣報告調查事務所成立	已調查	
新陽縣	縣報告調查事務所成立	調查已竣	申報劃定投票四區
昭文縣	縣報告調查事務所成立	已調查	
震澤縣	縣報告調查事務所成立	已調查	
吳江縣	縣報告調查事務所成立	已調查	詳報監觀員另行選充辦理
太倉州屬			
鎮洋縣	縣報告調查事務所成立	調查已竣	申報分劃投票區十所合格二千一百九十餘人
嘉定縣	縣報告調查事務所成立	調查已竣	人名冊簿告成呈報初選舉情形
崇明縣	縣報告調查事務所成立	已調查	
寶山縣	縣報告調查事務所成立	已調查	
松江府屬	府報告調查事務所成立	調查已竣	稟初覆送投票紙投票匭是否由省頒發並報設立復選舉事務所日期
川沙廳	司選員報告成立	已調查	
奉賢縣	縣報告調查事務所成立	調查已竣	申報分劃投票五區
金山縣	縣報告調查事務所成立	調查已竣	人名冊簿告成已呈初選監督處
南匯縣	縣報告調查事務所成立	調查已竣	人名草簿告成
華亭縣	縣報告調查事務所成立	調查已竣	人名草簿告成
婁縣	縣報告調查事務所成立	調查已竣	人名冊簿告成
上海縣	縣報告調查事務所成立	調查已竣	人名冊簿告成申報分劃四十二區並按旬辦理情形

青浦縣	縣報告調查事務所成立	已調查	申報按旬辦理選舉情形
武進縣	縣報告調查事務所成立	調查已竣	人名冊告成
無錫縣	縣報告調查事務所成立	調查已竣	人名冊簿告成
江陰縣	司選員報告成告	調查已竣	人名冊簿告成申報按旬辦理選舉事宜
荊溪縣	縣報告調查事務所成立	已調查	撫批選舉情形暨飭發辦事簡章
陽湖縣	縣報告調查事務所成立	調查已竣	人名冊簿告成
金匱縣	縣報告調查事務所成立	已調查	
宜興縣	縣報告調查事務所成立	已調查	撫批選舉情形暨飭發辦事簡章
靖江縣	縣報告調查事務所成立	已調查	申送調查十五細則清摺
鎮江府屬			
太平廳	司選員報告成立	已調查	
丹徒縣	縣報告調查事務所成立	調查已竣	人名冊簿告成，已呈初選監督並呈事實清摺
金壇縣	司選員報告成立	調查已竣	人名冊簿告成申報分劃八區
丹陽縣	縣報告調查事務所成立	調查已竣	已呈初選監督處
溧水縣	司選員報告成立	已調查	申報分劃投票八區並按旬辦理情形及規劃呈核

資料來源：《蘇屬諮議局籌辦處選舉調查進行表》，《申報》1909 年 1 月 3 日。

　　通過以上兩表，可以看出，在選舉調查事務所設立之後，多數縣開始迅速著手選舉調查事宜，但蘇屬與寧屬相比，其進展顯然要快。所屬各縣已絕大多數調查完畢，並編成人名冊。當然，這與寧屬人口多，蘇屬人口少不無關係。

　　在各州縣接到諮議局籌辦處備文後，各地選舉調查事務所選派調查員並會同當地士紳分別劃定區域，開始調查。蘇屬蘇州府屬崑新調查事務所自九月二十五日成立後，即由「張胡兩邑尊飛函召集四鄉經董學董及地方紳士……將諮議局章程第六條至第八條及調查細則調查須知等細為說明，並請各調查員認定區域，親自填明隨發（原簿）（諮議局章程）（職務須知）（調查細則）（調查須知）等五種，約定即日開查」。〔註11〕蘇垣三縣（長、元、吳三縣）則「由各會員擇其居處素熟者，自行認定區圖，每處由會員一人偕

〔註11〕《蘇州府屬之調查選舉》，上海《時報》1908 年 10 月 28 日。

同圖董一人往查，以免捍隔不入之弊」；〔註12〕而鎮江府屬調查事務所所長楊邦彥等在萬壽宮聚集前次推選之調查員十餘人，研究辦法，並邀集各鄉區董籌劃一切調查事宜，公同商酌，「在城則由各調查員，分段調查，自本月十六日為始，一律舉行，在鄉則由各鄉董分區調查，自本月二十日為始，一律實行云」。〔註13〕寧屬沭陽士紳紀君、吳君、魏君、董君、汪君等與張縣令邀集當地四鄉董事文廟明倫堂開會討論調查辦法，並於當日開會，「先由董君報告開會事由，次由紀君宣講諮議局選舉大意，次由吳君演說各省設立諮議局之理由，並不可不速行，查造人名冊之理由」。〔註14〕

不過，在調查過程中，調查人員也注意到存在的一些問題，負責寧屬地區調查總辦樊方伯就強調「官紳程度不齊，非由省份派司選員前赴各廳州縣，輔助進行，恐至貽誤」，希望「議定司選員先行研究章程疑義一星期」〔註15〕再奔赴各地調查，主張篩選「司選科科員二十六人每日齊集該處公同講解章程，研究疑義，逐一通過」。並電函憲政編查館徵詢是否可行。在得到肯定回覆後，在對調查人員進行培訓後分派各地，「凡有關於科員出發後辦事之手續，皆由處擬定方法格式，以昭劃一，其分赴各州縣」。〔註16〕要求每人必須隨身攜帶諮議局章程、章程表解、職務須知、調查須知、調查員執照等印製冊本便於查詢。之後，各屬又接連發布示諭「告誡選舉權人員，宜擇妥慎之員，書寫投票」，「凡投票人員務擇平日最信重之人……選舉之得人與否，關係全省利害，惟貫善終，始務須恪遵諭旨，不使心術不正，行止有虧之人濫廁其內，是為切要」，「凡選舉合格之人或不諳選舉之法，必須先之以演習，尚恐有疑阻，而不願投票者，亦須開單傳知，由各鄉董婉為開導云」。〔註17〕

按照規制，江蘇省諮議局議員選舉分為兩級，一為初選舉，一為復選舉。以廳州縣為初選區，府為復選區。議員名額依照清政府在江蘇省分配學額而定，蘇屬66人，寧屬55人，共計121人。議員選舉名額分配主要依據各府廳州縣人口數而定，而分配方法則是「督撫於各復選區選舉人名冊報齊後按照名冊，以該省議員定額，除全省選舉人總數視得數多寡定若

〔註12〕《蘇州府屬之選舉調查》，上海《時報》1908年10月30日。
〔註13〕《蘇省諮議局選舉匯志》，上海《時報》1908年11月10日。
〔註14〕《江蘇寧屬諮議局之調查》，上海《時報》1908年11月14日。
〔註15〕《江蘇寧屬諮議局籌辦處紀事二》，上海《時報》1908年11月29日。
〔註16〕《江蘇寧屬諮議局籌辦處紀事三》，上海《時報》1908年11月30日。
〔註17〕《江蘇各屬選舉匯志》，上海《時報》1909年3月15日。

干選舉人，得選出議員一名，再以此數分除各復選區選舉人數視得數多寡定各該復選區應出議員若干名，其各復選區有選舉人數不敷，選出議員一名或敷選若干名之外，仍有零數致議員不足定額者，比較各復選區零數多寡，將餘額依次歸零。數較多之區選出之，若兩區以上零數相等，其餘額應歸何區，以抽籤定之」。〔註18〕

經過寧蘇兩屬官員士紳詳細調查，先後將選舉人數彙集上報。彙集調查符合初選當選人資格數為，蘇屬為 59643 人，寧屬為 102829 人，兩屬合計162473 人，和當時江蘇省總人口數相比，所佔比例非常小〔註19〕。而在復選舉中，由於寧蘇兩屬議員名額分配不同，所選舉比例也不盡相同。蘇屬平均每 903 人中選出議員一名，寧屬平均每 1869 人中選出議員一名。如蘇屬蘇州府屬十一廳符合初選條件共 10248 人，應選出議員 11 人。按照選舉章程第二十六條載初選當選人額數按照議員定額數十倍來確定初選當選人人數，即選出 110 名初選當選人，再除以選民總數 10248 人，即，平均每 93 人選出 1 名初選當選人；寧屬江寧府屬符合初選條件共 20815 人，應選出議員 11 人。再以定額數十倍計，應選出 110 人，平均每 189 人選出 1 名初選當選人。至於

〔註18〕《憲政篇》，《東方雜誌》1909 年第 3 期，第 102 頁。

〔註19〕江蘇人口號稱三千萬，自清末以來，有四種人口統計報告。一為前清宣統元年至三年，民政部之戶口統計。二為民國元年內務部統計。三為民國十七年各省市戶口統計。四為民國二十一年之人口統計。宣統元二年之調查全省戶口如下：

地名	戶數	口數
江寧三十五屬	3213483	—
江蘇四府一州二十七屬	270128	9184137
江北提督所屬清合縣	11072	55097
江寧駐防	1816	8807
京口駐防	1239	5858

其中寧屬之口數未調查，故全省總數不得而知。如果以三千萬人口計，減去江蘇四府一州二十七屬、江北提督所屬清合縣、江寧駐防、京口駐防四處人口數，則江寧三十五屬人口數為 20746101 人。民國元年內務部之統計，全省戶數 6076869，人口 32282781。再，按照王樹槐先生的推算，清末時，取總戶數 5283611，再乘以 5（以一戶 5 口人為基數），得 26418055 人。若將清末與民國初年人口綜合平均，再考慮到人口增長，其當時人口應在二千八百萬至三千萬之間。資料來源：李長傳編著，《江蘇省地志》，中國方志叢書華中地方第 473 號，臺灣成文出版社有限公司，1983 年，第 97 頁；王樹槐著，《中國現代化區域研究：江蘇省（1860～1916）》，中央研究院近代史研究所，1984 年，第 175 頁。

所餘零數，則劃歸名額不足的選區。〔註 20〕

表 1-1-4：江蘇、江寧兩屬復選舉統計表

復選區	選民人數	初選舉當選人	復選舉當選人	所餘零數
蘇州府	10248	110	11	315
松江府	13018	140	14	376
常州府	19098	210	21	135
鎮江府	10123	110	11	190
太倉直隸州	7156	70	7	835
江寧府	20815	110	11	256
揚州府	25408	130	13	1111
淮安府	17654	90	9	833
徐州府	18966	100	10	276
通州屬	10148	50	5	1073
海州屬	7610	40	4	134
海門廳	2229	10	1	360
合計	162473	1170	117	6894

注：所餘零數為各府選民人數與兩屬平均數所比而得。蘇屬平均數為 903，寧屬為 1869。初選當選人與復選當選人以 10：1 的比例進行選舉。蘇屬本應選議員 66 名，但總計選出 64 名，尚缺 2 名，因此將所餘零數劃歸零數所餘較多的松江府與太倉直隸州，以補齊額數。寧屬同樣如此，應選出 55 名，但實際選出 53 名，同樣短缺 2 名，也將所餘零數較多的揚州府和通州府，補齊額數。最後總得 121 名議員。（申報計算有誤）。資料來源：《蘇省籌辦處訂定分配選舉議員詳章》，《申報》1909 年 3 月 11、12 日；《憲政篇》，《東方雜誌》1909 年第 3 期，第 101～110 頁。

表 1-1-5：蘇、寧二屬所屬各廳州縣初選舉統計表

選舉區		選舉人數	當選人數	所餘零數
蘇屬				
蘇州府屬共有選民 10248 人，其額定初選人數為 110 人，平均每 93 人選出 1 名	太湖廳	342	3	63
	靖湖廳	104	1	11
	長洲縣	1184	12	68
	元和縣	138	12	22

〔註 20〕《蘇省籌辦處訂定分配選舉議員詳章》，《申報》1909 年 3 月 11、12 日。

	吳縣	740	18	66
	吳江縣	1447	15	52
	震澤縣	1004	10	74
	常熟縣	1245	13	36
	昭文縣	729	7	78
	崑山縣	748	8	4
	新陽縣	577	6	11
松江府屬共有選民13018人，其額定初選人數為150人，平均每86人選出1名	川沙廳	470	5	45
	華亭縣	1281	14	77
	婁縣	1612	18	64
	奉賢縣	1090	12	58
	金山縣	676	7	74
	上海縣	3772	43	74
	南匯縣	2237	26	1
	青浦縣	1873	21	69
常州府屬共有選民19098人，其額定初選人數為210人，平均每90人選出1名	武進縣	2916	32	36
	陽湖縣	2532	28	12
	無錫縣	2629	29	19
	金匱縣	2765	30	65
	宜興縣	2071	23	1
	荊谿縣	1454	16	14
	江陰縣	2987	33	17
	靖江縣	1744	19	34
鎮江府屬共有選民10123人，其額定初選人數為110人，平均每92人選出1名	太平洲廳	388	4	20
	丹徒縣	2615	28	39
	丹陽縣	3085	33	49
	金壇縣	1877	20	32
	溧陽縣	2163	23	47
太倉直隸州共有選民7156人，其額定初選人數為80人，平均每89人選出1名	太倉本州	1118	12	57
	鎮洋縣	818	9	17
	崇明縣	1938	21	69
	嘉定縣	2157	24	21
	寶山縣	1125	12	57

寧屬				
江寧府屬共有選民20815人，其額定初選人數為110人，平均每189人選出1名	上元縣	3765	20（19.9）	0（39）
	江寧縣	4057	21	88
	句容縣	2395	13（12.6）	0（136）
	江浦縣	3885	21（20.5）	0（105）
	六合縣	2469	13	12
	高淳縣	2100	11	21
	溧水縣	2144	11	65
揚州府屬共有選民25408人，其額定初選人數為140人，平均每181人選出1名 淮安府屬共有選民17654人，其額定初選人數為90人，平均每196人選出1名	江都縣	4645	25	120
	甘泉縣	2881	16（15.9）	0（31）
	儀徵縣	3053	17（16.8）	0（122）
	高郵縣	3225	18（17.8）	0（32）
	寶應縣	1759	10（9.7）	0（33）
	興化縣	2787	15	72
	東臺縣	3672	20	52
	泰州縣	3386	19（18.7）	0（13）
	山陽縣	3057	16（15.5）	0（90）
	清河縣	2802	14	58
	鹽城縣	3214	16	78
	阜寧縣	3020	16（15.4）	0（16）
	桃源縣	2006	10	46
	安東縣	3555	18	27
徐州府屬共有選民18966人，其額定初選人數為100人，平均每189人選出1名	銅山縣	3391	18（17.9）	0（79）
	宿遷縣	3040	16	16
	睢寧縣	2146	11	67
	邳州	1964	10	74
	豐縣	2600	14（13.8）	0（18）
	沛縣	2182	11	103
	蕭縣	2010	11（10.6）	0（67）
	碭山	1633	9（8.6）	0（76）

通州直隸州選民 10148 人，其額定初選人為 50 人，平均每 202 人選出 1 名	通州	4046	未詳	一
	泰興	2647	未詳	一
	如皋	3455	未詳	一
海州直隸州選民為 7610 人，其額定初選人為 40 人，平均每 190 人選出 1 名	海州	2820	未詳	一
	沐陽	3763	未詳	一
	贛榆	1027	未詳	一
海門廳選民為 2229 人，其額定初選人為 10 人，平均每 222 人選出 1 名	海門本廳	2229	10	360

注：所餘零數為各廳縣州選舉人數與其選舉平均數所比而得，凡標注「零」的，基本上是四捨五入取整數，阜寧則稍例外。而括號內則是實際所餘零數。表中寧屬各廳縣州所分配名額要比實際名額要多一些，取多不取少，應與寧屬選民人數多而分配名額少有關。此外，京口駐防專額議員二名，初選當選人應得二十名，劃歸丹徒縣初選，並於鎮江府復選。通州直隸州和海州直隸州只知其總分配名額，而於所轄各縣分配名額不詳，無法得出所餘零數。資料來源：《憲政篇》，《東方雜誌》1909 年第 3 期，第 101~110 頁；《憲政篇》，《東方雜誌》1909 年第 4 期，第 174 頁。

在選舉調查完成之後，各屬於當年閏二月初一（1909 年 3 月 22 日）舉行初選舉，四月五日（1909 年 5 月 23 日）舉行復選舉。〔註21〕投票當日，蘇屬長元吳三縣縣令督率縣佐等官，分別到本縣投票所，並請紳士多人作為監察員，確保按照選舉規則〔註22〕嚴格投票，以防止徇私舞弊事情發生。而

〔註21〕按照憲政編查館章程，原定於正月十五日舉行初選，三月十五日舉行復選，但由於當時初選工作並未準備好，且「創辦之始，前無所承，一切措施均須臨時組織，況人民程度尚淺，非將選舉之事詳定細則，刊布告示，則於被選之責任投票之權限，皆必茫然」。所以將初選日期與復選日期分別延展至閏二月初一和四月五日。《奏報江蘇諮議局籌辦處辦理情形》，《政治官報》1909 年 4 月 22 號（531 號），第 82 頁。

〔註22〕江督蘇屬籌辦處訂定初選舉投票所細則：第一條：初選監督劃定投票區，應於每投票區適中之地設投票所一處。第二條：投票所中應辦各事由初選監督，督率投票管理員監督員經理。第三條：投票所應將初選舉人名冊公布眾覽。第四條：投票所中各置投票簿一冊。第五條：投票所中應分設出入線路。（一入門處，二投票人簽字領票處，三寫票處，四貼示章程規則處，五投票處，六出門處。）第六條：投票管理員監察員除協同經理選舉章程第八條第十條所定職掌外，應分任下列各事。一監視投票人簽字及發給投票紙管理員掌之。二指示出入監視寫票投票及問答有關選舉各事監察員掌之。第七條：投票所將下列各事貼示令投票人注意。一選舉票內所劃被選舉人名號，應以人名冊所載者為限。二被選舉人應以同廳州縣人為限，不以同投票區為限。三應錄選舉章程第

「凡紳商學界到所投票者，先須自告姓名，確係調查冊內列名之人，准其入內領票，由監察員監視，當場填寫，投畢即出，否則概遭擯棄」，當日投畢之後，其票箱則由各初選監督帶回衙署一律封存，「待所屬鄉鎮一律解齊後，準於初四日在署大堂當中開視，以便呈報諮議局憲覆核分配云」。〔註23〕不過，由於此次為初次選舉，很多選民對選舉過程不甚瞭解。因此，各地普遍出現投票人數未達到法定額數，且選出初選人名額較實際名額為少的情況，

五十五條全文並每項附以簡明解釋。第八條：投票管理員監察員按照選舉章程第八條第二項決定投票之應否收受時，除投票人寫自己姓名於投票紙上及投票紙不蓋初選監督印信或所蓋印信有差誤者外，不得擅行拒絕（如長洲縣投票所中而投票紙上所蓋印信非長洲縣知縣之印信，是為差誤，亦屬不應收受）。第九條：投票管理員監察員派定後，除疾病等萬不得已事故外，不准辭退，至投票日，管理員監察員尤不准偶離職守。第十條：投票日初選監督應親蒞城內及近城之投票所監督一切事宜。第十一條：投票所及投票區之鍵鑰管理員監察員應協任掌管之責。第十二條：凡投票人或選舉關係人及管理員監察員等如有種種違法情事，但應按照下開各項罰則辦理。第十三條：除本細則外，其他各事應遵照選舉章程第二章第五節第七節及第六章各條辦理。《江督蘇屬籌辦處訂定初選舉投票所細則》，《申報》1909 年 1 月 13 日。

江蘇蘇屬籌辦處訂定選舉開票所辦事細則：第一條：各廳州縣應各於初選監督駐在地設開票所一處。第二條：開票所中應辦各事由初選監督偕同開票管理員監察員經理。第三條：開票所中布置之法如下。一開票案，二安置投票匭處，三得票計數案（宜分列開票案左右），四檢票案（宜與計數案相連），五參觀席（宜再開票案之前）。第四條：開票時初選監督應親蒞開票所督同開票管理員監察員當眾公開。第五條：開票管理員監察員除協同經理選舉章程第九條第十條所定職掌外，並應偕同經理下列各事。一管守投票匭。二開票唱名。三得票計數。四記載廢票之數。五檢集投票紙。六照料參觀人。以上各項應先期由初選監督商同開票所各管理員監察員分別認定，以免臨時推諉。第六條：初選舉得票計數應預印計數單備用（單式及用法另文辦法）。第七條：掌得票記數者於開票唱名時核與計數單所填之姓名相符，即高聲接應戳記單內，俟開票完畢即核計戳記於單尾注明得票之總數。第八條：開票時遇有應照選舉章程第五十五條作廢之票，應置一處，並別置廢票簿登記之。第九條：開票當日不得完畢時或繼燭或次日續開，應由初選監督與管理員監察員商定當中宣布。第十條：開票後檢查票數遇有得票同數者，其名次先後應由初選監督抽籤定之。第十一條：監察票數後應將得票及廢票數目即日宣示，並報由初選監督榜示。第十二條：開票管理員監察員派定後除疾病等萬不得已事故外，不准辭退，至開票時管理員監察員尤不准偶離職守。第十三條：開票所及投票區之鍵鑰管理員及監察員應協任掌管之責。第十四條：辦理懸決人如違法擅開投票匭或取出投票匭中之選舉票者，處一月以上一年以下之監禁或三十元以上，三百元以下之罰金。第十五條：除本細則外，其他各事應遵照選舉章程第二章第八節各條辦理。《江督蘇屬籌辦處訂定選舉開票所辦事細則》，《申報》1909 年 1 月 16 日。

〔註23〕 《詳紀蘇垣初選舉投票情形》，上海《時報》1909 年 3 月 24 日。

比如「長洲第一區原數七百二十人，到所投票選舉者二百十九人，元和第一區原數六百七十人，到所投票選舉者二百三十人，吳縣第一區原數一千零三十四人，到所投票選舉者二百六十五人」，實際投票人數不到員數的三分之一；青浦共投一千零四十二票，照票額計算，以二十四票為合格，但最後「合格者僅得七人，案定額尚缺十五人」〔註24〕江陰共劃七個選區，「城區共八百二十人，投票者只二百九十餘人，其餘六區共二千一百餘人，投票者只九百餘人」。〔註25〕

由於初選舉投票人數較少，出現初選當選人名額普遍不足的問題。為此，江督不得不致電憲政編查館垂詢對策，「當選票額以投票人實數計算。惟各省初行選舉，仍慮不能足額。如須重行選舉，或至三次、四次選舉，是否均照初次投票人實數計算，抑各按照每次投票人實數計算，各省風氣未盡開通，重行選舉，投票人數必較初次為少，選舉此數愈多，投票人數亦必愈減。概照初次投票人實數核算，恐有終不足額之虞。究應如何辦理之處，祈酌核明示」。對於江督的詢請，憲政編查館回函，「當選票額，既以投票人實數計算，如須重行選舉，自無庸照初次投票人之數，可照每次投票人實數，核算辦理」。〔註26〕不過，在重行選舉之後，正如江督所預料，投票人數較初次選舉時更少，如「長洲實到一百九十人（按初選到者二百十九人），元和實到數一百九十五人（按初選到者二百三十人），吳縣實到數二百二十一人（按初選到者二百六十五人）」；丹陽初選投票實數為一千九百九十四票，以二十九票為當選，最後「當選者二十一人，尚缺十三名，業將次多數二十七人開列，由江都一併榜示重行選舉」。〔註27〕為此，在重選之後又不得不進行三選、四選，直到名額選齊為止。投票選舉人少，一方面說明民眾參與政治熱情不高，另一方面，與當時民智未開，民權未興，民眾權利意識淡漠有相當大的關係。這與當時官紳政治熱情的高漲形成了鮮明對比，同時反映出官、紳、民在政治參與初期處於不同的角色與定位。

由於初選選舉經過一而再，再二三的選舉，方選出初選當選人，不僅耗時耗力，而且效率極低。為避免這種情形再次發生，江蘇巡撫在致電憲政編查館函電中指出，「緣初選不足額而行再選三選者，大都僅僅足額，而無候補

〔註24〕《舉行初選舉開票》，《申報》1909 年 3 月 28 日。
〔註25〕《舉行初選舉開票》，《申報》1909 年 3 月 29 日。
〔註26〕《憲政篇》，《東方雜誌》1909 年第 3 期，第 111～112 頁。
〔註27〕《舉行重選舉投票》，《申報》1909 年 4 月 1 日。

當選人，以致辭職後無人推補。蘇省各屬現辦情形，大率如此」，而「復選關係甚大，苟同初選，勢必議員缺額，照章雖可補選，究覺繁重」。於是江蘇巡撫提出「於議員定額外，酌定候補當選人若干名。如應出十名議員之復選區，得預備半數五名之候補當選人。倘屆時選出僅敷議員，或雖有候補當選人而未滿此項預備之數者，准其為候補當選人重行選舉，至足數而止。復選之候補當選人，願以備補議員，今以原有選舉議員之人，同時選舉候補當選人，可免後日補選之煩，而與章程原義亦無大背」。至於候補當選人額數，則在已訂額數基礎上「加倍開列，投至足額而止」。〔註28〕這樣，在進行復選投票的同時，選出候補復選當選人，備復選當選人缺額或辭職時留下的空缺，以便遞補。而江蘇在復選加半預備候補當選人的做法，又被「各省大率多援以為列」。〔註29〕這也使得江蘇在復選舉中順利選出了議員，茲將各屬當選議員列下：

蘇屬議員：蘇州府：金祖澤、錢崇威、方還、孔昭晉、費樹達、王同愈、俞亮、丁祖蔭、蔡璜、江衡、陶維坻。

松江府：金詠榴、張家鎮、雷奮、朱祥黼、穆湘瑤、張開圻、謝源深、黃炎培、朱家駒、盛之驤、顧忠宣、黃端復、姚文枏、朱開甲、秦錫田。

常州府：朱溥恩、儲南強、孟昭常、莊殿華、于定一、胡麗榮、孫靖圻、顧鳴岡、孟森、錢以振、蔣鏞、吳鴻基、蔣士松、黃應中、劉廷熾、趙衡、蘇高鼎、謝保衡、翟樹容、王楚書、秦瑞玠。

鎮江府：狄葆賢、馬敬培、馬良、吳佐清、何恩煌、王士傑、陳慶年、陳允中、史耀堂、趙瑞豫、姜光輔。

太倉州：陸祖馨、洪錫範、夏日琦、顧瑞、林可培、蘇雲章、潘鴻鼎、嚴師孟。

京口駐防：崇樸、延祥。

寧屬議員：江寧府：王乃屏、張智周、陶保晉、仇繼恒、蔣鳴慶、吳榮萃、侯瀛、王嘉賓、唐慶昇、方瑜、嚴懋修。

江南駐防：忠俊、錦山。

〔註28〕《憲政篇》，《東方雜誌》1909 年第 5 期，第 228～229 頁。
〔註29〕《憲政篇》，《東方雜誌》1909 年第 6 期，第 291 頁。

揚州府：夏寅官、周樹年、梁莊、張允凱、張鶴第、朱莘生、譚慶藻、顧詠葵、汪秉忠、凌鴻域、周紘舜、凌文淵、馬士傑、趙鉦鋐。

淮安府：張延壽、莊其仁、王錫爵、王化南、王以昭、陸官彥、朱繼之、周虎臣、趙承霖。徐州府：高梅仙、李鴻籌、段慶熙、朱方曾、王立廷、張伯英、張鳴鼎、葉慰、陳士髦、馮珍文。

通州：孫寶書、龔世清、張鑒泉、沙元炳、沈臧壽、張陰穀、張謇。

海州：施雲鷺、許鼎霖、耿兆豐、邵長鎔。〔註30〕

幾乎與諮議局選舉同時，寧、蘇兩屬又在諮議局分合這一問題上爭論不休。這一方面是由於清政府在分配寧、蘇二屬議員名額不均所致，另一方面又是彼此想借助諮議局以增強各自的話語權。因此，雙方在諮議局籌備之初「主張合者有之，主張分者有之，主張分而仍不失為合者有之，調停兩說，而意仍主乎合者有之」。〔註31〕

當時對於諮議局駐寧還是駐蘇，主要有四種觀點：第一，主張諮議局應在寧；第二，主張諮議局應在蘇；第三，主張諮議局除寧蘇二屬之外，應暫設在上海，待諮議局成立後再行定奪。第四，主張寧蘇二屬各設諮議局分會，以示平衡。第一種觀點認為江蘇「全省財政戎政鹽務通商各事，為總督所專主。如寧蘇分局，以總臨分，則無此體制，各不相謀，則蘇局直接之巡撫，將轉稟於總督，而蘇乃有間接之諮議局。而事仍不可以畢舉。故蘇省諮議局有一無二，所在地尤在寧而不在蘇」。第二種觀點認為「江督蘇撫雖不同城，

〔註30〕 以上名單來自此次選舉共選出議員125名，其中寧屬、蘇屬駐防共4名。江蘇蘇屬候補復選當選人名單為：蘇州府：劉永昌、邵松年、楊廷棟、蔣炳章、潘承鍔、費廷璜。 松江府：顧言、謝葆均、許其榮、秦始基、王豆鎬、黃繼曾、沈樹敏、莊禮柔。 常州府：屠寬、俞復、章際治、黃錦中、吳增元、俞霖、華文川、朱頡雲、華申祺、張洵佳、華堂。鎮江府：王承毅、陳義、林懿均、鮑心增、茅謙、任璪。京口駐防：桂芳、奎照。太倉州：錢淦、黃守孚、李汝恒、顧皚。寧屬候補復選當選人名單不詳。在當選復選人中，蘇州府屬王同愈辭職，以劉永昌遞補；常州府屬莊殿華辭職，以屠寬遞補。寧屬議員張智周撤銷，大約亦必以孫啟椿遞補。餘有無變動，未詳。《憲政篇》，《東方雜誌》1909年第5期，第228頁；《憲政篇》，《東方雜誌》1909年第6期，第289頁。

〔註31〕 《江蘇諮議局籌辦如何》，《申報》1908年9月17日。

而同所轄地」，江督統轄安徽、江西、江蘇三省，並非江蘇一省，因此將諮議局設於南京於情於理皆為不合，而蘇撫則為江蘇一省行政官，掌管蘇省一省財政民賦，因此將諮議局設於蘇撫駐地蘇州則合情合理。第三種觀點與第一種觀點類似，認為「江蘇諮議局，必合全省，決不能援江蘇議員之分額而以江蘇專屬之蘇州等處」，反對按照議員名額多少而定，主張在諮議局設立之前，先將其設在上海，「俟籌辦處成立再議」。〔註32〕第四種觀點與第二種觀點類似，主張「召集兩屬之士紳，協商籌辦處之辦法，將來或就兩省垣分設處所，俟諮議局成立，其事之應就議於總督者，則蘇議員至寧事之應就議於巡撫者，則寧議員就蘇」，並「仿教育總會，寧、蘇迭為會長之例，至寧至蘇之時，寧蘇議長更迭為主席」，〔註33〕其實質仍是主分，而不主合。

通過以上四種觀點，不難看出，對於諮議局分合問題，兩屬士紳爭論頗多，各自的觀點皆有據可循，主合者多從傳統因素予以考慮，認為江蘇省名並非獨指寧或蘇，而是包括寧蘇二屬在內，而寧係總督所在地，諮議局設於此是自然而然的事；主分者則認為清政府各自分配名額給寧蘇二屬，事實上已經承認寧蘇分為兩部，從行政方面而言，寧蘇二屬向各有藩司、提學使，又分屬兩布政使管轄，因此從歷史沿革看，寧蘇分屬實屬正常。〔註34〕不過，從當時輿論傾向看，多數士紳仍多主合，認為諮議局是江蘇一省之諮議局，並非專屬寧屬或蘇屬之諮議局，因此，時論頗偏向於主合說。而對於主分所說兩屬各有藩司、提學司、布政使的理由，主合者認為「藩學二司之寧蘇分治，純屬行政問題，取圖設施之便利，而全省之軍政外交財政商政諸大端，實江督所主持，夫一省之大權，既主持於一人，而必欲於一人，統轄之地分

〔註32〕《江蘇諮議局芻議》，上海《時報》1908 年 9 月 15 日。
〔註33〕《江蘇諮議局芻議》，上海《時報》1908 年 9 月 16 日。
〔註34〕第二說據藩學分設為證，案順治初，本設左右二布政使，並駐江寧府，後分右使駐蘇州府，康熙朝停左右之名，分上江下江兩布政使，乾隆朝又分下江之江淮揚徐四府，通海二州，增設寧布政使，而蘇州布政使，專轄蘇松常鎮四府太倉一州，仍駐蘇州，是寧蘇之分設藩司。僅在乾隆朝，非初制即分者也，語其職事，不過分理所轄各屬之丁銀漕米而已（通海雖直隸寧藩司，而又與常鎮兩府同受常鎮道之管轄）。學使係新設之缺，在昔學政寧蘇相共，今新立學校較多，因分設專官以董理之，而寧藩蘇藩，寧學蘇學，皆受成於督撫，非寧藩寧學隸於督，蘇藩蘇學隸於撫也，分設官廳，取便職務，是亦不足據為分局之證，況司合寧蘇為一說者，獨未之知乎。（淮揚道僅兼按察使虛銜，並不兼理合屬刑名）。《王勝之蔣季和兩太史致蘇松常鎮五屬書（為江蘇諮議局分合問題）》，上海《時報》1908 年 12 月 27 日。

設兩諮議局，必因蘇垣分設行政機關，並須增設議事機關，於勢於理，斷不合此」。〔註35〕並強調「諮議局為全省人民公共之言事機關，非三數省紳之先達所得私據而窟穴之者，亦非縱橫五六里之省垣，所得把持而限制之者」，故「宜合不宜合，宜分不宜分，當計全省之利害，而決其從違」。〔註36〕而後，江督蘇撫將兩屬的分合意見上報憲政編查館，請求予以定奪。結果，憲政編查館以「復准合設在寧」〔註37〕而平息了這場紛爭。

此次紛爭雖然只是江蘇省設立諮議局過程中的一個小插曲，但卻反映出江蘇省在踐行議會政治初期仍存在諸多不完善之處。比如在寧蘇分合論爭中，支持分立最力的竟然是選額占多數的蘇屬士紳。他們認為蘇屬「財賦甲於天下，漕糧之外又有釐金，徵數亦居東南最」。〔註38〕因此，希望憑藉經濟優勢取得政治上的主導權成為其主要訴求。寧屬則希圖憑藉政治上的主導權來繼續維護其政治中心地位，正是二者基於各自立場與出發點的不同，結果導致寧蘇二屬摩擦不斷，正如時論所言「主合者援事實立言，而獨無以解議員分額之說，乃謂為學額漕糧之不同，分之□於計算也；主分者援局章為柄，而獨無以解江蘇為包舉寧蘇之全省名詞，乃指主務官廳分設，不便於合局之議事也」。〔註39〕從兩屬紛爭中不難發現，在江蘇從傳統制度向現代制度轉變過程中，狹隘的地方主義和保守主義成為難以克服的障礙性因素，重地方輕國家，重局部輕整體，現代化制度始終難以擺脫傳統政治觀念的掣肘。使得江蘇省議會即便進入民初之後，也未能擺脫狹隘地方主義的牽絆，反而有愈演愈烈之勢，致使內部派系林立，矛盾重重，議會機制難以正常運轉。而寧蘇諮議局分合問題雖然最後依靠中央諭令得以暫時平息，但從根本上卻未能調和兩屬之間的矛盾，更未能從制度、觀念、法理等層面上予以根本解決。因此，看似因寧蘇諮議局分合而起的紛爭，卻為民初時期議會政治紊亂埋下了隱患。

三、諮議局的實際運作及其困境

在經歷選舉與諮議局分合爭論後，江蘇省諮議局於 1909 年 10 月 14 日如期開幕，其時「江督蘇撫及以下行政官均依制蒞會，先與議員相見，行三揖

〔註35〕《致王蔣二公論諮議局分合意見書》，《申報》1909 年 1 月 15 日。
〔註36〕《論江蘇諮議局不可不合上篇》，上海《時報》1909 年 1 月 13 日。
〔註37〕《江蘇諮議局近聞》，上海《時報》1909 年 6 月 10 號。
〔註38〕《論諮議局寧蘇不可合一上張殿撰王太史書》，上海《時報》1908 年 9 月 20 日。
〔註39〕《說江蘇諮議局之前途》，上海《時報》1908 年 10 月 4 日。

禮續入會議場，由議長宣布開會，書記長讀開會詞，督撫皆致頌詞議員擇言為答禮成」，並「續定初五日開議」。〔註40〕之後，於初五日相繼選出審議長、財政審查員、法律審查員、請議審查員、資格審查員等職員。在諮議局開議之後，總督張人駿先後提出限製銅元、調查戶口、淮揚水利、寧省接築蕪湖鐵路四案。蘇撫則提出籌定自治經費、補救州縣困難、清查荒地、聯合農會組織農林公司、實行禁煙、實行印花稅方法、改訂釐金徵收方法、整頓稅契方法、度量衡改制推行、籌辦共進會等十項議案。由此拉開諮議局開議大幕。此次會議為江蘇省諮議局第一次常會，會期為時四十天，原訂於 1909 年 11 月 22 日閉會，但由於當時議員與民眾提案眾多，又延期十日處理議案，至 12 月 2 日閉會。

在第一屆常會中，諮議局計「（一）收集議案 184 件。督撫 15 件，議員 89 件，人民 71 件。（二）人民請議案之結果，提出 29 件，未提 37 件，未及審查 5 件。（三）應行提議案 142 件，督撫 15 件，議員 98 件，人民 29 件。（四）已經提議案 129 件，督撫 15 件，議員 88 件，人民 26 件。（五）已經決議案 109 件，督撫 15 件，議員 72 件，人民 22 件。（六）議而未決案 20 件，議員 16 件，人民 4 件。（七）未及提議案 33 件，議員 30 件，人民 3 件」。〔註41〕從所提議案數量看，議員與民眾佔據絕大多數，督撫所佔比例較少。而在諮議局將議案提請督撫予以審核回覆時，江督蘇撫則表現不一。在提交的 46 件議案中，江督張人駿僅回覆 11 件，其回覆率只占到總呈報件的 24%，能真正施行的不過寥寥數件，其他提案多被擱置或置之不理。相較江督，蘇撫則回覆了 41 件，回覆率占到總呈件數的 89%，表明蘇撫對諮議局議案較為重視〔註42〕。二者對比，不難看出，江督在議案回覆一事上之所以有如此表現，一方面如前所述，其本身就對議會制度持有私見所致；另一方面，則因自身「私權」空間被諮議局「公權」壓縮，難以像之前那樣隨心

〔註40〕《江蘇諮議局開幕宣言》，上海《時報》1909 年 10 月 16 日。
〔註41〕《江蘇諮議局閉會紀事》，《申報》1909 年 12 月 5 日。
〔註42〕江蘇地處江南富庶之地，自古就有「蘇湖熟，天下足」之稱，每年向中央政府上繳的賦稅位居各省之冠。因此，清政府為凸顯重視之意，在科舉名額的分配上特將江蘇分為「蘇」「寧」二屬，各配名額，以示恩賞優恤之意。其後，江蘇沿用這一慣例，在行政上逐漸形成蘇屬和寧屬，分別以蘇州和南京為行政中心。當時兩江總督駐南京，江蘇巡撫在蘇州，這在當時各省份中也屬獨一無二之舉。限於篇幅，不再將督撫答覆議案情況表詳細列出，具體可見：《各省諮議局議案紀略》，《東方雜誌》1910 年第 6 卷第 13 號，第 486～490 頁。

所欲駕馭權力，心中難免怨忿不平。因此，其對議案回覆態度消極冷淡便不難理解。除此之外，江督張人駿對涉及自身利益的提案也推阻頗多。如議員提出「督署行政經費二十七八萬兩」，已「多於十年前一倍，多於二十年前已兩倍者」，要求縮減開支，以節省經費，但江督張人駿卻始終對此提案「置而未議也」。〔註43〕就江督而言，在其意識中不僅未將諮議局視為立法機構加以重視，反將其視為羈絆而力求擺脫。這無疑加深了二者之間的猜忌與隔閡，使得雙方的矛盾日益凸顯。

表 1-1-6：公決議案及督撫答覆一覽表

案　由	督部堂答覆大意	撫部院答覆大意
代呈清河縣紳士清淮災荒請願書案	安阜等縣已辦平糶外清河稍歉收，當飭司一體辦理	准督部堂諮會照辦
督部堂交議寧省接築蕪湖鐵路案	俟飭管理處檢送路線原圓連同該路成本盈虧摺報核發並抄諮皖撫發皖局會議	諮請督部堂主核公布
督部堂交議限製銅元案	幣制非本省行政事宜難以奏請	未覆
停止官紙專賣以免官民交困案	未覆	諮請南洋主核
裕寧裕蘇發行鈔票之質問案	逐條答覆	批飭局條答核覆
籌與水利諮議局基本金之設備案	令復議	諮商督部堂公布
籌海清鐵路以公代賑案	令復議	諮請督部堂主核公布
裁督派視學員案	照辦	諮請督部堂主核
裁撤江楚編譯局案	未便遽撤侯飭改設通志局	諮請督部堂主核
督部堂交議淮揚水利案	俟飭屬邀紳議核辦	諮請督部堂主核公布
革除官營商報案	未覆	諮商督部堂主核公布
蘇路公司請議瓜清路線應走東提獲西提案	俟行蘇路公司察度辦理	諮總督部堂主政公布

〔註43〕《與本館論諮議局書》，上海《時報》1909 年 12 月 11 日。

學務公所整頓事宜案	（請學使宣示辦公鐘點條）國家行政範圍以內事無庸提議（議長議紳倍額選舉呈候揀定延聘條）不合部章未便允行（議長議紳定會議日期條）俟行司酌度施行（課長課員切實辦事條）無須提議	未覆
規劃全省教育案	未覆	未覆
永遠停止彩票案	未覆	未覆
寧蘇女子師範學堂請就南菁學堂改設案	未覆	未覆
海州災賑官紳辦理不善有礙憲政案	亟辦	電請督部堂飭屬照辦
撫部院交議聯合農會組織農林公司	未覆	農會條令覆議案照辦
撫部院交議清查荒地案	未覆	札蘇藩司核議詳辦
修改前呈革除官營商報案	未覆	並革除官營商報案答覆
建議南漕改折案	未覆	行司道核覆並諮商督部堂
督部堂交議調查戶口案	未覆	諮請督部堂主核公布
撫部院商議度量權衡改制推行	未覆	除縮短實行期限條外餘照辦
整頓商會案	未覆	諮請督部堂主政公布飭知總分會照辦並諮部立案
高淳縣水無去路，民納虛糧數百年民瘼，應奏請豁免案	未覆	諮請督部堂主核示覆
撫部院交議補救州縣困難案	未覆	札藩司核議詳辦
代呈商法調查案理由書及淺說請諮送法律館案	未覆	諮請督部堂諮送法律館並錄登南洋官報公布
撫部院交議等定自治經費案	未覆	諮請督部堂飭登南洋官報公布並行兩藩司及籌辦處分別移行通飭
設立公司開墾淮海葦蕩營荒地案	未覆	諮請督部堂主核公布
撫部院交議清查公款公產辦法綱要案	未覆	並籌定自治經費案答覆

撫部院交議改訂釐金徵收方法	未覆	無庸改收洋碼一層照辦認捐俟議定辦法再行核辦
節刪江南財政總局詳改寗藩司所屬契稅章程案	未覆	諮請督部堂主核公布
撫部院交議整頓契稅方法案	未覆	行司酌核覆辦並將推廣原案各節諮請督部堂核辦
撫部院交議籌辦共進會案	未覆	諮請督部堂會奏公布
整頓淮北鹽務兼海州自治經費案	未覆	諮請督部堂主政公布
籌辦本省巡警案	未覆	除三條不以為然外餘照辦並諮督部堂酌核寗省情形公布
本省審判廳請縮短年限提前辦	未覆	札桌司遵照察奪籌辦具復
整頓淮安關卡以蘇商困案	未覆	諮請督部堂主政公布
本省單行章程規則截清已未行界限分別交存交議案	未覆	行兩藩司飭屬一體遵辦並查追碭山豐縣虧挪
建議免徵田房典稅案	未覆	行蘇藩司核覆並諮督部堂主核
撫部院交議實行印花稅方法案	未覆	行司飭屬妥為籌辦
撫部院交議實行禁煙案	未覆	諮請督部堂飭登南洋官報公布並飭屬照辦
整頓徵收丁漕積弊案	未覆	行兩藩司核飭各屬一體遵辦
補救淮南鹽務案	未覆	諮請督部堂主核
整頓運商違章朦收案	未覆	諮請督部堂主核
總計呈報四十六件	督部堂未覆三十四件	撫部院未覆五件

資料來源：《各省諮議局議案記略》，《東方雜誌》1909 年第 13 期，第 486～490 頁。

　　鑒於張人駿對議案回覆持消極態度，諮議局議員多有不滿，「議決案呈請督撫有日矣，除蘇撫逐案批答外，江督答覆者，不及四分之一，既不公布施行，又不交令覆議，官吏之對於諮議局若有若無。諮議局之對於官吏又豈可以一經呈報，從此諉卸，一聽官吏之處置者」，強調江督「只有交令覆議之條，並無取消議決案之權」，並稱根據諮議局章程「自是行政長官對於議會之正當辦法，惟必有不以為然之處，然後可交令覆議，若文義未明或事實為瞭，行

政官與本局在開會期內則據章程第二十一條第十款，固有諮詢申覆之文，即在閉會期內，據章程第十二條，亦仍可行諮詢申覆之事」。〔註44〕希望張人駿遵守諮議局章程在常會期內回覆議案。然而，直到常會會期閉幕，張人駿對議案回覆一事仍置若罔聞，使得議案被無形擱置。為解決此問題，諮議局議長張謇，副議長蔣炳章、仇繼恒在第一屆常會閉幕後，以諮議局章程「第三十三條內開臨時會以常年會期以外遇有緊要事件，經督撫之命令或議員三分之一以上之陳請或議長副議長及常駐議員之聯名陳請均得召集其會期」為由，召集議會議員聯名呈請召開臨時會議。同時，函電張人駿，稱「本局議案悉係緊要事件，計呈報決議案四十六件，公布施行者僅有五件，餘有交覆議者且有並未交覆議者，朝廷督促憲政，計日而期，議員坐糜公費，撫心而愧用，敢遵章用召集臨時會之第三條件，擇定本年三月初九日為臨時會開會之期，請督部堂撫部院即日通電各屬於三月初八日以前令議員到局齊集，以重議會要政」，〔註45〕要求召集議員，迅速解決常會未覆之議案。

面對諮議局依章要求召開臨時會議的要求，江督張人駿被迫同意。1910年4月18日，臨時會召開，定會期為20天。在此次會期內，諮議局共計「提交議案51件，其中督撫交議者20件，議員自提者20件，民眾請願者11件」。〔註46〕從此次臨時會議所提議案來看，督撫與議員提案數持平，特別是督撫提案較上次踴躍，從中能看出態度有所轉變。不過，此次臨時會議召開，多半係因常會期間江督態度消極，未回覆提交議案所致。所以此次張人駿所提議案和回覆議案較上次為多也在情理之中。然而，時論對於江督的此番舉動卻並不買帳，「綜觀各議案之內容，江督則寥寥短篇，似不如蘇撫之計劃周密，江督則粗舉大綱，又不如蘇撫之情詞懇摯，他日議決之後，其施行之效力，殆可於此卜之」。因此，時人多「望蘇撫」而「不望江督也」。〔註47〕

其後，江督張人駿又因未將兩次借外債之事交諮議局議決而遭彈劾。第一次因上海正元等三錢莊倒欠華洋商人鉅款，江督張人駿專電奏准官借外債三百五十萬兩，代商人償還所欠之款。諮議局以官吏只能代追，不能保償，徒增財政困難之語責之；第二次因該督親往上海，與各國銀行籌商借債六百萬，為期六年，其利息均由江蘇省財政償還。對於江督借款，諮議局不予認

〔註44〕《敬告江蘇常駐議員》，《申報》1910年1月12日。
〔註45〕《江蘇諮議局請開臨時會公呈》，《申報》1910年3月5日。
〔註46〕《第二屆臨時報告會》，《申報》1910年5月9日。
〔註47〕《江蘇諮議局議決案之效力如何》，《申報》1910年9月25日。

可，指責其「侵權違法，屢屢擅借外債，不交局議……實為違背法律侵奪權限」，〔註48〕並將彈劾張人駿提案呈報資政院。資政院在詳細審查該案後也認為「兩江總督張人駿所以借款還洋債之原因，實以外國人橡皮公司股票虧纍之故，江督未交諮議局議決，則六年償還之議須由江督負責任」，〔註49〕通過了對張人駿彈劾案，並上奏朝廷，希望能嚴查其咎。然而，對於資政院的奏報，清政府卻稱「該督當時實因迫於維持上海市面，故未及交議，並非故背局章，仍著其將所借之款加緊追繳清理，免貽日後支節，嗣後如關於借債事宜，務遵定章交諮議局現行核議」。〔註50〕而清政府這種看似輕描淡寫的處置方式實則凸顯出其在憲政改革過程中的兩難處境，即：在行政體系上既不想過分刺激江督，在立法體系上又要兼顧議會之情緒。因此，將資政院對江督張人駿的彈劾案化於無形，大事化小成為清政府解決此案的初衷。然而，問題的關鍵在於，即便清政府所持調和立場，暫時化解此次矛盾，但終究沒有解決「督」「局」之間權力衝突這一實質性問題。反而使得雙方在之後又因審核寧屬預算案中教育款項刪減問題上產生激烈紛爭，並引發諮議局議員全體辭職的風波。

四、個案分析──財政預算風波

審核財政預算作為諮議局的一項主要職能，不僅對督撫的財政權形成較強牽制，而且體現出議會制度的現代化功能。在第一屆常會期間，江蘇省因整理財政，並未有預算交議，直至 1910 年 11 月 2 日召開第二屆常會才有預算案提出。而在第二屆諮議局常會審核督撫所提出的預算案時，江督張人駿又未在會期內按時回覆，以致預算案未通過公布實施。〔註51〕諮議局因此又不得不於 1911 年 3 月 1 日召開臨時會重新覆議寧屬預算案，並數次呈請江督盡快回覆當年寧屬預算案，但江督張人駿遲遲未見動靜，直至 4 月 28 日才以「預算全案諮送資政院，預算未成立之先，暫照上年之案辦理云云」為由回

〔註48〕《資政院議劾江督之奏稿》，《申報》1910 年 12 月 29 日。
〔註49〕《資政院第廿二次議事詳情》，《順天時報》第 2652 號，1910 年 12 月 14 日。
〔註50〕《江督借債案之後聞》，《順天時報》第 2688 號，1911 年 1 月 24 日。
〔註51〕當時，江蘇省財政預算分為寧、蘇二屬。蘇屬預算由撫院交議議決，交由諮議局審核後，撫院在憲政編查館規定期限內回覆，並將全案公布施行。而寧屬預算則由督院交議議決，在交由諮議局審核後，江督對預算案回覆卻延擱拖沓，到常會期閉幕也未予公布。參見江蘇省財政志編輯辦公室，《江蘇財政史料叢書》（第二輯第一分冊），方志出版社，1999 年，第 185 頁。

拒了諮議局覆議的要求。對於江督張人駿草率敷衍的態度，議員難以接受，認為「此次覆議預算案呈報後距法定答覆之限，逾時已久，督院曾否核准公布，現尚未奉答知……是以凡有血氣，無不渴望預算案早日成立，以資補救」。〔註52〕催促張人駿盡快回覆預算，以免因拖延時日而耗費地方財政。

事實上，張人駿之所以對預算案久拖不決，其主要原因還是由於雙方圍繞預算案中上江公學學款、留學公費與復旦公學教育經費刪減問題存在嚴重分歧所致。上江公學本由皖籍紳商自行捐款辦學，帶有私立性質，而所撥官款又以補助名義發放，因此，將其列入官立學堂，但費用較之前預算「浮至三倍有餘」。為填補所溢之數，張人駿遂將南洋大學專款一部分挪移上江學堂。對江督的這一擅自舉動，諮議局堅不認可，遂對學款細加審查，並質問張人駿「用何法撥還原數」時，張人駿竟無以為答，只得以「將來再行設法」為由加以搪塞。對於江督這一含糊其辭的推脫之言，諮議局不僅「刪去一萬四百十一兩」，且「分別界限以祛弊混，係遵照奏案，保全南洋大學專款」。〔註53〕其實，對於江蘇諮議局刪除上江公學官款一事，安徽諮議局和教育會曾具呈江督力持，希望能照原案保全上江公學官款補助。為此，江蘇諮議局先後向安徽諮議局和教育會作出說明，指出「此次所刪之款本為蘇省地方預算之款」，而「督院應從國家行政經費項下撥款補助」，〔註54〕與諮議局所議地方預算並無關涉。但江督執意將地方之款來補助上江學堂經費，甚至不惜挪用南洋大學學款，這樣無形之中影響了蘇省地方預算支出。因此，江蘇諮議局希望張人駿能將此刪除之款由地方支出改歸國家支出，這樣既可保證上江公學官款補助，又可周全江蘇之預算。然而，對於諮議局刪去上江公學官款一案，張人駿認為「寧省補助上江公學經費，安徽諮議局教育會又先後具呈爭執，而蘇諮議局常駐議員協議呈稱應於國家行政費內撥補，謂地方費並此次預算無涉，國家稅地方稅既未分劃，尤屬無憑核辦此次預算案」。〔註55〕藉口國稅地稅界線不清，企圖借皖省諮議局和教育會所請逼迫蘇省諮議局通過其所提交教育經費補助預算。對於江督的此番說辭，諮議局反唇相譏，稱「此次交議預算只有經費摻雜其中，是以局議不得不為之辨明性質，該如國家行政，亦有地方行政中應出之款誤列國家，而局議改入地方者，江督不自

〔註52〕《江蘇諮議局要求公布預算案》，上海《時報》1911 年 4 月 23 日。
〔註53〕《江蘇諮議局辭職議員宣告書（續）》，《申報》1911 年 5 月 24 日。
〔註54〕《江蘇諮議局辭職風潮》，《順天時報》第 2774 號，1911 年 5 月 13 日。
〔註55〕《江督為議員辭職事復蘇撫電》，《順天時報》第 2782 號，1911 年 5 月 23 日。

知其交議原案之誤，而反以局議為責難國家」。〔註56〕直陳張人駿混淆地方和國家經費，以致所提預算案錯訛百出。

對於留學經費，雙方爭論的焦點主要集中在是否將留學經費從教育經費中刪除一項上。在預算案中，江督張人駿所列留學經費「僅總數二十二萬八千餘兩」，而「而學生幾人，遊學何國，所入何校，所習何科，竟無文字開列」。諮議局以無從審查，要求江督加送詳細表冊重新審核，張人駿對此卻並不理會。不得已，諮議局只能將其所提留學經費暫列入教育預備費，並聲明「俟查明詳細答知，即在教育預備費內如數動支」。〔註57〕對於諮議局的這一做法，張人駿極為不滿，隨即對議員馬良（又為復旦公學監督）提請從教育預備費中撥助十萬兩於復旦公學的提案予以反制，聲稱「議員馬良並欲撥助復旦公學銀十萬兩，各國留學生徒既不能遽行撤回，所請增挪之款，自屬無從飭撥，若如局議預算案遷就成立，勢必窮於應付」，〔註58〕並以撤回留學人員相威脅，否決了議員馬良的這一提案。對於江督的此一做法，諮議局針鋒相對回應道「議員馬良以復旦公學監督名義請款補助學堂，其事既非由諮議局提議，其文亦非由諮議局呈遞，明係個人行為，與諮議局何涉」，且「馬議員為復旦監督，本係督院所派，因經費支絀，請款補助允否，仍督院主之，更何得牽涉諮議局所議之預算」。〔註59〕由於「督」「局」在涉及教育經費數目上爭執不斷，彼此均未有讓步的打算，這使得雙方本就充滿火藥味的關係更趨緊張。在這種情況下，江督以拖延會期為手段迫使諮議局通過其預算案的做法徹底激化了二者的矛盾。

面對張人駿再次拖延會期，故技重施的做法，諮議局忍無可忍，迅即做出強硬表態，議長張謇接連發兩函，以通告的方式宣示辭職。第一函稱「僉以覆議預算，得此結果，實無以對全省父老公決，議長副議長常駐議員全體引咎辭職，即日出局」；第二函內稱「寧屬預算一案，本局議員，竭數十日審查之力，經兩度之會議，僅克成之，何圖上不見信於長官……謇等承諸君之舉，常用駐局，接觸尤近，謹於本月初三日臨時協議會，公決全體引咎，

〔註56〕《江蘇議員因預算辭職事報告書》，《順天時報》第 2786 號，1911 年 5 月 27 日。
〔註57〕《江蘇諮議局辭職議員宣告書（再續）》，《申報》1911 年 5 月 25 日。
〔註58〕《兩江總督張人駿奏諮議局決議預算案刪減增補礙難施行並陳始末辦理情形摺》，《申報》1911 年 6 月 5 日。
〔註59〕《資政院江蘇議員為諮議局議員辭職事呈資政院文》，《申報》1911 年 6 月 20 日。

先行辭職」。〔註60〕議長張謇發出此兩函後，諮議局內「各普通議員，亦紛紛辭職」〔註61〕以示抗議。然而，面對議員全體辭職的做法，張人駿卻並不為所動，反而以諮議局辭職逼迫江督通過預算案，逾越權限為由搶先上奏清政府，指斥其「意在強迫施行決議預算案，以成其增刪移就之說」，並強調「上江公學費，為強移國家行政費」，「遊學費因無從查考列入教育預算費內，為強裁遊學費」。〔註62〕企圖將責任盡推於諮議局。面對張人駿的無端指責，諮議局堅不接受，隨即發函通告，稱「諮議局議決各案均係遵守定章，毫未逾越權限，實勘自信，此次議決預算案究竟督院之意，以何款何項為不遵定章，以何款何項為逾越權限，督院並未遵旨明白宣諭，亦不將電奏原文發布，令人無從推測」，並指出「各國留學經費一款，上江公學經費一款，雖所說理由，仍未明白，然既指出兩款，自應即就兩款復加審查，有何違章越權之處」〔註63〕來辯駁諮議局審查江督所提預算案的正當性，同時也反駁了張人駿的片面之辭。

在諮議局議員全體辭職之後，全省譁然，輿論紛起，「夫任封疆大吏者，欲自行其是，恃有權勢而無所顧忌，則可以為所欲為，中國官場之積習使然也……督撫雖貴有權勢，願使諮議局議員等皆奉承己之私意，以圖其利便」，「江督惟知以大吏而恃有政府之援……於財政上，亦可以操縱自如，而何其對於諮議局議員有監督財政之權，則竟蔑視之也」。〔註64〕對江督張人駿指責抨擊之聲不絕於耳。面對此種形勢，為盡快消弭諮議局議員辭職所帶來的不利影響，確保江蘇民眾有表達公意之機構。地方自治職員吳本善隨即組織預算維持會，並通告全省稱「立法不可一日無議會，猶之行政不可一日無有司，預算無效，憲政安在，諮議局解散，輿論安在，不為維持，是使人民絕望於維新，國家貽笑於世界」。〔註65〕強調當務之急需要解決兩個問題，「其一，照預算原案完全公布，其二，照章速行解散重行選舉」。〔註66〕同時，電奏清

〔註60〕張謇研究中心、南通市圖書館、江蘇古籍出版社編，《張謇全集》第一卷，江蘇古籍出版社，1994 年，第 162 頁。

〔註61〕《蘇省諮議局議長副議長暨常駐議員辭職》，《國風報》1911 年第 8 期，第 92 頁。

〔註62〕《專電》，上海《時報》1911 年 5 月 14 日。

〔註63〕《江蘇諮議局辭職議員宣告書》，《申報》1911 年 5 月 23 日。

〔註64〕《感江蘇諮議局議員辭職事》，《順天時報》第 2792 號，1911 年 6 月 4 日。

〔註65〕《蘇民組織預算維持會》，《申報》1911 年 5 月 8 日。

〔註66〕《江蘇預算維持會成立記》，《申報》1911 年 5 月 25 號。

政府，直陳議會解散之利害，「諮議局為輿論機關，預算案為地方命脈，督院指駁預算多所誤會，致諮議局一致辭職」，而「立憲時代與輿論不能一日無機關，既不以預算案為然，應令公布施行，籌備憲政正當緊要，停擱輿論機關扼絕地方命脈，必非朝廷立憲本意」，〔註67〕希望朝廷能俯順輿情，令江督張人駿公布實施預算案並恢復諮議局之正常運轉。隨後，維持會遂組織代表謁見張人駿商討解決此問題的辦法。

當時，雙方討論焦點主要集中在諮議局是否逾越權限，預算是否完全成立，諮議局是否重選三個方面。關於逾越權限問題。江督張人駿面對代表質問，稱「資政院電，我處未收到逾越權限四字，乃上諭云云，我並未說過」，矢口否認，將責任推於朝廷；關於諮議局所提預算案是否完全成立的問題，張人駿聲稱「預算案苟可成立，無不照行」，但同時又提出「惟完全二字殊難認可」。而張人駿這種模棱兩可，軟中帶硬的說法又反映出其並未有公布預算的打算；關於議會重選問題，當時社會輿論認為在諮議局全體辭職的背景下，應盡快重選，以表其重。但對於這一問題，張人駿卻聲稱「非但解散一層我所不願，即議員辭職亦未認可」。〔註68〕從表面上看，看似江督反對議員辭職，不同意解散諮議局，但實際上卻並沒有任何阻止諮議局解散的舉動，而是默認既成事實，放任事態發展。反映出張人駿仍企圖維持諮議局解散局面，擺脫其制約的目的。從張人駿對上述三方面的答覆中不難看出，其仍舊持推脫敷衍的態度，而對諮議局辭職問題又不肯承認，將責任推於諮議局，以撇清自身干係。面對江督此種態度，維持會也堅稱「江蘇預算案成立與否，非僅議員應負之責任，實我全省人民所共應負此責任也，預算不成立，即無諮議局，無諮議局即無言論機關」，如若「督院能俯順輿情，將本年預算完全公布施行，本會應敦勸辭職各議員，仍行就職」，否則「應請從速解散重選，勿誤九月之會期」。〔註69〕然而，對於預算維持會的要求，張人駿並未過多理會，雙方的商談無果而終，事態再次陷入僵局。

由於江蘇省諮議局在全國頗具聲望，被各省視為楷模，議長張謇又為晚清狀元，士林名宿。因此，江蘇省諮議局議員辭職抗議的這一舉動，無論對它省亦或清政府都產生了不小震動。為打破這一僵局，張謇親赴京城謁見內

〔註67〕《蘇議局進退兩難》，《順天時報》第2789號，1911年5月31日。
〔註68〕《江蘇預算維持會代表謁見督撫兩院陳述意見之報告》，《申報》1911年6月24日。
〔註69〕《江蘇預算維持會宣告書》，《申報》1911年5月30日。

閣總理大臣奕劻，希望借朝廷之力迫使江督從速公布預算。對於張謇所請，奕劻認為目前只有兩種解決辦法，「一由內閣諸人，致函張謇，令其公布；一由度支部行文江督，申明預算不可不公布之理由」。〔註70〕同時，資政院蘇籍議員汪榮寶又聯名蘇籍議員呈書資政院，稱「各省皆有諮議局，獨江蘇無諮議局，憲政之憂何堪設想……如以諮議局為是，應請飭令將預算全案照章公布施行，否則飭由江蘇督撫說明理由，奏請解散，以便重行選舉，不誤九月開會之期」。〔註71〕面對各方的陳詞懇請，清政府在權衡利弊後，指陳「兩方均有不合，張督輕於輿論，議局跡近意氣，故議飭兩方仍當和衷商榷，成立預算案，俾重憲政，其兩方不合之處朝廷均加寬免」。〔註72〕遂下令由度支部行文江督，「除已經照議公布以及諮送資政院核奪者外，其餘凡未經駁斥，未經諮送者，均宜一律按照議決案從速公布」。〔註73〕在輿論和朝廷的壓力下，江督張人駿才不得不「照得諮議局上年常會及本年臨時會議決宣統三年寧屬地方行政經費預算案」〔註74〕公布實施。至此，江蘇「督」「局」衝突方告一段落。此後，江蘇省諮議局雖再度宣布恢復，以不誤九月常會之期。但此時清王朝統治已四面楚歌，呈土崩瓦解之象，諮議局在時代大變局的形勢下已無法再照常運行。隨著辛亥革命風暴的到來，在議決江蘇省獨立之後，諮議局便宣告解散。

從「督」「局」因議案、預算案而產生矛盾，並引發議員辭職風波來看。在江蘇省踐行議會政治之初，就未擺脫傳統行政體系的束縛與掣肘。於諮議局而言，希望借清政府力倡憲政，推行代議制之機，以議會「公權」來遏制官之「私權」，進而形成以輿論為監督，以公意為主導，以法制為保障的立法體系，來削弱官權在傳統體制下的影響，達到建立西方現代議會制度的目的；於督撫而言，諮議局以「公權」來制約官權的做法又無疑弱化了自身權威，這又是其難以容忍和接受的。因此，借官之「私權」來壓制諮議局之「公權」又成為必然手段。正是由於雙方堅守各自的權力界線，寸步不讓，以致矛盾叢生，紛爭不斷。正如彼時《申報》社評所指，「觀其

〔註70〕 《蘇省預算之結果》，《國風報》1911 年第 12 期，第 99 頁。
〔註71〕 《資政院江蘇議員為諮議局議員辭職事呈資政院文》，《申報》1911 年 6 月 20 日。
〔註72〕 《江蘇諮議局辭職案將解決》，《順天時報》第 2817 號，1911 年 7 月 4 日。
〔註73〕 《蘇諮議局之善後談》，《申報》1911 年 8 月 7 日。
〔註74〕 《江督公布議決之預算案》，《順天時報》第 2808 號，1911 年 6 月 23 日。

爭執之預算案，不過學務一項，關係並不重大，情形並不糾葛，而冰炭不容之結果，竟至於此，可知彼此意見至不洽，其所由來者漸矣。不過藉此而發難耳」，但「此事起於爭執，以辭職而挽回，或由解散而選舉而開會，均屬諮議局一面之紛擾，而行政官固依然無恙，仍為全省行政之領袖也。而其未公布之預算案，仍置之不理，行其個人之政見也，是則諮議局之一番紛擾不過自取其咎而已。在行政官觀之，固不值一哂也」。〔註75〕不過，若是從更深層面來看，這場風波產生的根源則與清政府在憲政改革中所持立場和態度有密不可分的關係。

一方面，清政府憲政改革是在內外交困局勢被動的形勢下展開，這就決定了它對權力體系改革始終抱有一種複雜而猶疑的態度，既想革新又不忍棄舊，既想放權又不捨集權。因此，在諮議局設立之初，清政府就對其功能定位模糊，沒有將立法權從傳統行政權的藩籬中完全剝離出來，這就使得諮議局一直處於欲伸「公權」而不彰，欲制「私權」而不能的尷尬境地。加之晚晴中央勢衰，地方督撫崛起，中央面臨嚴重挑戰。清政府為維護自身權威，利用諮議局來制約督撫成為其另一目的。不過，由於地方督撫位高權重，清政府又不敢以強硬手段壓服地方督撫，表現在具體政策的制定和執行上仍採取較為懷柔的手段來籠絡督撫。比如諮議局章程第四十七條規定議員議事有逾越權限，不聽督撫勸告者，所決事件違背法律者，議員在議場有狂暴舉動，議長不能處理者情形，督撫有權停止議會，並強調如不遵督撫停會之命令，則督撫可奏請解散諮議局。而諮議局對於督撫，則只能先彈劾，後奏報資政院，最後待中央決定。而這種政策上的傾向性和搖擺性，又使得清政府無法從根本上來化解政治改革中權力分配失衡的問題。其結果必然導致諮議局「公權」與督撫「私權」間產生激烈的矛盾與衝突。

另一方面，作為憲政改革時期出現的新鮮事物，地方諮議局和中央資政院不僅將游離於傳統體制外的傳統士紳和知識分子吸納進來，而且拓展了這些人的參政渠道。同時，得益於憲政改革中地方自治的推行，以地方精英（開明士紳、新式學堂畢業生、留學生等）為主導的基層社會獲得了較大的自主性和話語權，這就為傳統知識分子的政治參與提供了堅實的基礎。而隨著科

〔註75〕《論江蘇諮議局與行政官衝突之影響》，《申報》1911 年 5 月 21 日。

舉制的廢除，人們思想不再禁錮於傳統的儒家意識形態，報刊、雜誌的大量湧現，使得西化思潮在思想界和知識界得到了迅速的傳播和普及，在這樣的時代背景下，傳統儒家思想與西化思潮的碰撞交融極大刺激了知識分子改良政治的意願，並促成了他們向各級政治領域迅速擴展，成為一股不可忽視的革新力量。不過，與之相伴的另一個問題就是，當這些具有革新思想的社會精英在進入體制後又不可避免的同固執保守的官僚階層在政治理念上發生衝突，尤其是在中央權威失墜，對傳統制度認知共識發生嚴重分歧的情況下，社會精英所力推的變革措施在實踐層面上又必然遭到來自守舊階層的強力阻撓。而這部分保守集團既反對制度合理化，又反對政治參與擴大化。因此，非但不能如清政府所希望的那樣，通過政治參與擴大化來化解新舊兩派的衝突，反而加深了二者之間的矛盾。

　　透視整個事件，充分表明，「督」「局」之間並不具備現代意義上的權力制衡關係，更未從制度上形成合理的監督機制，而依舊體現的是一種傳統意義上的權勢關係。以權壓法，以勢壓理，企圖憑藉官權取得對諮議局的支配地位，並將其掌控在自身權勢之下，變成督撫反映個人意志的機構。然而，諮議局的設立畢竟是清末憲政改革的重要舉措，加之江蘇臨海，在近代歐風美雨薰染下得以開風氣之先，諮議局議員又多具思想開化之士，〔註76〕議會精神和民主觀念的生發表現的尤為強勁。因此，對於督撫權勢又敢於以法抗權，以理抗勢，反映輿情，彰顯公意，體現出不畏強權的精神。在此過程中，源自憲政改革中「公權」意識的勃發對遏制傳統官員「私權」的肆意妄為又起到了一定的約束作用。應該說，清末江蘇「督」「局」之爭不僅反映出新舊兩種政治觀念的碰撞與衝突，也凸顯出清政府在向現代化制度轉型過程中，頂層制度設計與實際操作間仍存在著機制失調、權力失控、利益失衡、觀念失範等諸多障礙性因素，導致其不僅無法有效利用自身權威來主導這場變革，反而將自身權威逐漸消解在這場本就基礎脆弱的現代化變革之中，終致其政權崩潰坍塌。

〔註76〕清末憲政改革時期，清政府分配江蘇諮議局議員名額共 121 名，其中蘇屬 66 名，寧屬 55 名。議員之中大多具有傳統功名。但亦有相當數量議員既受過舊式教育又受過新式教育或具有出國留學經歷。他們思想較為開化，力倡憲政，成為推動憲政改革的中堅力量。參見侯宜傑，《二十世紀初中國政治改革風潮——清末立憲雲動史》，中國人民大學出版社，2009 年，第 184 頁。

第二節 議會政治的轉型：江蘇省議會的過渡、選舉及議員構成

一、從諮議局到臨時省議會

　　1911 年至 1927 年，江蘇省議會共召集四屆，除第一屆臨時議會屬過渡性質外，其他三屆均為選舉產生。在此四屆議會中，臨時議會與第一屆正式議會基本確立了選舉法規則，對選舉名額及分配、選舉人及被選舉人資格、選舉組織、選舉區劃、選舉訴訟等制度進行了詳細的制定與完善。之後組成的第二、第三屆省議會也基本上延續了第一屆省議會選舉模式。但由於第一屆省議會之後的兩屆議會選舉舞弊、賄選現象嚴重，加之議會內部鬥爭與外部矛盾衝突不斷，江蘇省議會政治呈現出紛亂多歧的複雜情形，而清末時期所彰顯出的議會民主精神在這一時期逐漸被消解。

　　武昌起義之後，在江蘇省諮議局召開特別會議「宣布獨立」後，〔註77〕諮議局也隨即解散。江蘇都督程德全遂召集原諮議局議員召開省臨時議會會議，以暫行原江蘇諮議局職能。當時出席臨時議會的議員「恒不足什之五六」，〔註78〕原諮議局議員到會者只有 77 人，與諮議局時期 125 名相比，其出席率只有 61%。在此次臨時議會會議中，江蘇都督程德全與臨時議員對議會的性質、選舉、權限、運行、監督等內容進行了較為細緻的規範，為之後正式議會章程出臺奠定了基礎。此次制定的議會章程共分九章三十六條，主要內容為：

> 第一章：總綱
>
> 第一條：江蘇議會為本省立法機關，設於江蘇都督所駐之地。
>
> 第二條：江蘇議會議員由本省公民選舉之。凡公民於其本縣有縣議事會議員之選舉權者皆有江蘇議會之選舉權。
>
> 第三條：江蘇議會之議員額暫定一百二十五名，以各縣納稅額之多寡比例分配之，但每縣至少必選出一名。
>
> 第四條：江蘇議會設議長一人，副議長一人，由議員用記名投

〔註77〕《南京快信》，《申報》1911 年 11 月 8 日。

〔註78〕江蘇省行政公署內務司，《江蘇省內務行政報告書》下編，1914 年，第 60～61 頁。

票法分次互選以得票過半數者為當選。

第五條：議長維持議會之秩序整理議事，對於議會以外為議會之代表。

第二章：權限

第六條：江蘇議會應行議決事件如左：一本省根本法及其他法律。二本省預算及決算。三本省稅法及公債。四本省對外訂結條約或契約。五本省權利之存廢事件。六本省義務之擔任或增加事件。七本省法律上應屬於議會權限內之事件或都督交議事件。八公斷和解本省縣議會爭執事件。

第七條：江蘇議會議決案知會都督後，由都督以府令公布之。前項公布之議決案非江蘇議會之議決，不得取消或停止其效力。

第八條：江蘇議會議決案知會都督後，如都督不以為然，得說明原委事由，盡於會期內交議會覆議，議會對於前項覆議案如經到會議員三分之二以上之同意仍執前議時，仍照第七條辦理。

第九條：省議會開會時應由都督或派主管各司將本省行政事件到會報告已往之情形及宣布未來之方針並答覆議員之質問。

第十條：本省人民於關係全省利害公共之事件有所陳請得具陳請書，經議員之介紹遞交議會。前項陳請事件應由議長交付審查會，經多數審查員認為合例可採者，得由審查會加入意見提出，於議會作為提議案，其關於行政事宜者轉送都督府核辦。

第十一條：本省行政司法人員如有納賄及違法等事，議會得指明確據知會都督交行政裁判。

第三章：會議

第十二條：江蘇議會會議期分常年會及臨時會二種，均由議長召集並先期知會都督。

第十三條：常年會每年一次，會期以四十日為率，自九月初一日起至十月十一日止，其必須接續會議之事得延長會期二十日以內。

第十四條：臨時會於常年會以外遇有緊要事件，經都督之要求

或議員總額三分之一以上之聯名陳請，由議長定期召集之，其會期以二十日為限。

第十五條：凡會議非有議員半數以上到會不得開議。

第十六條：凡會議以到會議員過半數之所決為準，若可否同數則取決於議長。

第十七條：會議時都督各司長或都督所派之行政委員得到會陳述意見，但不列議決之數。

第十八條：議員於會議時所發言論於議會以外不負責任，其以所發言論在外自行刊布者不在此限。

第十九條：議員除現行犯罪外，於會期內非得議會之承諾不得逮捕。

第二十條：會議時不禁旁聽，其有左列事由經議會認可者不在此限。一都督照請禁止者。二議長或議員十人以上提議禁止者。

第二十一條：會議細則及旁聽規則由議會議訂之。

第四章：任期

第二十二條：議員任期以三年為限，議長副議長亦同。

第二十三條：議員因故出缺時以其本選舉區候補當選人名次表之列前者遞補之，其任期以補足前任為滿之期為限。議長因故出缺時以副議長補之。副議長因故出缺時由議員互選補之，其任期以補足前任未滿之期為限。

第五章：改選及辭職

第二十四條：議員任滿後由各選舉區分別改選再被選者仍得連任，若議員任期未滿而選舉區有變更者照舊任職。

第二十五條：議員非因左列事由不得辭職：一確有疾病不能任職者，二被選為國會議員者，三其餘事由經議會允許者。

第二十六條：議員於任滿後再被選而欲辭職者聽之。

第六章：罰則

第二十七條：江蘇議會罰則分為二種如左：一停止到會但以十

日為限。二除名。

第二十八條：前條罰則之適用由議會議決行之。

第七章：辦事處

第二十九條：江蘇議會設辦事處經理議會中文牘會計及一切庶務，由議長監督之。

第三十條：辦事處設書記長一人，書記四人，由議長委任之。

第三十一條：辦事處辦事細則由議會議定之。

第八章：經費

第三十二條：江蘇議會經費由都督籌指專款撥用，其款目分別如左：一議員旅費，二議長副議長公費，三書記長以下薪金，四雜費，五預備費。

第三十三條：前條旅費公費及薪金數目由議會議訂後知會都督公布之。

第三十四條：議會經費由議長按月清查一次，於常年會開會時造冊清報由議員審查之。

第九章：附則

第三十五條：本議會法自議會議決後，都督公布之日起為施行之期。

第三十六條：本議會法非有議員三分之一以上之同意不得提議修改。〔註79〕

從臨時議會章程來看，基本延續了諮議局時期的內容。不過，相較於清末諮議局章程，江蘇省臨時議會章程更多體現出政治參與擴大化的趨勢。比如對選舉人資格的限定是按照縣議事會議員選舉資格而定。在年齡上規定年滿二十一歲，在本地連續居住三年，年納直接稅二元以上者均具有選舉資格。相對於諮議局時期對選舉人資格的限制降低不少，使更多民眾獲得了政治參與權。此外，在議會章程中所規定議決案如得三分之二以上議員同意，則都督必須公布執行。這與諮議局時期相比，議會在權力制衡的能力上又有提高。在其他相關內容制定上，如保障議員言論自由，允許民眾旁聽等，都體現出

〔註79〕《江蘇議會法》，《申報》1911 年 12 月 2 日。

議會制度的民主性和進步性。

　　當時，江蘇省臨時議會議案主要涉及到地方官制、各司官制、民政長選舉章程、裁減釐金賦稅等方面內容。教育、自治、民政方面與民眾生活關係密切的議案則提出不多。這與民國初建，政局不穩有關。因此，穩定省政，創立新的行政機構，實現權力順利過渡成為當務之急。以下為臨時議會所提議案一覽表主要內容：

表 1-2-1：臨時議會所提議案一覽表

所提議案	答覆大意	是否議決
江督程德全提裁撤釐金案	擬暫收產地銷地兩稅由各商會責成，各業轉解黏帖印花通行各地至經過各貨概不徵稅	議決
江督程提徵收租賦	擬上忙全完，下忙躧免，漕米改徵折色，並須分別荒熟，由各州縣民政長派員查勘辦理，忙銀每兩收洋兩元，附加洋四角，漕米每石收洋六元，附加洋一元，各正項解司儲用，其附加各款則留充州縣地方行政經費	議決
程督提交省議會法案	審查通過	議決
都督交議州縣民政長選舉章程案	交法律審查	議決
省城試辦登記法案	交法律審查	議決
南洋大學請撥經費案	交財政審查	議決
丁祖蔭提議統一民政案		抽出未議
張家鎮提議另訂田房契稅案	交財政法律會會同審查	議決
錢淦提議房膏土捐照舊徵收案	交財政審查	議決
請議核減太鎮賦額案	交財政審查	議決
衛田租賦案	由各該民政長出示曉諭	議決
補助長元吳三縣高等小學案	由各堂張與民政長會商辦理	議決

收買穀米以維民食案	由各地方議會會議辦理	議決
妥定裕寧裕蘇鈔票結束辦法案	按照蘇州商會原遞議案具書質問都督請示辦理	議決
宣布審查縣制報告案	逐條討論，再行公議	不詳
宣布都督交議財政檢查案	交財政審查	不詳
宣布都督交議雜稅案	交財政審查	不詳
宣布都督交議監獄法案	交法律審查	不詳
宣布都督交議常昭公民請宣布剔荒徵熟減成辦法案	議決忙漕已定辦法，知會都督	議決
宣布議員譚慶藻提議維持各地方過渡時財政案	知會都督派員查辦	不詳
宣布請議審查會報告提出規劃太湖水利案	不詳	不詳
宣布請議審查會報告提出鹽務暫循舊法徐圖改革案	不詳	不詳
議決都督府暫行官制案	較增軍政教育實業三司，而軍政司本係就原有之軍政廳改設，教育及實業兩司交議意旨亦須俟局勢大定以後再行增添，現似尚非其時，不妨暫仍附入民政司，以後財力漸裕職務較繁，自應升改各設專司以重責成而隆體制，惟民政司中之考績與選舉兩科似可酌並為一。	議決
分配議員名額修正案	審查通過	議決

資料來源：《蘇垣新紀事》，《申報》1911 年 11 月 27 日；《蘇閣新猷種種》，《申報》1911 年 12 月 2 日；《新蘇州紀事》，《申報》1911 年 12 月 4 日；《蘇議會議案記要》，《申報》1912 年 3 月 28 日。

　　從江蘇省臨時議會所提議案內容來看，基本上承擔起從諮議局向議會轉型的職能，體現出議會政治的特點。所制定議會法等各項法規也為之後正式議會的產生奠定了基礎。不過，由於此次臨時議會畢竟承接自諮議局，議員也多由原諮議局議員構成，在面臨時代轉型，政局波動的局勢下，議員離職退隱者有之，進入政府從政者有之，兼充他職者有之，各議員政治選擇日趨多元化，分流了相當一部分原有議員，使得議員很難達到法定人數。而當時

輿論也認為「江蘇臨時省議會原承諮議局之舊議員，任期早滿，即非改組亦應更選，且議員除被選為參議員外，多就司法行政等職，統計幾及半數仍行召集，似多窒礙，如俟省議會法及選舉法公布後，遵照組織正式省議會再召集開會，非特有誤九月初一之期以選舉手續計之，恐年內尚難開會」。〔註80〕當時中央就函電催促各省迅速組織省議會，要求「除業經改組各省外，所有未經設立此項議會之省，應各就原設諮議局撤去諮議局之名，改為臨時省議會，即以原選議員作為該會議員，行使其應有之職權，以歸簡易而免稽延……希即迅速辦理千萬勿延」。〔註81〕在這種情形下如再延用原諮議局議員也難以體現出革新氣象。因此，選舉議員，建立正式議會成為當時江蘇省的迫切要求。

二、省議會的成立及選舉

自江蘇省臨時議會之後，又歷經三屆省議會，分別為 1913 年第一屆省議會，1918 年第二屆省議會，1921 年第三屆省議會。每屆議會時長與議員任期均為三年。不過由於第一屆議會與第二屆議會之間經歷議會解散，袁世凱復辟、議會恢復等階段，其前後相隔近六年時間。因此，三屆議會的間隔時間並非為每屆三年。省議會選舉制度的確定，在第一屆省議會選舉時就已確定，第二、第三兩屆議會選舉基本上都依照第一屆議會選舉制度而定，只是在選舉區劃上有所調整。

（一）議員名額分配

由於江蘇省臨時議會並未進行選舉，只是以原有諮議局議員充任臨時議員。在第一屆議會選舉之前，議員曾對選舉名額分配有不同意見，有主張暫依舊製辦理者，有主張以人口為標準者，有取地方主義每縣平均選出兩名者。以上三種主張雖各有理由，但也存在諸多窒礙之處，均無法調和另外兩種主張。之後，中央政府向參議院提交議案，主張各省議員「凡一省人口不滿千萬者，五十名。千萬以上，每四十萬人加一名，二千萬以上，每八十萬人加一名，至多以百名為限。議員定額分配之法，每縣一名，其餘額以各縣選舉人數之多寡比例分配之，至足額為止，其議員定額不足，每縣一名之數時，得加額以足每縣一名之數」，〔註82〕經參議院與政府之間覆文討論，最

〔註80〕《江蘇召集省議會之前提》，《申報》1912 年 8 月 11 日。
〔註81〕《大總統電促組織省議會》，《申報》1912 年 4 月 13 日。
〔註82〕《參議員改定省議會員額》，《申報》1912 年 9 月 9 日。

終議定各省省議會議員名額為「直隸：184 名，江蘇：160 名，安徽：128名，江西：140 名；浙江：152 名，福建：96 名；湖北：124 名；湖南：128名，山東，132 名；河南：128 名；山西：112 名，陝西：88 名；甘肅：56名，新疆：40 名，四川：140 名，廣東：120 名，廣西：76 名，雲南：88名，貴州：52 名」。〔註83〕由此確定蘇省議員名額為 160 名，議員選舉名額按人口比例數分配。而在第二屆、第三屆議會選舉時，議員名額也照此數分配，並無改動。

（二）選舉人資格與被選舉人資格

江蘇省對選舉人資格與被選舉人資格的認定，是根據中央所頒布選舉法第四條而定。內容主要為「凡有中華民國國籍之男子，年滿 21 歲以上，於編制選舉人名冊以前在選舉區內住居滿二年以上，具下列資格之一者有選舉之權：1. 年納直接稅 2 元以上者。2. 有值 500 元以上之不動產者。3. 在小學校以上畢業者。4. 有與小學校以上畢業相當之資格者」。同時，又規定了不能獲得選舉權與被選舉權的幾種情況，「1. 褫奪公權尚未復權者。2. 受破產之宣告確定後，尚未撤銷者。3. 有精神病者。4. 吸鴉片煙者。5. 不識文字者」。而對從事特殊職業的個人則停止其選舉權及被選舉權，其主要包括「1. 現役陸海軍人及在徵調期間之續備軍人。2. 現任行政司法官吏及巡警。3. 僧道及其他宗教師」。此外，還對「小學校教員及各學校肄業生」停止其被選舉權。對於辦理選舉人員「於其選舉區內停止其被選舉權，但監察員不在此限」。〔註84〕

（三）選舉組織

根據當時頒布選舉法，江蘇省設選舉總監督，以省都督程德全和行政長應德閎為總監督，縣為初選區，設初選監督，以各該區之行政長官充之，合若干縣為複選區，設複選監督，由選舉總監督委任。設立相應的選舉機構，為省議員選舉做好了準備。（1）籌備選舉事務所及複選事務所。籌備選舉事務所之組織，最高級為總監督，次為主管事務之司長。又次為所長副所長，所長以下，設司選課長一人，課員一人，庶務課長一人，課員一人，軍民未分治之先，則以都督兼之，主管者屬民政司名義，軍民既分治之後，則以民

〔註83〕《北京電》，《申報》1912 年 9 月 14 日。
〔註84〕《蘇都督公布眾議員選舉調查法》，《申報》1912 年 9 月 10 日。

政長兼之，主管者屬內務司名義，蓋籌備開始，在九月二十日，而分治實行，由民政長監督，則在十二月十七日也。所長名似特設，而實即以司中科長充任。凡關於籌備事項及解釋條文，與中央下級往來之文電，均責成於所長，事彌贖而任奇重，卒以排除困難，按期告成。其結果良不易言矣。複選事務所之組織，凡分四區，複選監督各一，每所設司選課長一，庶務課長一，課員自六人乃至十人。其事務所駐在地，則就都會衝要之區，由總監督定之。（2）各縣辦理選舉事務所。各縣辦理選舉事務所，據選舉法所規定，應附設本署。但為方便各縣公署辦事，另設於其他公共場所者。選舉事務所內部組織，以縣行政長官為初選監督，由初選監督委任辦事若干人，「惟無何等之規定。故有或稱為所長，或稱為委員者，其事之繁簡不同，而員之多寡不一致也」。〔註85〕

（四）選舉區劃

　　江蘇省三屆省議會選舉區劃，初選是以縣為單位，而複選是以原有各縣所屬府廳州為單位。不過，在三屆省議會選舉中，初選基本以縣為單位的劃分沒有發生太大變化，複選區劃則不盡相同，「1912 年公布省議會議員選舉法分全省為十一區，1918 年第二屆選舉、1921 年第三屆選舉複選區與第一屆同，初選區亦與宣統間同」。〔註86〕

（五）選舉人口比例

　　江蘇省第一屆議會選舉時，全省總人口數為「32150019」人〔註87〕，符合選民資格的為「1939368」人，「選民比例只占總人口數的 6%」，〔註88〕而省議員名為 160 人，合約每 20 萬選舉省議員 1 名。而到了 1918 年第二屆省議會選舉時，江蘇省總人口數為 33720000 人，符合選民資格的為 440 萬人左右，選民比例占到 13%，合約每 21 萬選舉省議員 1 名。從比例上來看，選民人數隨著人口的增長，比例有所增加，選民基數有所擴大，但從實際情況看，由於在第二屆、第三屆議會選舉中，各縣在選民資格調查過程中存在嚴重的浮報濫報，實際選民數量要遠遠低於所公布的選民數。

〔註85〕江蘇省行政公署內務司，《江蘇省內務行政報告書》下編，1914 年，第 72～73 頁。
〔註86〕焦忠祖、龐友蘭，《阜寧縣新志》卷 4，1934 年鉛印本，第 23 頁。
〔註87〕江蘇省行政公署內務司，《江蘇省內務行政報告書》下編，1914 年，第 38 頁。
〔註88〕《寧蘇選民問題之大激戰（二）》，《申報》1918 年 7 月 2 日。

（六）選舉訴訟

　　為解決選舉過程中產生的舞弊、賄選、矛盾、衝突等問題，江蘇省規定當事人可向法院提起訴訟以保證自身權益不受侵害，以確保選舉過程公平、公正、公開。規定「應先於各種訴訟事件審判者，即較各種訴訟事件先行審判之謂，即選舉訴訟以後不得先行審判他種訴訟事件之謂也。蓋選舉訴訟為選舉人及當選人公權所關，選舉進行又無因訴訟而停止之理，若非速行審判而致逾選舉之期，則以後權利雖經確定而已，有不能行使之虞，故法律特設此種規定也」。〔註89〕雖然選舉訴訟可以在一定程度上保證選舉過程的公正，但在實際選舉過程中卻依然存在賄選、舞弊等問題，也為之後江蘇省議會內部運行帶來諸多問題。

　　從上述選舉規章內容可以看出，江蘇省議會選舉制度總體在不斷完善和進步。一方面，在選民資格方面，相較於清末諮議局時期，對選民限制有所放寬，這為民眾參與政治奠定了基礎。因為在諮議局時期要求選舉人不僅要在本地方辦理學務及其他公益事業滿三年以上者方有選舉資格。而且規定出身得具備舉貢生員或中學堂及以上文憑者。在財產上則要求有五千元以上不動產。另外，對於非本籍貫之男子，則要求在本地寄居十年，資產一萬元方有選舉資格。這些限制條件將很大一部分民眾排斥在選舉之外，無法參與到實際的政治實踐中，使得議會選舉成為一種覆蓋範圍極為有限的政治活動。民初時期，江蘇省議會選舉，對選民資格要求大為降低，無論在年齡、學歷、財產、納稅等方面均放寬了限制。說明自民國肇建之後，功名、身份、特權這些等級化條件已不再成為衡量選民資格的標準。而選舉門檻的降低，不僅有利於吸納更多民眾參與到選舉活動之中，更有助於政治民主化向廣泛、縱深的方向發展。另一方面，選舉訴訟也成為江蘇省議會選舉的另一亮點。選舉不僅需要廣泛的民眾參與，更需要有法律的保障。而選舉訴訟法律條款的制定不僅可以糾正選舉過程中出現的營私舞弊、賄選拉票等弊端，更可以保障選舉人及被選舉人自身合法權益不受侵害，在一定程度上確保選舉的正常運行。比如在第一屆江蘇省議會選舉中，江陰縣初選當選人張明初被同縣另一參選人張銘初冒名頂替，後張銘初被縣人揭發並提起公訴，並恢復了張明初當選人資格。這一案例表明選舉訴訟在保障參選人合法權利方面起到了不小的作用。

〔註89〕江蘇省行政公署內務司，《江蘇省內務行政報告書》下編，1914 年，第 141 頁。

三、江蘇省議員群體分析

在江蘇四屆省議會中，除臨時省議會 70 餘人外，其他三屆省議會每屆議員均為 160 人，由於資料缺乏，要搜集江蘇省四屆議會，共 550 位議員的具體出身背景較為困難。因此，筆者只能就所掌握資料，將已知議員出身作一統計及分析。

表 1-2-2：江蘇省議會議員出身表

江蘇省歷屆議會	姓名	籍貫	出身
江蘇省臨時議會	仇繼恒	上元縣	進士
	陶保晉	上元縣	附貢生，清末畢業於格致書院，留學日本畢業於日本法政大學
	孫啟椿	江寧縣	舉人
	黃應中	宜興縣	貢生
	吳鴻基	荊溪縣	貢生
	儲南強	宜興縣	貢生
	謝保衡	宜興縣	舉人
	屠寬	武進縣	日本千葉專門學校畢業
	章際治	江陰縣	進士
	朱溥恩	武進縣	廩生
	王楚書	江陰縣	歲貢
	錢淦	寶山縣	進士，由清政府派赴日本留學入法政大學
	陳慶年	丹徒縣	優貢生
	吳佐清	丹徒縣	歲貢
	譚慶藻	高郵縣	舉人
	金祖澤	吳江縣	拔貢
	史耀堂	金壇縣	例貢
	陳允中	金壇縣	恩貢
	周樹年	江都縣	拔貢
	凌鴻壽	江都縣	歲貢
	朱祥紱	南匯縣	優員
	顧忠宣	南匯縣	副貢

	狄葆賢	溧陽縣	舉人，留學日本
	孫靖圻	無錫縣	廩生
	秦瑞玠	無錫縣	日本政法大學
	凌文淵	泰州縣	優廩生
	周紱順	泰州縣	優廩生
	張謇	通州	狀元
	張蔭穀	通州	舉人
	夏日琦	嘉定	舉人
	潘承鍔	常州縣	廩生
	蔣炳章	吳縣	進士
	陶惟坻	元和縣	舉人
	馬良	丹陽縣	舉人
	陳官彥	清河縣	舉人
	姚文枏	上海縣	舉人
	謝源深	上海縣	舉人
	顧言	上海縣	縣學生員
	黃炎培	南匯縣	舉人，留學日本
	張開圻	婁縣	舉人
	陸祖馨	太倉縣	舉人
	洪錫範	太倉縣	北洋大學肄業
	鮑貴藻	儀徵縣	廩貢生，後留學日本，畢業於東京弘文學院
	金詠榴	青浦縣	舉人
	張家鎮	青浦縣	舉人
	沈臧壽	海門縣	附生
	王嘉實	高淳縣	舉人
江蘇省第一屆議會	詹其桂	青浦縣	拔貢
	朱德恒	江都縣	舉人
	丁文瑩	江都縣	監生
	趙銘傳	興化縣	留學日本
	石鳴鏞	興化縣	留學日本
	羅毓桐	興化縣	留學日本
	吳輔勳	高郵縣	優貢

	潘承鍔	常州縣	廩生
	曾樸	常熟縣	舉人
	蔡璜	崑山縣	秀才
	唐昌言	吳江縣	兩江優級師範
	沈維賢	松江縣	舉人
	秦錫田	松江縣	舉人
	黃申錫	上元縣	舉人
	朱祥紱	南匯縣	優員
	莊以蒞	川沙縣	庠生
	許蘇民	嘉定縣	秀才
	戴思恭	嘉定縣	廩生
	顧南庸	崇明縣	留學日本
	奚九如	武進縣	秀才
	吳鴻基	荊溪縣	貢生
	孫徹人	南通	舉人
	張謇	通州縣	狀元
	姜青照	海門縣	附生
	龔其偉	海門人	進士
	沙元炳	如皋縣	進士
	潘恩元	如皋縣	舉人，留學日本
	陸文椿	宿遷縣	舉人
	許鼎霖	贛榆縣	舉人
	武同舉	海州縣	拔貢
江蘇省第二屆議會	郗大純	江寧縣	前清秀才
	孔昭晉	吳縣	進士
	鮑貴藻	儀徵縣	廩貢生，後留學日本，畢業於東京弘文學院
	羅毓桐	興化縣	留學日本
	朱德恒	江都縣	舉人
	吳鴻勳	高郵縣	江北初級師範學堂
	徐承禧	六合縣	監生
	沈維賢	松江縣	舉人
	黃炎培	川沙縣	舉人

	朱祥紱	南匯縣	優員
	錢淦	寶山縣	進士，由清政府派赴日本留學入法政大學
	黃守孚	嘉定縣	廩生，留學日本
	戴思恭	嘉定縣	廩生
	儲南強	宜興縣	貢生
	奚九如	武進縣	秀才
	榮宗銓	無錫縣	民族資本家
	孫儆	南通縣	舉人
	王達	泰興縣	通州師範學校
	楊體仁	泰興縣	優貢
	周家俊	泰興縣	舉人
	陳伯盟	阜寧縣	日本明治大學畢業
	朱際雲	漣水縣	舉人
	陳為軒	阜寧縣	優貢生，江南高等學堂畢業
	朱紹文	淮陰縣	兩江政治學堂
	胡毓彬	鹽城縣	秀才
	盧瀚蔭	宿遷縣	舉人
江蘇省第三屆議會	陶保晉	江寧縣	附貢生，清末畢業於格致書院，留學日本畢業於日本法政大學
	張一麐	吳縣	舉人，後被錄取經濟特科，擔任過徐世昌內閣教育總長
	楊同時	常熟縣	秀才
	狄梁孫	常熟縣	法政科舉人，留學日本法政大學
	蔡璜	崑山縣	秀才
	胡震	江都縣	清末秀才後畢業於兩江政法學堂
	朱德恒	江都縣	舉人
	鮑貴藻	儀徵縣	廩貢生，後留學日本，畢業於東京弘文學院
	葛潘	寶應縣	清末秀才，後畢業於兩江政法學堂
	吳輔勳	高郵縣	優貢
	賈先甲	高郵縣	附生，畢業於兩江優級師範學堂
	羅毓桐	興化縣	留學日本

穆湘瑤	上海縣	舉人
黃申錫	上元縣	舉人
徐果人	武進縣	舉人
奚九如	武進縣	秀才
陳允元	金壇縣	貢生
王景常	金壇	優貢
張孝若	南通	先就讀於震旦大學，後留美畢業於哈佛大學
趙雪	鹽城縣	貢生
黃其德	泰興縣	舉人
郝崇璟	淮安縣	附貢生
閻漢亭	沛縣	拔貢

資料來源：鄭耀烈、汪昇遠、王桂馨，《六合縣續志稿》卷 13，1920 年石印本；吳葭、王鍾琦，《寶山縣再續志》卷 14，1931 年鉛印本；于定、金詠榴，《青浦縣續志》卷 14，1934 年刻本；王元章、金鉽，《泰興縣志續》卷 8，泰州新華書店古舊部，1984 年抄本；林懿均、胡應庚、陳鍾凡，《續修鹽城縣志》卷 12，1936 年鉛印本；江家瑂、姚文枬，《民國上海縣志》卷 15，瑞華印務局，1936 年鉛印本；張玉藻、翁有成、高覲昌，《續丹徒縣志》卷 12，1930 年刻本；胡為和、盧鴻鈞、高樹敏，《三續高郵州志》卷 4，1922 年刻本；馮煦，《重修金壇縣志》卷 9，上海商務印書館，1926 年鉛印本；嚴偉、劉芷芬、秦錫田，《南匯縣續志》卷 13，1928 年刻本；陳傳德、黃世祚，《嘉定縣續志》卷 11，1930 年鉛印本；李恭簡、魏雋、任乃賡，《續修興化縣志》卷 13，1943 年鉛印本；方鴻鎧、黃炎培，《川沙縣志》卷 16，上海國光書局，1937 年鉛印本；焦忠祖、龐友蘭，《阜寧縣新志》卷 17，1934 年鉛印本等。

　　從表中統計可以看出，江蘇省臨時議會中，具有舊時傳統科舉功名身份的共有 42 人，兼具舊時功名與新式學歷者共有 5 人，而具新學歷者共有 3 人；第一屆省議會議員中，具有舊時傳統科舉功名身份者共有 20 人，兼具舊時功名與新式學歷者共有 1 人，具有新學歷者共有 5 人；第二屆省議會議員中，具有時傳統科舉功名身份者共有 9 人，兼具舊時功名與新式學歷者共有 4 人，具有新學歷者共有 5 人；第三屆省議會議員中，具有時傳統科舉功名身份者共有 9 人，兼具舊時功名與新式學歷者共有 6 人，具有新學歷者共有 1 人。四屆議會中，具有舊功名者共有 80 人，占總人數的 71%，具舊時功名與新式學歷者共有 16 人，占總人數的 14%，具有新學歷者共有 14 人，占總人數的 13%。以下表說明：

表 1-2-3：四屆議會議員出身對比統計表

江蘇省歷屆議會	議員人數	具有傳統功名者	兼具新舊功名與學歷者	具有新學歷者
臨時議會	47	42	5	3
第一屆議會	26	20	1	5
第二屆議會	21	9	4	5
第三屆議會	16	9	6	1
四屆統計	110 人	80	16	14
所佔議員人數百分比		72%	15%	13%

注：表中除擔任過兩屆及兩屆以上議員外（陶寶晉、吳鴻基、儲南強、朱祥紱、張謇、潘承鍔、黃炎培、朱德恒、吳輔勳、蔡璜、沈維賢、戴思恭、鮑貴藻、奚九如、羅毓桐），不作重複統計，因此得出四屆共 110 名議員。其中另有 1 人為民族資本家，接近總人數的四分之一。

　　從表中數據看，從江蘇省臨時省議會至第三屆省議會，具有傳統功名議員的數量逐漸減少，而具有留學背景或接受過新式學校教育背景的議員增多，傳統功名與新式學歷兼具者也同樣增多。這說明，一方面，從數量上看。從清末新政廢棄科舉，推行新式學校教育以來，江蘇省議員無論是接受國內新式學校教育還是留學海外接受西方教育，人數都較以前有所增長。而這部分人在接受具有新式教育過程中，議會政治與民主思想因子也自然被吸納進來，並衝擊著原有的政治觀念。另一方面，從趨勢上看。接受新式教育的人數雖然增長較快，但具有傳統功名的議員仍占多數，說明江蘇省議會政治仍處於新舊觀念碰撞，從傳統向現代的轉型過程中。而在這種中西交融的背景下，江蘇省議會呈現出一種中西混合式的議會政治，既體現出西方議會的功能與作用，但在遇到現實問題時又要借助中國傳統政治手段來加以解決。而在這種新舊雜糅的發展過程中，江蘇省議會政治又逐漸向中國傳統政治軌道偏斜，由先前政黨政治向朋黨政治退變滑落，議會竟而演變為各派爭權奪利，相互鬥爭的競技場。

第三節　民主精神的喪失：議會政治步入歧途

一、議會與學界的衝突與矛盾

　　1922 年秋，江蘇省議會在審議十一年度預算案時，削減教育經費並移作

議員個人薪金，結果於 1923 年 1 月初招致省教育界的強烈反對，進而引發風潮，並將議會、教育界、政府悉數捲入其中。引起社會輿論的極大矚目。此次風波從 1923 年 1 月 7 日爆發至 2 月末結束，歷經近兩月，引起社會輿論的極大矚目。從表面上看，該風波是因議會削減教育經費，議員加薪而起，但透過事件本身來看，卻反映出當時社會各界對議會政治的失望和議員濫用職權的憤怒與不滿。在此種情形之下，議會自然成為眾矢之的，成為輿論抨擊的焦點。此外，導致此次事件的根源性因素在於：一方面，蘇省不斷膨脹的軍費開支長期擠壓行政開支，以致用於行政開支的經費極度缺乏；另一方面，則在於議會民主精神失墜，議員多圖私利，難以表達公意所致。

1919 年 4 月，蘇省第二屆議會曾將教育經費與實業經費移作議員公旅費而激起輿論的強烈不滿與抨擊，並險釀風潮。不過，從當時看，包括教育界在內的社會各界都比較克制，多是訴諸輿論而並未採取過火的方式來迫使議會取消加薪案。而最終議會也以休會的方式無形中取消了這一議案。然而，這並不意味著事情到此結束。

1922 年秋，江蘇省第三屆議會在審議十一年度預算案時，又將省立各校教育經費削減並移作議員個人薪費。1923 年 1 月初江蘇省教育行政會議在南京召開，當時與議省校校長均得知這一消息，決定函請辦理教育預算議員劉文輅到省教育分會當面質詢。7 日，劉到會，謂「予雖辦理教育預算，但裁減各款，係由審查會多數決定，且已經過大會二讀、三讀，非一人所能負責」。對劉的這一回答，各校長顯然無法滿意，認為係推脫之詞，其後雙方言語不合，遂起衝突。而在衝突過程中，劉文輅「被第二師範校長賈豐臻、第五師範校長任誠推倒於地，頭角觸於階石，皮破血流」。隨後，劉心有不甘，「與賈豐臻任誠同赴地方檢察廳起訴」。而同為議員的王綱在獲悉劉文輅被毆之後，也隨即「邀約多人，赴省署晉見韓省長，請予主持」。而議長徐果人也親往面見「韓省長，蔣教育廳長，要求撤換賈任二校長，依法懲辦」。〔註 90〕議員與校長之間的肢體衝突本屬個人矛盾，依照司法程序追究當事人責任即可，將事態縮小化。然而，徐既為議長，其一言一行代表整個議會，他的出面自然又被視為支持劉文輅之舉。這在無形之中有將個人矛盾轉化為議會與教育界矛盾的危險，為事態激化埋下了隱患。

對於議會這一要求，省教育行政會議於 8 日迅速做出回應，認為「此事

〔註 90〕《蘇省校長與議員衝突紀》，《申報》1923 年 1 月 9 日。

關係本省教育前途甚巨，以教育界資格論，本會應有正當之表示，以江蘇省公民資格論，尤不能默無一言」，並指出當時劉文輅「自稱非代表議會」，而在談話期間，其本人又「盛氣凌人，出言誣衊，經眾詰問，惱羞成怒，拂衣而起，致失足磕地，強扭同人，訴之法庭」，認為責不在校長，而在其本人不小心跌倒磕破之過，並強調「此事純與劉君個人交涉，與貴會全體無關」。並當即提出「一、以第三者之地位，訴諸輿論，表示意思。二、以教育界全體名義，勸告省議會」。〔註91〕從教育行政會議提出的兩種辦法中不難看出，對於此事件的處理，一方面將事情原委向公眾澄清，另一方面，將矛頭指向劉文輅個人而非議會。這樣不僅博得輿論支持，同時也有避免與議會發生正面衝突，導致事態擴大化的用意。

應該說，在事件發生的初期，教育界在此事的處理上既針鋒回應而又不失策略性，在一定程度上佔據了主動權。而議會內部則因派別林立，〔註92〕意見多歧，在對劉文輅個人被毆事件的處理方式上產生了分歧。一、正社議員對劉的支持。吳廷良，仲洲認為劉文輅係為議會專辦教育預算，而「各校長不滿意於預算，即毆打議員，若不嚴行懲戒，則議員人人自危」，主張嚴懲打人校長，以維護議會尊嚴〔註93〕；吳輔勳、王景常也認為劉文輅「因公受傷，必須由本會代表起訴」，並聲稱「非查辦全體校長，解散全體學校不可」。〔註94〕二、其他派系議員對劉的不支持。鮑友恪認為劉文輅與校長互毆「係個人法律問題，省議會不必過問」，主張責任應完全由劉個人承擔；董增傳認為法律方面的問題，應由劉文輅個人辦理，但同時強調「省立各校長不法行為，同人應提案查辦，在未經查辦之先，應仍請議長向省長交涉」，〔註95〕主張將人與事區別對待。由於議會內部派系紛立，以致遠未像教育界那樣齊

〔註91〕《蘇省校長與議員之衝突》，《申報》1923年1月10日。
〔註92〕當時蘇省議會內部分主要分為三派：一正社：吳輔勳、王景常、劉文輅、陳謨、陳人厚、鮑貴藻等數十人屬之；一仁社：張葆培、張福增、屠方、周微萼、朱紹文、鮑友恪等數十人屬之；一金陵俱樂部：龔廷鶚、宋銘勳、閔璭、周乃文等十餘人屬之。除此三派外，仍有部分中立議員不屬上述三派，故又被稱為中立派。由於各派政治主張和理念不同，經常產生紛爭。而此次從對劉文輅個人的態度上看，顯有派別鬥爭之嫌。《蘇議員與校長衝突別報》，《申報》1923年1月11日。
〔註93〕《蘇議會紀事》，《申報》1923年1月10日。
〔註94〕《蘇議員與校長衝突別報》，《申報》1923年1月11日。
〔註95〕《蘇議會紀事》，《申報》1923年1月10日。

心協力，一致向外。而吳輔勳、王景常聲言查辦校長，解散學校的言論又不知為何人傳出，並被省校學生所知，結果使得這場紛爭朝著更為激化的方向發展下去。

　　學生對議員吳輔勳、王景常所言深信不疑，於 9 日召集二三千人，擁至省議員王景常寓所之內，聲言詰問「何以核減預算經費，且有提案查辦省立各校長之事」，而王景常聞訊則「急由後門逃出」，各學生「遂將其家中器具、打得落花流水」，並「將同居之議員陳人厚什物，一併波及」。其時議員吳輔勳恰在王景常寓所，未來得及逃脫，結果「各學生群起毆之，身受重傷，並沿路揪扭，欲將其遊街示眾」。〔註96〕由於事發突然，省署雖然事先下令派警妥慎保護議會及議員寓所，但仍未阻止議員被毆事件的發生，而此事隨後也被議會當作省署保護議員不力的口實而橫加指責。其後，當學生扭吳來到龍王廟警署前，被警察攔截，連吳及學生數人帶赴警廳，轉送至檢察廳辦理，而吳輔勳則被送到省醫院醫治。在聽聞此事發生之後，議會議員怕牽連自身，顧忌人身安全，多聞風望然去之。而集會學生則因學生被押，分頭各處營救。隨著學生運動介入議教紛爭，使得事件本身遠超出司法解決範圍之內，而風潮的擴散又使雙方矛盾更為尖銳，迫使事態逐步升級，難以遏制。

　　在這場由議員與校長衝突的個體性案件逐漸演變為議會與教育界對立的公共性事件的同時。教育界對議會的抨擊與抗爭卻有增無減，持續掀起規模更大的抗議活動。11 日，省立各校即組織「男女學生二三千人，均手持白旗，上書教育基金獨立，解散議會，維持教育等字樣旗幟」，前往省署向省長請願。而時任省長的韓國鈞在面對學生的請願活動時也頗為擔心，「今學生等全體列隊請願，殊有未合，雖諸生自能維持秩序，難免無疏虞之時，恐釀成事端，以維持秩序始，而不能以維持秩序終」。為安撫請願學生，平息學潮，韓國鈞對學生稱關於「教育預算事，余連地方預算，皆諮回省議會覆議，頗有轉圜之餘地」，〔註97〕並希望學生等各回本校，安心上課。而在學潮的壓力之下，韓國鈞於 14 日向議會諮交覆議，稱「茲經就款查核，有收入部分未能實指抵用者，支出部分事實上確有困難，及為發展省有事業，未便過事削減，致生窒礙」。〔註98〕希望能重新審議教育經費案，免致議教

〔註96〕《蘇省校長與議員衝突紀》，《申報》1923 年 1 月 11 日。
〔註97〕《寧學生遊行請願記》，《申報》1923 年 1 月 12 日。
〔註98〕《蘇省十一年度預算已交覆議》，《申報》1923 年 1 月 16 日。

衝突。不過，面對韓國鈞的覆議請求，議會並未積極回應，反以學生運動甚烈，有衝擊議會的危險為口實，回拒了韓國鈞的這一請求。

　　而此後的風波並未就此平息，教育界內各學校、組織、機構彼時函電交弛，往來頻繁，紛紛對議會嚴加指責，並提出各自的主張與要求。蘇省校長發布通告，稱「省議會十一年度經費，自十四萬四千九百元，驟增至二十七萬二千元，不知削減教育費，果為增加議員公費乎？」並稱目前力爭有二端「一曰十一年度教育經費，照省公署交議案，不可有所削減，一曰江蘇省教育經費，必須獨立」；〔註99〕省立學校教育聯合會及學生聯合會發函電於省長，控訴「理事劉文輅要挾省署，聲言不得再交覆議，摧殘教育，武斷把持」，要求將其本人「全權解職」；〔註100〕江蘇省六十縣公團也聯合發函，稱議會對省立各校之費「大加刪削，不但不能擴張，甚使不能維持原狀，不知其是何居心」，要求對「此種營私武斷，詐偽百出之議員，何能再認為民意代表」，惟有「一致聲討，使不能立足於議會，一面切實進行，非達到教育基金獨立之目的不止」。〔註101〕從各界輿論來看，其訴求主要集中在以下幾方面：一、取消議會削減教育經費案，二、要求教育經費獨立，〔註102〕三、懲辦肇事議員。而此三方面基本上表達出教育界及各界的訴求。

　　面對輿論的抨擊指責與教育界所提要求，作為議會一方主要採取了兩種對策。第一是議員的直接回擊。議員李中一對抨擊並不認可，認為教育界如對削減議案不滿，應「由各校長依法定順序進行，未始無圓滿之希望」，而如今「校長衝突之不已，繼以學生。學生橫行軌外，無可遏制，在教育界以議會減費，而力肆詆毀」，是「直接推翻議會監督之職權，間接助長官廳專斷之兇焰」。〔註103〕而當事議員也並未默然不作聲，置身事外。對於各界的責難，劉文輅聲稱，教育經費「以十年度為標準，十年度總數為一百八十餘萬元，十一年度總數為二百零八萬餘元，比較增加二十餘萬元，為擴充為削減，不

〔註99〕《省議會削減教育費之反響》，《申報》1923 年 1 月 12 日。
〔註100〕《蘇州快信》，《申報》1923 年 1 月 12 日。
〔註101〕《省議會削減教育費之反響》，《申報》1923 年 1 月 14 日。
〔註102〕北洋政府時期，各省教育經費常被削減挪用，無法保證教育的正常發展，在這種情況下，全國教育界興起了以教育經費獨立謀教育獨立的運動。要求教育經費專款專用而不被挪移。因此，在此次蘇省議教風波中，教育界也藉此機會，謀求教育經費獨立。見《教育經費獨立》，《教育雜誌》1922 年第 14 卷第 1 期。
〔註103〕《一議員對於議教潮之剖析》，《申報》1923 年 1 月 15 日。

待辯而自明」。聲言議會不僅沒有削減教育經費，反而增加二十萬經費。而後，王景常、劉文輅、吳輔勳三人又再次聯名發電，辯稱「陽日文輅被毆，青日輔勳被毆，景常住宅被毀，當經起訴法庭，查此事之起，均籍口於削減教育預算，而按之十一年度教育預算，較之十年度實增二十餘萬，何嘗有削減之事實，所以造成此種惡果，實別有方面造言鼓煽而成」。〔註104〕否認有削減教育經費這一事實發生。

出人意料的是，面對王、劉、吳三人所聲稱的十一年度教育經費較十年度增二十餘萬，並無削減經費之言，卻並非是教育界首先回應，倒是仁社議員朱紹文起而反駁，稱十一年度較上年度擬辦各項，「皆於本年度實行，又增添農村師範，改升工業專門，補助留法學費，經臨兩費，僅增三十萬元」，而「此次議決預算，又屆各校業已實行之後，即有核減之處，亦應詳詢各校事實，是為撙節，不應逞其私怨，閉戶造車」。並聲言在審查議決本年度教育預算時，包括朱本人在內議員張宏業、王慶瀾、周徵莩等「皆力持以為未可，群請修正」，但劉文輅等人「堅持益力」，結果「出席諸君，利其速結，草草通過」，並「向省署第三科肆其要挾恐嚇，阻其咨文覆議，計圖學校失法律上救濟之權利」。對於朱紹文的指責，不難理解其個人的這一舉動，一方面雖同屬議員，但在議會內部卻分屬不同派別；另一方面卻是因上屆議會加薪案產生紛爭，並引發矛盾。而值此次風潮甚囂塵上之時，朱紹文的言論無疑對當事議員雪上加霜，就連朱本人也認為在此時，發此言論，「幾近倒戈」。〔註105〕而以當時情形言，朱紹文的此番言語並非空論，揭露了王、劉、吳所言非實的論調。但另一方面，卻也有落井下石，逞個人私意之嫌。不過，從朱紹文的話語中又可體會出，即便在風潮極盛之時，議會內部仍不免因有黨派之見而互相傾軋之舉，因此，也就不難理解議會為何始終無法擺脫被輿論抨擊的境地。

當時群情激憤，學界及其他社會各界也大有不將議會解散誓不罷休的勢頭，「蘇省三次選舉省議員，皆一蟹不如一蟹，非重定選舉法則……宜速開省民大會，一方根據全省人民之公意，解散現議會，一方推定真正人民代表，制定蘇省單行省會選舉法」〔註106〕，以重新進行選舉。對此，議會採取的第

〔註104〕《蘇省校長與議員衝突記》，《申報》1923 年 1 月 13 日。
〔註105〕在第二屆議會議員加薪案中，議員朱紹文力主取消，而主張議員加薪的劉文
　　　　輅及吳輔勳之弟吳鴻勳卻極力反對取消議員加薪案，由此引發雙方矛盾並產
　　　　生宿怨。《省議員揭示省議會之黑幕》，《申報》1923 年 1 月 23 日。
〔註106〕《改良省議會之根本方法》，《申報》1923 年 1 月 24 日。

二種對策是將矛頭指向省署。指責省署「毫無維持秩序俾同人安全開會之誠意」，並聲稱在「在官廳未宣布防範保護之切實辦法以前，同人等礙難到會行使職權」。〔註 107〕並連署公函，以「官廳不能維持秩序，同人身處危境」為藉口，要求「請休會五日，以待解決」。面對議員的連署公函，議長徐果人也認為「事實上已不能開會，應即宣告自本日起休會五日」。議會選擇此時休會，固然一方面是避免輿論指責的權宜之計，但另一方面卻也是以休會的方式逼迫省署盡快平息此次風波，以免議會有被學潮衝擊的危險。在面對學界抗議與議會指責的雙重壓力下，省長韓國鈞此時也頗感無奈，「蓋一方對於議員，不得不敷衍，一方對於五四以後之學生，亦苦無可如何」。〔註 108〕而韓國鈞的這種兩難心態，也反映出省署在此事的處理上並不想得罪雙方的心理。因而又在立場上表現出搖擺不定，左右為難的尷尬處境。

　　面對此僵局，眾議院中江蘇籍議員姚文栴、王茂材等多名議員聯名向省議會、省各學校及省署函電，稱「蘇議會與學界爭潮，至各校曠課，議會停頓，良用扼腕，桑梓同胞，寍忍自戕，教費被減，可交覆議，設法回覆，所望於議會諸君，毆打毀損，訴之法律，省政重要，不宜休會，學生方面，校長負責，敦勸就學，勿在騖外」，〔註 109〕希望雙方摒棄成見，以大局為重，和平解決此事。而中立派議員龐振乾也鑒於議會休會，眾多議案無法提交通過，終非長久之計，因此「以個人名義，入調停之地位，連日與議員、教育、官廳三方面，竭力接洽」，希望能商談一辦法，盡快平息紛爭，以謀求事情的解決。不過，教育界對此事的解決方式上仍存分歧。而對於眾議院議員的函電與議員個人調解的嘗試，議會首先作出回應，答應對於省署提出的「覆議教育預算案問題，將照案承認通過」，以示讓步。而後，省署也表示「將由省署三科，會同教育廳，赴議會道歉」。〔註 110〕以表保護議會不力之責。而議會與省署的各自讓步，也似乎意味著事情已略有轉機。然而就在此時，

〔註 107〕《蘇議會繼續休會》，《申報》1923 年 1 月 19 日。
〔註 108〕《蘇省校長與議員衝突記》，《申報》1923 年 1 月 13 日。
〔註 109〕《關於議教風潮之兩電》，《申報》1923 年 1 月 21 日。
〔註 110〕當時教育界對此事的解決存兩種態度：第一種態度主張採取較為溫和的方式，撤銷削減教育經費議員加薪案，並要求教育基金獨立；第二種態度則主張不僅要滿足前項要求，更要教育界以後對於省會會議有監督之責任。從根本上看，兩種態度的目標是一致的，只是在採取的手段方式上略有異同。不過，當時社會各界輿論多主張在撤銷教育經費的同時，保持議會威嚴，以確保公眾輿論有自由表達的政治空間。《議教風潮近訊》，《申報》1923 年 1 月 24 日。

卻又發生了江蘇各省立校長向省長集體遞交辭職書的一幕。

在以蘇省校長集體向省長遞交的辭職信中，闡明了其辭職的主要原因，大意為「十一年之預算，鈞署盡情審核，不無事業犧牲，學校已忍痛難言，議會且不能相諒，今後何時，需求奚若，文化之新潮相逼，學子之期待愈殷，一學校中舉凡人才之羅致，設備之擴張，無不相需於經濟……議會再削減之，終至於維持現狀而不足，尚何有推行新制之可言」，並接稱「學校經費，按月請支，籌發之期，豈宜過緩，省中廳署發款，月有常期，獨於學校，瞠乎其後，求援於鈞署，非不維持，告急於財廳，終歸搪塞」。〔註111〕在此困境下，校長終日苦於經費短缺而求索無門，不得已而辭職。結合當時情形，蘇省校長在此時向省長遞交辭職書，不無深意。一方面正如省立校各校長所言，迫於經費壓力，各項教育事業難於開展。且十二年度將實行新學制，〔註112〕各方面勢必需要更多經費以支持教育改革，在此種情形下，卻遭議會削減十一年度教育預算，這對接下來的學制改革無疑蒙上一層陰影。因此，迫使議會取消削減教育經費案，是為校長提出辭職的初衷；但另一方面，則是借辭職以迫使省署承認教育經費獨立，以擺脫行政和議會對教育經費的干涉。同時，也有挽回校長被議員上訴指控，維護教育界尊嚴的用意。

面對省校長集體辭職，省長韓國鈞在發出慰留省立校長的指令同時，也對此次議教紛爭表示了省署的意見。首先，韓國鈞稱「本次議決教育經費，的確削減過甚」。而十二年度又面臨改辦新學制，為解決教育經費短缺問題，省署已經成立新學制行政委員會，對學制改革中各科各級所需要的經費進行重新審核和徹底改造，並詳細編制預算計劃書，以謀求議會通過。其次，對於各校長在辭職書中所提到的各校經費撥放遲緩問題，韓稱目前省財政經費匱乏，發放遲緩非其本意，並已多次切責省財廳設法籌措經費，以贍各校之需，並承諾「自今以往，本公署惟有仍責財廳本維持之初心，為先事之籌備，上月之款，至遲不得過下月月底以外……務使各校隨領隨收，與庫支無異」。第三、對於省校

〔註111〕《省立校長全體辭職書》，《申報》1923 年 2 月 5 日。

〔註112〕新學制又被稱為壬戌學制。此前蘇省學制一直沿用壬子學制。主要是將初等教育分為初等小學四年，高等小學校三年，中學校四年。高等教育則四年到六年不等。而壬戌學制則在原有基礎上將高等小學縮短為兩年，中等教育改為六年，高等教育至少四年。由於學制的變革，各方面所需經費如增級費、設備費、實習費、臨時費、教員薪金、校役工食費等都較以往大為增加。這對教育經費本已匱乏的各校校長來說是一巨大壓力。參見《江蘇省實施新學製辦法》，《新教育》第 6 卷第 3 期，第 441～444 頁。

長及教育界所堅稱謀教育經費之獨立要求。韓國鈞首先表示「教育費獨立，本省長甚贊成之」，但「教育費果即獨立，無非劃一部分之省稅，專充教育之用」，即便獨立，也只是有獨立之名，而無獨立之實。指出蘇省情形與別省不同，「他省教育費，為他種政費，挪移殆盡，非使獨立，則教育不得保障，而經費不得安全」，而「蘇省他種政費，本未挪及教育，徒以事業之繼續擴充」，強調蘇省教育經費雖無獨立之名，確有獨立之實。最後，對於校長的辭呈，省長韓國鈞仍「尚望各校長共體斯意，勉為其難……所請辭職，幸勿再言」，〔註113〕婉拒了校長的辭職請求，而對於教育界所要求的教育經費獨立，也並未同意。

　　圍繞江蘇議會削減教育經費所爆發的議教風波，以及由此紛爭所引發學生毆打議員，並引發學潮案件，其間可謂是矛盾重重，橫生波折。在這場涉及各界的紛爭中，省署、議會、教育界在此次議教風波中所扮演的角色各不相同。議會和教育界基本是處於對立狀態，而省署則是居中扮演調解人的作用，其立場也多持中立。但隨著議教之爭的升級和擴大，面對學潮的衝擊與抗議，輿論的指責與抨擊，省署的態度逐步偏向於教育界。與此同時，議會對省長保護議員不周，措施不力，也多橫加指責，這無形之中又加深了議會與省長間的矛盾與隔閡。以致後來竟有省議員密謀進京運動倒韓之說，〔註114〕並一度迫使韓國鈞做出辭職決定，進一步激化了議會與教育界的矛盾。反觀議會在此次風潮中的表現，從起始階段就陷於被動，內部的分裂與爭鬥，責任的推脫與迴避都在這次風潮中體現的淋漓盡致。本應處於監督政府、表達公眾輿論的議會卻反被社會輿論所抨擊，議會被視為謀利的工具，喪失了代表民意的功能與作用。教育界雖然憑藉輿論的支持和同情，達到了議會取消削減教育經費的目的，但迫使議會削減教育

〔註113〕《韓省長慰留省立校長之指令》，《申報》1923年3月1日。

〔註114〕在韓國鈞來蘇就職之前，中央政府曾先後特任其為山東、江蘇省長，但均被韓堅辭，後由於蘇省各界輿論強烈要求來蘇主政，且江蘇都督齊燮元也多次函電商請就職。在權衡之後，韓決意就職蘇省省長，當然這與韓為江蘇人不無關係。由於當時議教風潮甚烈，議會部分議員不滿省長韓國鈞傾向教育界的做法，遂運動逼其辭職。但由於韓本人在江蘇省政聲口碑甚佳，包括教育界在內各界極力反對其辭職，發起挽留韓國鈞運動。最後本人不得已撤回辭職決定。不過議會內少數議員的這一做法，又使輿論對議會增添了幾分惡感。參見韓國鈞著，《止叟年譜》，見沈雲龍主編《近代中國史料叢刊》第一輯，臺灣文海出版社，47～48頁，1966年；《學生界之緊急大會》，《申報》1923年1月19日。

經費與教育經費獨立畢竟是既有關聯而又不完全等同的兩件事，議會削減教育經費固然可以通過輿論的指責，學生的抗議，省署的出面得以解決。而教育經費獨立並由教育界監督議會會議，卻不可能是政府與議會都能欣然接受的結果，因為這畢竟涉及到行政權與立法權權威與尊嚴的問題。

如若結合當時的社會環境和政治背景，就不難發現，這場由議會削減教育經費所引發的議教風波並非是偶然事件。它實際上反映出在江蘇財政經費日益竭蹶，費無所出的情形下，雙方都力求使有限的經費為己所用的心態。但問題的根本在於，江蘇財政的匱乏無力保障行政經費的正常開支，而財政的匱乏則在很大程度上又緣於常年巨額的軍費開支擠佔了相當大的行政開支，以致政府無法為民政事業提供更多的經費所致。

自清末民初，民國肇建以來，江蘇軍費開支就始終處於持續膨脹的態勢之中。這一方面與當時江蘇紛亂複雜的政治環境有關，但另一方面也與為數眾多的軍隊有密切的關係。而龐大的軍隊，巨額的軍費，對於蘇省來說無疑是一個沉重的負擔。其軍費開支雖然是中央與地方公同撥付，但由於政局動盪，權力更迭頻繁，中央又常常無力開支地方軍費。因此，無論是江蘇本地軍隊還是客籍軍隊，只能依靠蘇省開支予以維持。

以 1914 年為例，二次革命後，駐紮於蘇省直隸混成旅的軍費開支由中央改歸蘇省發給薪餉，其改辦原因正如混成旅旅長所稱「本旅留蘇駐紮，直省即因財政困難，電請中央指撥薪餉，久未定議，嗣經前軍事處電詢直督，直隸混成旅每月薪餉應需若干，直督當以每月官兵薪餉乾銀計共四萬兩之譜答覆第，此四萬兩之數，係官兵每月應支薪餉及馬騾乾銀所有應需之目兵，常年衣履醫藥及雜費等款，均未列入，伏乞諮部轉呈追加，以免無著等情」，從中不難看出，正是由於中央、直隸省無力撥付混成旅每月四萬餘元的軍費開支，因此該旅才駐紮於蘇省以求軍費自足。而據直隸省原案所載，其混成旅薪餉及衣履雜支各款，「年支共湘平銀六十四萬八千六百五十一兩一錢一分五釐，按七零三二五折，洋九十二萬二千五百四十五元九角二分，」而當時蘇省軍費預算已「奉核准年支洋六十七萬二十元外，尚不敷洋二十五萬零五百四十九元九角二分」；〔註115〕此外，當時駐紮在江蘇吳縣的陸軍第二師也由於經費不敷，因此

〔註115〕《諮覆追加直隸旅各款一票奉批請查請查照致督理江蘇軍務馮國璋諮》（1914 年 8 月 19 日），中國第二歷史檔案館編，《北洋政府檔案》第 180 冊，中國檔案出版社，2010 年，第 234～239 頁。

時任江蘇督軍的馮國璋飭由「財政廳迅將第二師維持費由六月至十二月，每月應撥萬元計共七萬元設籌撥給以濟急」，[註116] 隨後，馮又要求財政廳撥款從十二月延至次年三月，對於此額外開支，時任蘇省民政長的齊耀琳不得不回函馮國璋希求能稍減撥支，以緩省署經費匱乏之虞，「查陸軍第二師經費不敷，自上年六月份起至本年三月份為止，每月籌濟萬元，節經商準，貴署分期籌撥，俾資維持並經貴署財政廳先後撥解七萬元各在案，其餘應撥三萬元尚未見撥，查本年二月。大誌以此項維持費款，原議一二兩月，各解兩萬元，三四兩月各解三萬元，俾紓財力而維地方，現屆七月將終，未準撥齊，本署經費支絀，又無他款可資久墊，勢不得不諮請籌給以輕案款」。[註117] 在款項籌無可籌，墊無可墊的情況下，其蘇省財政開支已明顯無力承擔如此龐大的軍費開支。

而巨額的軍費開支，顯然阻礙了蘇省其他事業的發展。1921 年，江蘇旅京同鄉會就曾發函電總理靳雲鵬，稱「江蘇以連年增兵，軍隊如林，歲需餉需數逾千萬……查民國江蘇軍事費定為四百八十萬，至九年而倍之，為九百六十萬，顧此九百六十萬之數，尚未國會核定之數，實際則經臨兩項用至一千一百五十餘萬元，此一千一百五十餘萬者，名為國家軍事費，其實則政府自顧不暇，無不責成軍事長官就地自籌，人民之膏血有窮，而軍人之欲壑無限……以致釐稅田賦盡為債權者所有之抵押品，實業教育交通水利百政停滯破產」，[註118] 希望中央政府能以發展民政事業為重，不要再增加軍費，加重蘇省負擔。張謇也隨後上書總統，指陳蘇省雖「財額甲於各省」，但「稅率重於各省」，財政負擔本已繁重，且「江蘇軍費歲支千有餘萬，實占全省收入三分之二……而地方事業未由發展」，[註119] 強烈要求中央裁兵節費，以緩

〔註116〕　《江蘇巡按使齊耀琳為據財政廳詳第二師六至十二月維持費擬請分期解濟以免於籌撥致宣武上將軍督理江蘇軍務馮國璋啟》（1914 年 12 月 25 日），中國第二歷史檔案館編，《北洋政府檔案》第 180 冊，中國檔案出版社，2010年，第 259 頁。

〔註117〕　《獨立江蘇軍務馮國璋為第二師維持費欠撥三萬元請即飭廠迅撥以清案款致江蘇巡按使齊耀琳諮》（1915 年 7 月 26 日），中國第二歷史檔案館編，《北洋政府檔案》第 180 冊，中國檔案出版社，2010 年，第 280～281 頁。

〔註118〕　《江蘇旅京同鄉會為呼請推廣裁併計劃速予實行致國務總理靳雲鵬呈》（1921 年 3 月 12 日），中國第二歷史檔案館編，《北洋政府檔案》第 52 冊，中國檔案出版社，中國第二歷史檔案館編，第 464～467 頁。

〔註119〕　《蘇社理事張謇等為請裁江蘇軍費以抒財困致大總統呈》（1921 年 3 月），中國第二歷史檔案館編，《北洋政府檔案》第 52 冊，中國檔案出版社，2010年，第 472 頁。

解蘇省財政竭蹶的困境。而曾擔任過中央財政次長江蘇武進人張壽齡在與韓國鈞的書信中也不無憂心忡忡指出「裁兵如不實行，無論中央地方，皆有不可支持之勢，及至無計可施，無非以外債應急，卒至監督財政，而使國家處於萬劫不復之地。而傭兵自衛者，亦不免為亡國之奴，即千萬家財，恐亦難於享用」。〔註120〕

常年巨額的軍事開支，迫使蘇省不得不縮減行政開支，以致行政各項事業所佔經費比例不到軍費的數分之一，「民國二年之陸軍經費，合經、臨為618.64萬元」，至「十一年度則為970.26萬元，較民二超過351.62萬元（九年度陸軍經費合經、臨為1013.97萬元尤巨，以取十年為比較）」，而「民國二年合外交、內務、財政、司法、教育、實業等費凡為489.99萬元」至「十一年度則為928.76萬元，較民二超過438.77萬元」。〔註121〕通過對比，不難看出，江蘇軍費開支始終處於不斷膨脹的態勢，單是軍費開支一項總數就已遠遠超出行政費開支數目。而行政經費平攤到各項民政事業中的數目就更可想而知。也就不難理解為何教育界會對議會削減教育經費反應如此強烈，不惜以激烈的手段來維護自身的經濟利益。

蘇省議會在此次風波中的表現和受到輿論的指責，一方面與上述軍費膨脹，擠佔財政經費有關；但另一方面，又與議會自身民主精神失墜，難以贏得民眾的信任有莫大干係。因此，當議會削減教育經費案一出，不僅遭到輿論的抨擊，更成為整個事件的導火索，也使得議會自身承擔了更多與其本不對稱的責任和過失。而時在江蘇講學的梁啟超在目睹此次議教風波後，對此事也有著較為深刻的闡釋，「議會一面自增日俸，一面硬將已經實行之各校經費剗減，無論從何方面推測，實不能得其理由所在」，但究其事件根源「並非教育界與少數敗類議員之訌爭問題，實江蘇全省人民人格問題，實全國代議制度存廢問題也」。〔註122〕透過梁啟超這番話語，就不難理解議會制度在近代中國經歷了怎樣的曲折演變，繁興嬗退。如果江蘇議會能稟承清末諮議局時期的民主精神，代表民意，表達公眾訴求，從各方面加以改進，或許就不會引發此次風波。

〔註120〕榮孟源、章伯鋒，《近代稗海》第七輯，四川人民出版社，1987年，第546～547頁。
〔註121〕江蘇省財政志編輯辦公室編，《江蘇財政史料叢書》第二輯第一分冊，方志出版社，1999年，第190～191頁。
〔註122〕《梁啟超敬警告》，《申報》1923年1月12日。

二、議長選舉風波與議會鬥爭

　　1921 年，江蘇省第三屆議會因議長選舉引發風波。繼而演變為議會內部派別間的激烈爭鬥，以致在長達六十天的會期內未議一事，未決一案，引起社會輿論的極大矚目。並引發學潮抗議。然而，事情並未就此停息，反而朝著更為惡化的方向發展。在議長難產的情況下，前江蘇省諮議局、江蘇省議會秘書處課員葉立民竟不惜自戕，以死諫來警示省議會，反映出社會各方對議會的極端不滿與失望。透視整個事件，充分表明，在現代化民主制度移植到中國傳統政治土壤的過程中，觀念的雜糅，制度的失調，利益的碰撞最終成為引發矛盾的根源所在。由此凸顯出議會政治在民國時期面臨的諸多困境與複雜面相。

　　1921 年，江蘇省第三屆議會內部圍繞南北「兩張」（張一麐、張孝若）誰為議長而爭執不下，繼而演變為議會內部派別間的激烈爭鬥，以致出現議員為一己私欲而置公眾利益於不顧的情形。而學潮的爆發和輿論的責難又使得議會成為眾矢之的。在僵持日久，議長難產的情況下，前江蘇諮議局、江蘇省議會秘書處課員葉立民激憤於議會派別之爭，竟不惜自戕，以死諫來表達對省議會的極端不滿與失望之情。而葉氏之死，對處於矛盾叢生，派系紛爭中的議會來說無疑敲響了警鐘。從表面上看，此次風波雖因議長問題而起，但透過事件本身，卻反映出近代江蘇議會政治在邁向民主化過程中不但受地緣政治、朋黨政治、派別政治等消極因素的影響，而且在制度上、法理上、組織上缺乏相應的監督與制約。因此，當現代化民主制度遭遇中國傳統政治的重重阻礙後，各種衝突矛盾層巒迭生，又反過來影響政治現代化的進程。而對於江蘇議長選舉風波，包括學界在內的相關論著中並未提及。但此次風波的影響卻又足以折射出民國議會政治的複雜性和多歧性。因此，具體考察議會、議員、學潮及各方在衝突中的態度與表現，不難窺探議會政治在民國時期的內在困境。

　　1921 年 10 月 1 日，江蘇第三屆省議會成立。然而，此屆議會無論在成立之前還是成立之後，都飽受輿論非議。由於在此之前的議會初選舉中，出現選舉舞弊，賄選拉票諸多醜相，因此輿論對本屆議會並不看好，認為其不過是金錢政治和黨派政治的產物而已。果不其然，在省議會成立之後，議會便因議長選舉問題而掀起軒然大波，議員大部捲入其中，以致衝突不斷，矛盾重重，議會喪失了基本的功能與作用，淪為朋黨政治角逐權力的

競技場。〔註123〕

　　省議會成立之後，首要問題就是選舉議長。從當時情形看，議長候選人有二，即：南張張一麐，〔註124〕北張張孝若（張謇之子）。〔註125〕而議會內部「擁護攻擊，各有其人」。10月3日，在召開的第一次議會談話會中，與會議員便因議長速選和緩選問題而鬧的不可開交。主張速選的朱積祺、劉文輅等北張派議員認為在議會開會禮完後，即應接開選舉會，以便選出議長。議員「屠宜厚、龔廷鴞主張於次日即行選舉，劉文輅朱積祺等和之」。而朱紹文、趙雪等南張派議員則認為議長選舉，事關重大，應審慎討論，主張選舉會延緩一日，「力主緩選，張福增朱紹文屠方杜廷螢等和之」。雙方都在為選舉日期爭執不下，叫罵不已。而彼時情形「初則鬥罵，繼以拍案頓足飛椅，幾成一幕武劇」。〔註126〕對於速選與緩選，就時間上而言，前後僅相差一天，並無本質差別。然而，這一問題卻透遞出兩派截然不同的心態。「北張派」企圖借用金錢手段速戰速決，推選張孝若為議長，造成既成事實，不給「南張派」以迴旋餘地。而「南張派」則以議長選舉事關重大，應審慎討論為藉口，希望以此來反制「北張派」的圖謀。雙方在此問題上的針鋒相對反映出兩派在選舉議長之初就形成了劍拔弩張，寸步不讓的態勢，為之後的事態升級埋下了隱患。

〔註123〕當時議會內部在關於議長人選問題上逐漸形成「北張派」（支持張孝若）、「南張派」（支持張一麐）和「中間派」（主張另選第三人）三派。其中以「金陵俱樂部」為主體的「北張派」議員主要支持張孝若，並在議會積極活動，通過賄選「中間派」等手段拉攏議員，以期選舉張孝若為議長。而「南張派」議員則主要攻擊「北張派」的金元政治和賄選行徑，並推出張一麐作為議長候選人與之相抗衡，希望借助張一麐的個人聲望來贏得議長選舉勝利。兩派在議長選舉這一問題上互不退讓，彼此攻訐，致使紛爭不斷，議會停擺達兩月之久。

〔註124〕張一麐（1867～1943），字仲仁，江蘇吳縣人。清朝舉人，曾在蘇州創辦蘇學會和吳縣圖書館，提倡新教育以啟發民智。民國肇建後，他曾在中央政府任職，並一度擔任過教育總長，積極提倡社會教育。袁世凱死後，南北分裂，張一麐為謀南北統一，積極奔走其間，倡導和平統一，頗得時望。

〔註125〕張孝若（1898～1935），字潛盧，張謇之子。自小接受新式教育並就讀於南通師範學校附屬小學。其後就學於青島東方大學、上海震旦學院。20歲留學美國，就讀於美國哈佛大學商學院，獲商學學士學位後回南通裏助其父張謇辦理各項事業。

〔註126〕《蘇議會之第一次談話會》，《申報》1921年10月5日。

10 月 6 日，在第二次談話會中，雙方由爭論速選、緩選問題而延轉至攻擊雙方候選人。對於北張派的賄選行為，南張派議員朱紹文嘲諷道「此次孝若組織議長，預備三十萬，目下已用去二十萬……選舉買賣，已成慣例，銀洋鈔票，誰人不受，最好辦法，請經手諸位，宣布究竟孝若出錢多少，大家平均分攤，以昭公允，否則即選出議長，亦坐不穩，蓋搗亂終無止境，愚見如此，不知經手諸同人，肯採納此辦法否」。對此，北張派議員劉文輅反駁道「此言太無恥，得錢汝何所見」，朱紹文回應道「自家人無話不可以說，何必還作假惺惺」。〔註127〕而雙方的彼此鬥罵譏諷，並未使問題得到解決。

面對兩派因議長選舉問題而產生的紛爭與攻訐，位居幕後當事人之一的張孝若不得不發一辭職函電，聲稱自身「年少未學，資望淺薄，家伯父與父年力俱衰，諸弟弱小，不能辭服勞奉養之責」，〔註128〕藉口家事繁多，無法勝任議會職責，希望以去職來撇清自身干係。隨後，張謇也發電呼應張孝若的辭職函電，稱「孝兒年輕，愚兄弟年老，地方實業事繁，議員之選，出於眾情，國會前辭，寧有就省會之理，現屆開會，業由孝兒正式函辭決絕，何以諸君尚未聞耶，請查明宣布除名，勿任妄言者假託生事」。〔註129〕從雙方的函電中不難看出，張謇並不希望其子張孝若捲入這場紛爭。〔註130〕因此，希望孝若借辭職以置身事外成為其發電支持的初衷。不過，對於張謇父子函電之表態，議員楊而墨認為僅憑此函電遠無法使張孝若擺脫賄選的嫌疑，並在回張謇函電中指出「自孝若辭書及尊電到後，以為滿城風雨，從此可以雲開日出矣，乃所謂假託生事之徒，執之彌堅，爭之益力……蓋因支票在手者有之，現款已收者有之，而經辦人之墊款，數亦不貲，故如石獅口裏之珠，

〔註127〕 《蘇議會之第二次談話會》，《申報》1921 年 10 月 6 日。
〔註128〕 《張孝若致蘇議會辭職書》，《申報》1921 年 10 月 7 日。
〔註129〕 《蘇議會之爭長潮》，《申報》1921 年 10 月 8 日。
〔註130〕 張謇之所以發此函電，應與之前經歷過類似事件有關。張謇為晚晴狀元，士林領袖，又曾擔任江蘇諮議局議長，頗得時望。在江蘇光復後，江蘇全省上下多「素屬望之張謇」來擔任省議會議長。然而受議會內黨爭和政爭影響，結果卻由剛加入國民黨的許鼎霖當選為議長。對於這一結果，滬海徐各屬議員多不承認，「謂張謇係正當之魁」。之後，許鼎霖迫於壓力，宣布退黨辭職，但張謇也堅辭不就，後改選議員沙元炳才平息此事。經此事後，張謇即感「時局日擾，人情日詭激，士氣日鄙薄，議長不可為」，先後辭去兩院議員和省議員職，全力投入到地方事業建設上來。參見王樹槐著，《中國現代化區域研究——江蘇省（1860～1916）》，中央研究院近代史研究所，1984 年，第193～197 頁。

吞之不入，吐之不出，不得不倒行逆施，為孤注之一擲」，否則「各走極端，凡未為物蔽者為自全名譽計，惟有一面將證據影印宣布，一面聯名放棄投票權，庶清濁有分，以保全我省議會一部分之神聖」。〔註131〕

對於張孝若辭職之舉，議會內部不免又是一番論爭。有主張先行投票，選出議長；也有主張先討論張孝若辭職，再進行議長選舉。然而，不論是先選議長還是先討論張孝若辭職問題，其根本原因是兩派都不想在議長人選問題上有所退讓，示弱以人。議員馬甲東也指出「二張之爭，似易疏通，其最難解決之點，為甲乙兩派，如兩派之中，能各自犧牲，事即應刃而解」。〔註132〕而之後的議會討論中，雙方仍多充斥著謾罵攻擊，並未討論出實質性的結果。

此時，「南張」派候選人張一麐鑒於議會內部形勢紛亂不堪，向議會發一函電，聲言根據「省議會法二十七條，議員於議案涉及本身者，非經省議會之許可，不得與議」，並藉口「料理私事，聞有開議消息，當即束狀赴寧」〔註133〕為由，堅不參與議長之爭，隨後離寧而去以避紛爭。但「兩張」的表態並未使事件予以平息，反而使議會內部爭鬥更勝，「計自開幕迄今，無日不在爭長風潮中」。〔註134〕

就在議會議員為選舉議長而紛爭不止，互相攻訐之時，社會各界輿論對議會棄公眾利益不顧，竟將精力投入到對議長權位爭奪的做法卻大為不滿，一時間函電交弛，紛紛對議會予以強烈抨擊指責。

江蘇省教育會稱「議長選舉應憑正義，稍違正義，即失人望，今者萬口宣傳金錢運動，致輿論有污我江蘇焉，用議員之憤慨，如尚不絕無，則撤回代表之文電，必致紛紛而起，尚望有者改之，無者加勉，堅持正義，以雪蘇人之恥」；蘇州旅滬同鄉會發表寒電稱「議會為全省人民代表，地位何等尊嚴，乃貴會諸公，近以競爭議長，顯分黨派，各趨極端，甚至把持搗亂，摧毀票匭，報紙宣傳，騰笑中外，竊為諸公不取，務請捐除私見，勿爭意氣，各本良心上之主張，擇賢推戴，庶幾選政前途，尚留一線光明之望，貴會幸甚，全省幸甚」。〔註135〕

〔註131〕《蘇議長問題仍未決》，《申報》1921年10月12日。
〔註132〕《蘇議會第三次談話會》，《申報》1921年10月9日。
〔註133〕《張一麐致省會電》，《申報》1921年10月23日。
〔註134〕《蘇議會之爭長潮（二）》，《申報》1921年10月10日。
〔註135〕《蘇省會爭長潮之反響》，《申報》1921年10月15日。

同時，蘇省公民也紛紛發函指責議會，公民楊雨林在旁聽數場議會會議，親眼目睹議員因議長選舉而鬥罵互毆之情形後，不無心灰意冷之意，「大會連開數次，議長尚未舉出，黨派分歧，爭擾無已，旁聽之餘，傷心曷極……吾願諸君中受金錢運動者，請思及議會及自身之價值，從速覺悟，力趨正軌，反對金錢運動者，切勿爆裂如焚，促彼必走極端，無反悔之餘地」。公民楊家棟對此情形痛心疾首，稱「本屆議會開幕，以選長爭執，迄未解決，致重要議案，擱置不顧，金錢賄買，喧騰全國，報章揭載，貽笑中外，乃猶怙不知恥，強顏相抗，此等代表，人格早已喪失，列席議會，於省政前途極為危險」。〔註136〕從當時各方輿論來看，一方面在抨擊指責議會內鬥的同時，另一方面又希望議會能以江蘇大局為重，摒棄派別偏見，盡快選出議長以定人心。

然而，面對社會各界輿論指責，議會內部的反應並不一致。對於省教育會的責問，北張派議員陳謨、朱家楨等數人回應道「貴會為蘇省教育界最高級之公團，發言應持各方面最平允之公論……請將尊電稱金錢運動者，一一明白確實宣布其姓氏憑證，藉分黑白而資警惕，若徒信口雌黃，羌無故實，以不根之詞，厚誣我同人，深為貴會所不取」。矢口否認進行賄選。而對於蘇州旅滬同鄉會的指責，南張派議員朱紹文、趙雪等數人聯名函電稱「省參事會居一省行政最高地位，果以貨取，則招權納賄，何所不至，安福是其前車，吾民寧有瞧類，諸公明達，利害較然，當不至顛倒若此，意者輿論未嘗有所聞。而報章未嘗有所見耶，僕等為議會爭人格，為省政遏禍源，南通喬梓，一再宣言，並決辭職，足徵同情，諸公敬恭桑梓，當不後人，希持正義，毋為助虐，全省幸甚」。〔註137〕極力辯解此次議長之爭非為兩派一爭高下，意氣用事所致，實為廓清金錢政治，為江蘇議會前途著想。

儘管兩派對於輿論指責都作出回應，但從雙方的態度和反應上仍可看出二者所持立場的不同。北張派對於輿論的指責不予承認，並旋即進行了措辭強硬的回擊，其更多是站在自身立場來維護派別利益，進而達到混淆視聽的目的。相較於北張派，南張派回應輿論的態度較為溫和，持一種辯解的語氣向輿論予以解釋，並對北張派賄選議長的行徑進行猛烈地譴責，希圖順勢將輿論抨擊的焦點引向北張派，以此獲取輿論上的支持。而雙方各自態度的差異，反映出彼此間的矛盾和衝突仍難以調和。

〔註136〕《蘇省會爭長潮中之爭論》，《申報》1921 年 10 月 18 日。
〔註137〕《蘇省會爭長潮中之爭論》，《申報》1921 年 10 月 18 日。

10 月 21 日，在議會內占多數的金陵俱樂部為避免招致更多輿論壓力，發布通告，禁止外人公開旁聽議會會議，以圖秘密選舉，造成既成事實。結果，金陵俱樂部的這一做法卻激起了學生抗議，並進而引發學潮。當時各校學生聽聞此信時群情激奮，紛紛「群集門首，要求宣布禁止旁聽之理由」。而維持會場外秩序的北區警察署長和守衛長擔心學生和議員發生衝突，導致事態擴大，便「極力攔阻，令學生舉代表二人，到內談話」，希望學生與議會臨時主席王詠梅能夠協商解決，以便安撫學生，然而王詠梅卻「始終坐於議長席上，不肯出見，守衛長與劉署長往返再三，毫無辦法」，而等候在議會門口學生見議會久未答覆，便「一聲號召，立於門首之學生，一齊擁入，大罵要錢不要臉之議員」，與此同時，金陵俱樂部所「雇傭之流氓百餘人，亦一齊擁入」，「在旁之流氓，即上前向學生亂擊」，結果「學生方面，受傷者聞有十餘人」。〔註 138〕當警察趕到之後，才平息雙方的衝突。

針對此種形勢，10 月 22 日，南京學生聯合會隨即召開緊急會議，並提出四項要求「（一）對被毆學生，追究主使，向檢廳告訴。（二）全體同學整隊遊行，並向軍民兩署請願，如不達目的，主開公民大會，撤回議員。（三）通電全省各法團暨各省學生會，請其協助。（四）請各屬學生，勸誡本屬議員，促其猛省」。〔註 139〕10 月 24 日，學生前往省署「決定遊行示威，除電各縣公團撤回議員外，並請願軍民兩長，解散會議」。並推舉學生代表面見省長王珊，質問為何議會禁止旁聽並雇用流氓打人。然而，面對學生的責問，王珊並未過多理會，聲言議會禁止旁聽是根據議員提議而定，至於打人一事，警察署長已提出辭職，並稱只要「諸位不去鬧，就可以舉出」議長。然而，對於王珊此番敷衍之詞，學生顯然不滿，認為省長抱定勸阻主義，無法解決問題，隨即遊行到議會進行抗議。其時，由於議會禁止旁聽命令並未取消，因此議會守衛及秘書並不允許入內旁聽，並稱「今日議員到會者少，並未開會，諸君可以請回」，但當時學生群情激奮，堅持入內，聲稱「無論開會不開會，我輩既被推到此，不能將目的達到，何以回報大眾」。隨即魚貫而入，佔據議會。而彼時身在議會之外各議員聞聽此事，擔心自身遭受學生衝擊，多「半皆避匿」。〔註 140〕面對學潮的壓力，議員張福增認為禁止旁聽實屬違法之事，並

〔註 138〕《蘇議會之爭長潮（七）》，《申報》1921 年 10 月 23 日。
〔註 139〕《蘇議會之爭長潮（八）》，《申報》1921 年 10 月 25 日。
〔註 140〕《蘇議會之爭長與學潮》，《申報》1921 年 10 月 26 日。

稱「查省議會暫行法第三十一條，載省議會之會議公開之，但依行政長官之要求，或議員之提議，經多數可決者，得禁止旁聽等語，此為省議會及旁聽人共同應守之法律，此次禁止旁聽命令，並未經議員提議多數可決，是為違法命令，當然無拘束旁聽人之效力」。〔註141〕之後，各校商定推選學生輪流旁聽議會會議，以確保議會再無非法之行為。而省議會所定禁止旁聽令也在無形中予以廢止。

在社會輿論指責和學生運動的強大壓力下，此時議會內部多主張摒棄二張為候選人，另舉第三人為議長，以平息議會內外交困的局面。議員張宏業、董仙衢、王慶瀾等聯合提出意見書，認為「與其強二張為議長，彼此共計，貽二張羞，何若另擇一無權勢無色彩之人民議員，舉為議長，不惟把持與金錢嫌疑俱釋，而二張謙讓之德，亦可傳播於世」。〔註142〕以二張之威望與能力，即為普通議員，同樣發揮作用，何必為議長之名所累。同時，議員許銘范、蔡璜、華堂等也聯名支持另提第三人來出選議長，指出「以資望才具言，自莫如仲仁孝若為宜」，但「顧事已至此，不得不忍痛犧牲」，主張「擬請二君除外，俾二君者不終為各方攻擊利用之具，但希望各方不在運用手段，益惹糾紛，一俟議長安然產出」。〔註143〕其後，錢基厚等眾議員發表宣言予以響應，「僉為仲仁孝若既為兩方目標，任何一方得告成功，其他一方必起而反對，不但無益於本會，亦非所以維護人材，先孝若既再三聲明辭讓，即推崇仲仁者，並已表示除孝若外，無論何人均可承認，而同會中主張君子愛人以德，除外兩張之聲浪亦日高，因此決定捨去兩張」。〔註144〕

而其他議員亦各自提出不同的主張，議員胡震主張除兩張外，「另由各屬各推一第三者，俾使大家互選」，議員楊懋卿同意胡震的辦法，但「主各屬多推一二位」，議員蔡鈞樞起而反對此說，謂「南北兩張，已爭至今日，不能解決，倘各屬多有一目的人，恐糾紛不易了」，聲言「議員皆有被選為議長資格，按法律說不能將何人除外」，龐振乾則謂「二張除外，多數認為有益會務，可解糾紛，現在只能就事實言，不能再談法律」，龔廷鷚稱「若要除外，恐將來各屬所提之人，必多明爭暗鬥，更要鬧得不了」，楊成也認為「二張不成問題，

〔註141〕《蘇議會之爭長潮（九）》，《申報》1921年10月27日。
〔註142〕《蘇議會之爭長潮（十）》，《申報》1921年10月28日。
〔註143〕《蘇議會之爭長潮（十三）》，《申報》1921年10月31日。
〔註144〕《蘇議會之爭長潮（十六）》，《申報》1921年11月4日。

當然提出第三者」但應「請各屬推舉監察人，以便投票時糾察一切」。〔註145〕

從上述各議員主張不難看出，對於議長選舉問題，已多不再堅持「二張」，而且也逐漸認同選舉第三人來擔任議長，然而，這並不意味著議會內部就議長問題達成一致，因為在選舉何人、選舉方式、派別利益等諸多方面仍存在較大分歧。且由利益衝突所產生的派別紛爭又進一步激化了矛盾，使得事態逐漸失控，竟而引發了議會秘書課員葉立民君自戕屍諫的悲劇。

就在議會內部仍在為議長問題繼續爭執不休之際，卻傳來前江蘇諮議局省議會秘書處一等課員葉立民〔註146〕因激憤議會爭長不休而仰藥自盡的噩耗。而在其所留遺書內容無一不是表達出對此屆議會的極度失望與憤懣之情，「本屆會期爭選議長，竟然各樹一幟，黨同伐異，開會至今，已五十日，議長尚未選出，自問良心，何以能代表人民，金錢謠諑，道路喧傳，內幕重重，莫明真象，非但固執己見，糾紛不已，甚至推波助瀾，愈演愈劇，互相爭持，任情操縱……立民亦江蘇人民一分子，與其喪失人格，靦然苟活，寧願犧牲個人之生命，依然而死，為吾蘇三千萬人民爭存人格，懷殺身成仁之恉，秉匹夫有責之言，萬不獲已，陳屍以諫，議員諸公，具有天良，尚翼鑒察愚忱，大覺大悟，捐除意見，共趨正軌，一致進行，速選議長，為江蘇人民保存人格，為江蘇議會維持名譽」。〔註147〕從這封絕筆信中，不難感受到

〔註145〕《蘇議會爭潮漸緩和》，《申報》1921 年 11 月 11 日。
〔註146〕葉立民，名冠寰，淮安人，年五十四歲，前江蘇諮議局江蘇省議會秘書處等課員，自 1914 年議會解散後，歷任鹽局職員。此次來寧，住下關上海旅館，憤議會侑張為幻，金錢謠諑，內幕黑暗，開會五十餘日，迄未將議長選出，決心自殺，陳屍以諫，於十一月二十一日夜分，服硝鏹水，延至翌日上午十時身故。
〔註147〕當時葉立民留下四封遺書，從信的語氣和內容上看，儘管對此次議會議長選舉紛爭充滿憤懣之情，卻又對身後之事抱有豁達之態度，可見其自戕屍諫是早已謀劃有之。茲將另外三篇遺書列於下，以窺探當時本人複雜的心態。▲遺書二（致各報館各法團各學校書）南京各報館上海各報館暨全省各法團各學校公鑒，吾蘇議會，不幸為本屆議員侑張為幻，爭選議長，怪狀疊呈，忠告不納，清議不顧，譏刺唾罵，充耳不聞，甚且推波助瀾，任情操縱，議會尊嚴，喪失殆盡，總由於金錢邪說，自污污人，選舉萬惡，道德淪亡，現雖有組織第三者之提議，無奈人心尚未厭亂，協商多次，迄無結果，刻距閉會之期，僅有十日，如竟議長流產，自問良心亦愧恧否，痛莫痛於人心之死，吾不忍見議員之心死也，懷殺身成仁之恉，秉匹夫有責之言，萬不獲已，陳屍以諫，務求諸父老昆弟急起直追，聯合各團體嚴督議員，速選議長，俾吾蘇莊嚴璀璨之議會，得以保持名譽於不朽，立民死而有知，亦可告慰於九泉，

葉立民君當時的悲憤心境，對議會因議長選舉而生出的金錢政治，朋黨之爭

披瀝陳詞，諸希矜鑒，淮安公民葉立民絕命書，十一月二十日。▲遺書三（致陸晉軒張偉如徐庶侯鍾紹欽書）晉軒偉如庶侯紹諸位先生均鑒。議會不幸，議員搗亂，爭選議長，佈張為幻，內幕重重，莫明真象，立民為救濟議員之心死，爭有人民之人格計，寧顧犧牲生命毅然而死，諺云：螻蟻尚且貪生，吾命雖賤，亦猶人也，只因殺身成仁，匹夫有責，立懦廉貪，在此一舉，茲特陳屍以諫，議員具有天良，當可警悟，立民性雖至愚，或不致負此一死也，並乞諸公將立民絕命二紙，油印分布，切禱切禱，至於身後事宜，棺木衣衾，不嫌菲薄，停柩入斂，均以節儉為要，更不須焚化紙錢，雇用僧道，諸凡迷信，一例刪除，重託重託，即請偉如先生電知家屬，電文如下：淮安下橋南葉嚚農鑒，令兄立民現已身故，速同汪梓生王谷芳來省，並遺囑內眷不必前來切切，江蘇省議會庶務課，購置棺木衣衾，即請紹欽先生代為揀擇，暫時需用款項，即請晉軒先生代為借貸，俟家屬來時再議，庶侯先生還在揚州，望其來審，裏辦善後，是所盼禱，茲再懇者，立民暴死，身後一切，已承諸公鼎立維持，惟是立民家計蕭條，全賴個人謀衣謀食，老妻多病，幼女未嫁，即已稼之長次二女，境況貧寒，亦需時為瞻養，男嗣雖無，而胞姪讀書之資，向來資助，合共計之，負擔甚重，今雖身死，仍不能不代其籌劃，為此再求諸公熱忱贊助，轉懇鄉前輩德隆望重諸先生，俯賜矜卹，等高一呼，集腋成裘，為山覆簣，俾令妻不號寒，兒不啼饑，立民雖在幽冥，亦當九頓首以謝，諸公垂念故交，助助善後，雲天高誼，存廢均感，披瀝陳詞，諸希矜鑒，愚小弟葉立民臨死拜啟，十一月二十日。昨讀蔡望之先生寒電，切望吾蘇父老昆弟下一奮興劇劑，立民竊思奮興劇劑，無有過於陳屍以諫者，我死以後，求將我屍舁至省議會附近陳列，俾其受其刺激，化除意見，一致進行，立民再筆，秘書處諸位先生均此。▲遺書四（致葉志祥書）志祥老哥臺鑒。議會不幸，議員搗亂，昨讀蔡議員望之電，切望吾蘇父老昆弟下一奮興劇劑，迄又數日，未聞未見，立民亦江蘇人民一分子，竊思奮興劇劑，無有過於陳屍以諫者，是以犧牲個人之生命，毅然而死，殺身成仁，匹夫有責，廉貪立懦，在此一舉，議員具有天良，或可警悟於萬一，立民身後一切，令函書託偉如晉軒紹欽暨庶侯諸先生極力維持，仍祈老哥幫同料理，重託重託，並有致議員及各團體絕命書二件，與致張偉如先生函，一併送至省議會，其留交舍弟內子之兩函，請代為收存，俟舍弟來時面交，上海旅館房金，計須二十四元，茶房及雜項共給六元，所有行李衣服等件，屬共收存，俟舍弟來取，該項房金，請先墊付，俟舍弟來時再還上海旅館主人，請與其言明立民死在該館，並無污損之處，轉有名譽之榮光，將來該旅館發達，正未可量，不必厭忌為要，下關警察署，請即託人與該署長申明立民之死，實因省議會不良，議員擾亂，議長爭選，迄今五十餘日，尚無結果，是以殺身成仁，陳屍以諫，並無有他項情事，所服之藥，係硝鏹水，購買已久，與各藥房毫無干涉，不要報告檢察廳檢驗，是所切禱，請其從寬辦理，並望將屍體舁至省議會附近陳列，俟家屬來時，自由殯殮，家屬未來之先，即請省議會庶務課代為料理，諸承老哥鼎力匡助，立民雖在幽冥，亦當九頓首以謝，雲天高誼，來世圖報，披瀝陳詞，諸希矜鑒，愚小弟葉立民臨死拜啟，十一月二十日。《屍諫蘇議員之遺書發表》，《申報》1921 年 11 月 24 日。

及互相攻訐的亂象由失望而絕望，由絕望而自戕，不惜殺身諫言，與當時議員因金錢而不惜出賣自身人格形成了極為鮮明的對比。

對於葉立民自戕諫言的舉動，一時間議員有所震動，多「深自懺悔，想出種種救濟方法」盡快選出議長，以「慰葉君於地下」。而葉立民之靈柩也按其生前遺言，「置於議會東首蘇州公寓隙地，由各屬議員為之搭蓋席棚，以便議長舉出開會追悼表示」。〔註 148〕在葉立民自戕之後，江蘇省議會迅即召開議長選舉會議，這一方面與葉立民遺屍諫言警示刺激有關，另一方面也與常會期迫，議員擔心在常會期內無法選出議長而遭受更大的輿論壓力不無關係。然而，在接下來的議長選舉中，先前漸趨一致捨棄二張，另選第三人的主張卻又險些無法達成。

11 月 25 日，議會中除「二張」派之外的第三派已漸居多數，並「擬定任桂森蔡璜為候補議長」，且「已得多數同意」。然而，支持張孝若的金陵俱樂部卻「痛恨第三者之勢，一面暗由季某到處破壞，而於內部之事，並不令張（孝若）與聞」。結果，在選舉中「張孝若得六十票」，而此前呼聲甚高的任桂森卻「得三十三票」，雙方都因未達法定票數而落選。其後，就在議會秘書正欲宣布皆不足數之時，南張派「議員趙雪、屠方即由東西兩面奔至臺上，將張孝若之票撕得粉碎」，憤稱「自宣言捨去南張，除反對金錢外，絕無何等成見，對於第三者二張並捨之說，尤表示尊重，故今日未投南張一票，乃見發現張孝若票至六十張之多，深惡若輩食言而肥，遂憤而撕之」，〔註 149〕第三派議員面對此情形，也宣稱「如北派執迷不悟，即於議會末日，履行辭職之約」。然而，在次日的選舉中，情形一如其舊，場面極為混亂，仍有選舉張孝若數十張票，使「在場之反對派及第三派，亦皆怒不可遏」。之後，「杜廷螢趙雪屠方等，又相繼登臺，將選舉票撕作紛紛蝴蝶舞」，而彼時「旁聽席大聲喝彩，場內秩序遂亂，游民與學生又相罵，嘲謔之聲，不堪入耳」，〔註 150〕場面紛擾不堪，議長選舉又不歡而散。

11 月 28 日，距離常會期結束時間已所剩無幾，議長仍未選出，面對此緊迫局面，包括反對派及第三派議員不得不取妥協立場，只求北張派不再投張孝若之選票，至於第三者為何人，則不再強求。而金陵俱樂部在面對諸多

〔註 148〕 《蘇議會紀事》，《申報》1921 年 11 月 26 日。
〔註 149〕 《蘇議會之爭長潮（十八）》，《申報》1921 年 11 月 27 日。
〔註 150〕 《蘇議會之爭長潮（十九）》，《申報》1921 年 11 月 28 日。

議員反對張孝若出選議長的情況下，不得已又推出議員徐果人作為張孝若的替身。此前金陵俱樂部的金錢政治也起到了效果，接受政治獻金的議員們對南張派及第三派等反對派的指責也不置可否，謂「他們要名，我們不是要死了麼，橫豎不要臉，錢已拿了，若不照俱樂部意思做，恐怕宣布我們拿了錢數目，那怎麼好，得人錢財與人消災，不如就舉徐果人算是消差罷」。此時，「反對派見人心已死，無可挽回，且第三派除少數清白外，餘亦多染銅臭，聲明如不投張孝若，即不過問」。結果，金陵俱樂部的徐果人以「六十六票當選」。〔註151〕而這場因選舉議長爭執長達兩個月的鬧劇，至此告一段落。

縱觀此次議長選舉紛爭，以及由此引發的議會內部派別之爭、學潮運動，葉氏自戕，可謂是坎坷起伏，一波三折，反映出民國時期江蘇政治民主化的艱難演進。自1906年清政府宣布「籌備立憲」，在中央設立資政院，各省設立諮議局之後。從中央到地方都建立了具有代議性質的議會。應該說，這是近代中國議會制度的初次實踐，也昭示著民主化進程的開啟。於江蘇省而言，自中央下諭之後便迅即響應，成立了諮議局，制定並頒布了諮議局各項章程、選舉規則及議事制度，其響應之快，制度之完備，運作之流暢，頗具近代議會民主精神。一時間，江蘇省諮議局被視為各省楷模之典範。不過，在隨後因江蘇省諮議局分合問題上所引發的爭端，卻反映出江蘇在政治現代化過程中仍面臨著嚴峻的挑戰。

江蘇地處江南富庶之地，自古就有「蘇湖熟，天下足」之稱，每年向中央政府上繳的賦稅位居各省之冠。因此，朝廷在科舉名額的分配上特將江蘇分為蘇、寧二屬，劃撥「蘇屬學額為六十六名，寧屬名額為五十五名」，〔註152〕以示恩賞優恤之意。這在當時各省份中屬獨一無二之舉。而諮議局選舉額數同樣是按照清政府所分配的學額來劃定。然而，由於兩屬名額數不均，導致蘇、寧兩屬諮議局在分合問題上爭論不休。〔註153〕此事後來雖

〔註151〕《蘇議會紀事》，《申報》1921年11月30日。

〔註152〕故宮博物院明清檔案部編，《清末籌備立憲檔案史料》，中華書局，1979年，第670頁。

〔註153〕當時寧、蘇兩屬爭執的原因主要焦點在於諮議局創設地點是在南京還是在蘇州這一問題上。蘇屬議員認為在賦稅方面一向多於寧屬，加之學額較多，認為應將諮議局設於蘇州；而寧屬議員認為南京為省行政中心，加之總督行轅在此，不應將諮議局分為兩屬，以免將來遇事溝通不暢，耽誤議程。兩屬為此事紛爭，多抱地域之見，但由於當時多數諮議員仍主在寧，且總督也認為諮議局若分兩

經憲政編查館出面得以解決，但卻為民國之後江蘇議會政治的發展留下了隱患。而當時擔任江蘇省諮議局議員孟森和楊廷棟對此問題一針見血指出，「江蘇自諮議局章程發布以後，江南北幾有劃分兩省之勢力⋯⋯或以為諮議局現分久之，自能使一切行政俱不截然成兩省界畔。豈知江南北各止四府一二州，憑空劈分為二，以小團體作小結構、負擔小義務，主張小權利，二十一省無所變動，獨我江蘇受眾建力小之禍，將來有所設施，不得與於各行省之列」。〔註154〕從孟、楊兩位議員的這番話中不難看出，兩屬議員因名額分配所產生分合問題的論爭，進而在政治上逐漸形成南北分立的趨勢，對之後議會政治發展過程中地方主義勢力的膨脹，無疑起到了推波助瀾的作用。

若是從更深更廣的層面來看，不難窺視引發此次議長選舉風波的深層原因。清末，清政府推行憲政改革，諭令各省設立諮議局以來，議會政治便登上歷史舞臺，展示出非比尋常的制度優勢。一方面，當選議員多具傳統功名士紳和具有留學背景的留學生。因此，當中國傳統儒家道德觀念與西方議會精神結合之後，使得諮議局頗具近代民主氣息。監督督撫，表達公意，反映輿情，體現出近代議會民主制度朝氣蓬勃的一面。另一方面，作為西方舶來品的議會制度在嫁接到傳統王朝體制之後，在實際的運作過程中卻又不得不面對水土不服所帶來的種種弊端。時任朝廷御史的歐家廉對於在諮議局選舉過程中出現的舞弊賄選現象時，不禁發出強烈質疑，「十金買一票，百金買一票，運動選舉，何足為議員。以私利而託公議，以一二人之意而冒全體之名，何足為代表」，〔註155〕表達了其對議會政治能否在中國順利踐行的疑慮。而自民國肇建後，受時代急劇轉型與袁世凱、張勳復辟的影響，清末時議會精神所彰顯的道德價值在紛亂不已的時局中被逐漸抽空瓦解，前此共同秉持的民主信仰和價值追求，又分裂為彼此衝突的意識形態，並由此相互結社結派，相互衝突，自我異化。而議會內部又因地方主義衍生出的朋黨政治，金錢政

局，實屬不便。最後在上報憲政編查館予以定奪後，憲政編查館以「復隼合設在寧」而平息了這場紛爭。參見：《論江蘇諮議局不可不合（上篇）》，上海《時報》1909 年 1 月 13 日；江蘇諮議局近聞，上海《時報》1909 年 6 月 10 日。

〔註154〕張謇研究中心，南通市圖書館，江蘇古籍出版社編，《張謇全集》（第一卷），江蘇古籍出版社，1994 年，第 110 頁。

〔註155〕故宮博物院明清檔案部編，《清末籌備立憲檔案史料》上冊，中華書局，1979年，第 356 頁。

治肆意橫行，擾亂了議會政治模式的正常運行與發展。本應反映公眾輿論、民意訴求的議會卻反被社會輿論所抨擊，議會被視為謀利的工具，其「公權」被「私利」侵蝕殆盡，喪失了表達民意的功能與作用。在這種情況下，清末諮議局所勃發的民主精神不僅未能延續，反而在現實的利益面前隱然消退。這場風波雖由議長選舉而引發，但實質卻是現代化民主制度在遭遇中國傳統政治制度重重阻礙之後出現的必然結果，而這種結果所帶來的衝突與矛盾，又成為民國時期議會政治陷於困境的真實寫照。

第二章　江蘇省地方司法體系的創建與衰變

　　清末，江蘇省從機構和制度上對司法體系進行創建，一方面在地方成立各級審檢廳，另一方面，又制定了《江蘇各級審判廳試辦章程》作為司法改革的指導性綱領，使司法體系漸次展開。民初之後，江蘇省司法體系日趨完善，司法獨立性進一步增強，體現出司法體系發展向好的一面。然而，隨著袁世凱復辟帝制的出現，江蘇省司法體系不僅遭到行政權的侵蝕，而且自身也面臨發展困境。那麼，清末民初時期，江蘇省司法體系是如何創建的？經歷了怎樣的發展演變？傳統的訴訟觀念對現代司法制度產生怎樣的影響？這種影響又導致了何種結果？這是本章著力要探討的問題。

第一節　清末江蘇省近代司法體系的建立與實踐

一、清末司法走向獨立

　　晚清政府在憲政改革前，行政權與司法權不分，行政權常常越俎代庖侵蝕司法權，使得司法權不得不從屬於行政權。加之中國傳統社會習慣借助「官府衙門」來解決民間斷訟。因此，司法權始終處於可有可無的尷尬地位。對於這種弊端，朝中開明官員也多有抨擊，「今日積弊之難清，由於權限之不分，以行政官而兼有立法權，則必有藉行政之名義，創為不平之法律，而未協輿情。以行政官而兼有司法權，則必有循平時之愛憎，變更議定之法律，以意為出入。以司法官而兼有立法權，則必有謀聽斷之便利，制為嚴峻之法律，

以肆行武健，舉人民之生命權利，遂妨害於無窮」。認為「中國審判，向由州縣兼司，簿書填委，積弊叢生，非延擱多時，即喜怒任意，丁役視為利藪，鄉保借為護符。往往一案未終而價差蕩盡，一差甫出而全村騷然，遂致驅民入教，干涉橫生，民教相仇，變起不測……若使司法分立，則行政官得專意愛民之實政，而審判官惟以法律為範圍，兩事既分，百弊杜絕。是司法制度之不可不分立」。〔註1〕當時負責修訂法律大臣沈家本也極力強調「司法獨立，為異日憲政之始基，憲法精理以裁判獨立為要義」。〔註2〕極力主張清政府將司法權從行政權的束縛中分離出來，以推動司法改革。

面對朝官的懇請呼籲，清政府於1907年9月20日頒布諭旨，著將「刑部著改為法部，專任司法，大理寺著改為大理院，專掌審判」。〔註3〕設立專部掌理司法事宜。當時負責官制改革大臣奕劻又對各省司法機構進行職權劃分，「直省司道各官，除原設之布政、提學兩司，毋庸議改外，按察司宜名為提法司，而解兼管驛傳事務，專管司法上之行政，監督各級審判」，並於地方「分設審判各廳，以為司法獨立之基礎」。〔註4〕修訂法律大臣沈家本也呈摺稱「竊維東西各國憲政之萌芽，俱本於司法之獨立，而司法之獨立，實賴法律為之維持，息息貫通，捷於形影，對待之機，固不容偏廢也」，建議「由東三省先行試辦。此外直隸、江蘇兩省，擇地先為試辦，其餘各省，統限十五年一律通行等因」。〔註5〕

在清政府對司法官職及審判廳設立期限作出規定後，法部於1907年10月制定了《各級審判廳試辦章程》。此試辦章程的制定，主要是由法部編纂，並參考袁世凱在天津制定的府屬審判廳試辦章程綜合而成，「當法律未備之時，為權宜開辦之計，調和新舊最稱允協，洵足為前事之事第，天津開一省

〔註1〕《御史吳鈁奏釐定外省官制請將行政司法嚴定區別摺》，見故宮博物院明清檔案部編，《清末籌備立憲檔案史料》下冊，中華書局，1979年，第821～823頁。

〔註2〕《修訂法律大臣沈家本等酌定司法權限並將法部原擬清單加具案語摺》，見故宮博物院明清檔案部編，《清末籌備立憲檔案史料》下冊，中華書局，1979年，第827～828頁。

〔註3〕《法部尚書戴鴻慈等奏酌擬司法權限繕單呈覽摺》，見故宮博物院明清檔案部編，《清末籌備立憲檔案史料》下冊，中華書局，1979年，第824頁。

〔註4〕《總司核定官制大臣奕劻等奏續訂各直省官制情形摺》，見故宮博物院明清檔案部編，《清末籌備立憲檔案史料》上冊，中華書局，1979年，第503頁。

〔註5〕《修訂法律大臣沈家本奏酌擬法院編制法繕單呈覽摺》，見故宮博物院明清檔案部編，《清末籌備立憲檔案史料》下冊，中華書局，1979年，第843頁。

之先，而京師實各省之準，此次辦法繫乎全國司法機關，其規定自應更求完密，既於該章程所試行者，採用獨多」。〔註6〕《試辦章程》內容分為五章，包括總綱、審判通則、訴訟、各級檢察廳通則、附則共一百二十條。主要對訴訟規則、審判程序和檢察制度作出較為詳細的闡釋和說明，「茲擬編次之法，以總綱居首，釋民刑之定義，次審判通則，明司法之權能，次訴訟通則，詳呈訴之方法，次檢察通則，盡輔助之作用，而以附則終之……苟民事之判決，咸宜則刑事之消弭不少，惟向來辦理民事案件僅限於刑法之制裁，今審判各廳，既分民事，為專科自宜酌乎情理之平，以求盡乎保護治安之責，茲擇其簡要易行者，量為規定，庶與刑事顯有區別，而適足相成」。〔註7〕

　　同時，法部又制定了《擬定各省城商埠各級審判檢察廳編制大綱》。在大綱中，規定「凡省城商埠同在一處者，設高等審判廳一所，凡首縣各設地方審判廳一所、初級審判廳一所或二所；其省城商埠各在一處者，省城設高等以下各廳，商埠不設高等審判廳，餘俱如省城之例。其商埠大而事繁或距省城過遠者，得酌設高等審判分廳，由廳丞於推事中保任一人為推事長，代行廳丞職務，仍由廳丞隨時指揮監督」。〔註8〕1909 年，憲政編查館又頒布了《法院編制法》，強調「各省分期籌設各級審判廳即為司法獨立之基礎，而法院編制法所以明定等級，劃分職權，尤為籌設各級審判廳之準則」。〔註9〕此編制法分為十五章一百四十條，主要對初級審判廳、地方審判廳、高級審判廳、大理院、檢察廳、推事及檢察官的職能和職權作出了詳細的規定。不過，法院編制法中最重要的一點是以法令的形式確定了以四級三審制為核心的司法體系，開創了近代中國司法審判制度的新模式，並延續至 1927 年國民政府成立時期。此外，該編制法同樣將檢察廳分為初級檢察廳、地方檢察廳、高級檢察廳、總檢察廳四級，將檢察廳附設於審判廳之內，其並未將審、檢二廳嚴格分立。這樣，清政府通過一系列法令的制定和頒布，基本上確立了行政、司法分離，民、刑分離，司法獨立的原則。在這種背景下，江蘇省也隨之拉開了司法改革的大幕。

〔註6〕上海商務印書館編譯所編纂，《大清新法令》第一卷，商務印書館，2010 年，第 388 頁。

〔註7〕《法部奏酌擬各級審判廳試辦章程摺》，《政治官報》第四十六號，1907 年 12 月 10 日。

〔註8〕《大清法規大全》，法律部，卷七，審判，（臺灣）考正出版社，1972 年，第 1871 頁。

〔註9〕《大清法規大全》，法律部，卷四，司法權限，（臺灣）考正出版社，1972 年，第 1815 頁。

二、司法體系的踐行及其窘境

　　清政府在憲政改革的過程中，先後設立了大理院和法部，並相繼頒布《各省城商埠各級審判檢察廳編制大綱》和《法院編制法》，要求各省從速設立各級審檢廳。然而，江蘇省由於受限於本省司法人才缺乏，難以滿足設立審檢廳的條件而未立即施行。時任兩江總督端方對此也頗為擔憂，認為「中國行政司法混合不分，歷年已數千計，此時定議更張，執行之樞紐未完，防範之機關尚闕」，因此在創制伊始「誠不能不出以審慎」。在與藩、臬兩司再三核議之後，決定於「蘇州臬署設立籌辦處，以為挈領提綱之地」，並「派員調查中外規制，以備參仿」。其後，又「於江寧省城設立裁判研究所，考取通知時事之官紳入所肄業，所以養成審判之人才，為實行開庭之預備」。〔註 10〕強調「除將司法研究所，審判廳籌辦處趕緊開辦，其一切預為籌備或應變通之處，以肅法規杜流弊為宗旨」。〔註 11〕並由臬司派員「前往京城天津調查參觀抄錄章程稟覆，藉資考鏡，而備參仿等情」。〔註 12〕至 1910 年，江蘇省先後建立了省高等審判廳和檢察廳，初步形成了司法體系雛形。但各縣初級審檢廳限於財力、物力、人力匱乏，仍多在籌設之中。

　　江蘇省分寧蘇二屬，各設藩司、學司，而臬司卻是寧蘇合設一處，這也意味著江蘇省司法體系在創建之初便有統一籌劃的打算。然而，在實際操作過程中，江蘇省司法體系的創設又不免受到寧蘇分立的影響。由於當時提法使司設於蘇州，因此對全省審檢廳的規劃多詳於蘇而略於寧，這無疑不利於江蘇省司法體系的統一創設與運行。隨後，接任江督端方之職的張人駿也認為以目前情形言，蘇省司法「似猶沿寧蘇分屬之習慣，不知刑名非財政可比，事有專司，理宜統一，設辦理兩歧，以及定限或有貽誤，仍係該司考成，無所用其遜讓」，認為「司法獨立，關係憲政要端，所有籌備審判事宜，自係該司專責，寧蘇同屬一省，該司進駐蘇垣而寧屬各級審判照章應由該司監督調度，當此籌備伊始，自應由該司統籌辦法，同時進行」。〔註 13〕飭令提法使司迅速籌備設立江寧省城地方審判、初級審判各廳辦法，避免蘇省司法因寧蘇兩立而有所滯礙。

〔註 10〕《端張兩督會陳憲政籌備情形》，《申報》1909 年 10 月 1 日。

〔註 11〕《端張兩督會陳憲政籌備情形（續）》，《申報》1909 年 10 月 4 日。

〔註 12〕《蘇省籌辦審判廳情形》，《申報》1909 年 4 月 8 日。

〔註 13〕《江督飭司迅速設立寧省審判各廳》，上海《時報》1910 年 4 月 28 日。

1910 年 10 月，江蘇提法使左孝同奉蘇撫札催之命，照會高等審判廳丞盡快制訂審判章程，以使各級審檢廳盡快運行。其文為：

　　　　宣統二年十月二十五日奉巡撫部院程札開，照得改良審判，植立憲之基，首重規章，為精神所寓。必使整齊劃一，洗舊時腐敗之情形，盡袪俗吏瞻徇之陋習，庶使人民生命財產立於保護穩固之地位，不容稍有私意，謬論屢雜於其間也。方今朝廷銳意改革，提前趕辦。憲政一切務須實行，不能徒尚虛文，各懷意見。審判尤為各憲政之先聲，蘇省各級審判檢察各廳行將成立，而辦事之如何規則，審案之如何秩序，尚未據該司妥定詳章呈送查核，殊非所以慎重司法之道。要如各省風氣雖略有不同，而制度則必歸統一。開辦之始，縱未純熟，但立法既臻美善，自歷練漸就範圍。若始基不慎，即流弊無窮。昔時民刑不分，今則須分清民事刑事；昔時三木妄施，今則須虛衷推鞫；昔時問供含混，強情就例，今則須證據確鑿，一準法律；昔時稽市延宕，案結無期，今則須恪遵日程，按時定斷；昔時吏胥蒙蔽，種種掩飾，今則起訴執行，悉有檢察，無所隔閡。其中頭緒，固非一二言可盡。總之歸於虛公、洞選、整肅、嚴明八字，殆足盡審判檢察之能事矣。鄭署廳丞、陸署檢察長，均係奏明籌辦審判廳各事宜，亟應由該司照會該廳丞等，趕緊悉心妥議各級審判檢察劃一章程規則。其大端本之《欽定法院編制法》及法部奏定章程，再參之京、津、奉、吉經辦之法，總以周詳審慎，除舊布新。一經妥定，不准稍有畏難逾越。倘敢觍玩不遵，立於撤換。審判、檢察非養尊處優之地，亦非鑽營請託之所，須各淬厲奮發，有堅忍耐勞之心志，而後著司法獨立之光榮。〔註14〕

在此文中，左孝同主要強調二點：一、應盡快釐訂審判制度，建立各級審檢廳，推動江蘇省司法體系的建立。強調將傳統司法中民刑不分的傳統制度破除，釐清民事與刑事的界限。二、規範司法審判程序，改變傳統司法審判制度中的弊端，要求司法官吏公正廉潔，確保司法審判公正，以彰顯司法獨立精神。

在左孝同照會高等審判廳後不久，江蘇高等審判廳很快制訂出《江蘇各

〔註14〕 《江蘇提法使照會高等審判廳廳丞訂定章程規則文》，《江蘇各級審判廳試辦章程》，清末鉛印本，南京圖書館館藏。

級審判廳試辦章程》。內容主要遵照「法部奏定京師高等以下各級審判廳章程及法院編制法」，並「兼採奉天審判章程斟酌損益」而成，體現出較為鮮明的近代司法制度特點。從具體制訂內容上看，主要分為三個部分，共一百條，主要內容為：

第一部分主要是重新釐清傳統司法民刑不分的界限，確定審判案件分為刑事、民事兩大類別。其中對刑事案件定性為「凡因訴訟而審定罪之輕重者屬刑事案件」；民事案件定性為「凡因訴訟而審定理之曲直與不科罪刑之婚姻、典買、田宅、錢債違約各項者屬民事案件」。這樣，通過對刑民案件類別的劃分和界定，有助於在審判過程中對案件性質作出明確的判斷和判決。

第二部分主要包括審級、管轄、迴避、預審、公判、判決執行等內容。其中，將審判廳審級定為四級三審制，規定「民事刑事案件由初級審判廳起訴者，經該廳判決後如有不服准地方審判廳控訴，判決後如再不服，准赴高等審判廳上告，其未設審判廳地方，依法遞控到省之案，應由高等檢察廳分別第二審終審辦理」。如「判決後如再不服，准赴大理院或大理分院上告，然必於法定期限內由高等檢察廳或高等檢查分廳提起上訴」。

對江蘇省各級審判廳管轄區域主要依照「司法區域分劃章程及法部補訂試辦章程擬定各省城商埠審判廳籌備事宜第四款辦理」。省城各廳關係區域如下：「一、高等審判廳除上海奏請另設分廳特置廳丞檢察長專管該埠外，其管轄區域及於全省。二、地方審判廳以蘇州府管轄境為其管轄區域，如詞訟繁多，臨時再行酌設分廳。三、初級審判廳分設三所，以六門巡警分區之區劃分屬之，但開辦之初先設三廳，如訟事較繁，臨時呈請酌添。其各府廳州縣應設之初級地方各廳司法區域應俟設廳時斟酌之劃分呈侯提法使司核定」。

審判迴避制度的規定，主要是為防止審判官員在案件判決過程中因血緣、姻親、個人利益等因素導致斷案不公，影響審判結果而定。其中規定如出現以下情形者，審判官必須加以迴避，由該審判廳長另行核奪，「一、審判官自為原告或被告者。二、審判官與訴訟人為家族或姻親者。三、審判官對於承審案件現在或將來有利害關係者。四、審判官對於該案為證人或鑑定人者。五、審判官於該案曾為前審官而被訴訟人呈明不服者」。另外，除上述情形之外，還規定如「審判官與訴訟人有舊交或嫌怨恐於審判有偏頗者，檢察官及訴訟人得請求該審判官迴避」。

審判廳傳喚原被告到庭訊問制度，規定「凡審判官皆有法庭票之權」，由

於刑事庭與民事庭不同，刑事庭票分為傳票（傳訊原被告及其他訴訟關係人等用之）、拘票（拘致犯徒罪以上之被告及抗傳不到或逃匿者用之）、搜查票（搜查罪人及證據對象時用之）三種。而民事庭票主要分為傳票（與刑事庭傳票同）和搜查票（因查封時遇有隱匿財產者用之）。一般規定在庭票發出後五日內，被傳人得到庭接受訊問。凡因「案傳人者應即日發票即日詢問之，道遠者酌量先期發票，其拘到者限於兩日內審訊，如拘到而未能即時審訊或審訊而不能保釋者，用收簽付看守所官收之，其提出時則用提簽」。

關於預審制度規定，主要是針對刑事案件而言。一般來說是在地方審判廳第一審刑事案件出現疑難之處時應行預審。另外，在審判案件過程中「因證人、鑑定人供述不實或本係重罪受理時誤認為輕罪者或由輕罪發覺其他重罪者均由審判官移送預審」。

公判作為審判最重要的一個環節，直接關係到審理案件的結果。因此，在各級審判中規定「凡公判第一審案件用獨任制，以審判官一人行之，第二審案件用合議制，以審判官三人行之，其高等廳之合議庭並由廳丞得因該案情形臨時增加審判官為五員，但非經承認不得參預審判民事亦准此條辦理」。合議制的制訂，一方面彰顯出對案件審判的慎重性，另一方面也體現出公正性。對於每次審訊記錄，規定「訴訟人等照供朗誦詳問，如有差異，立予更正，每次詢問須作訴訟記錄，將當事者之供述事實審判官之決定命令詳記其上以備考查」。在公判時遇到原被告人缺席的情況，根據下列原因可進行缺席判決。「一、因原告人無故不到案，被告人申請結案，經審判官依法律定限催傳而原告人仍不到案者。二、因被告人無故不到案，原告人申請結案，經審判官查明原告證據確鑿可信者。三、以上二種原因，即時判決，以後當事者若於十日以內提出缺席理由書，審判官查係實情，亦得取消其判決」。此外，對於判詞格式除在審判廳名稱並標明年月日由公判各官署押印外，其餘如下「甲：刑事：一、犯罪者之姓名籍貫年齡駐所職業。二、犯罪之事實。三、證明犯罪之緣由。四、援據法律之主文。五、依律判斷之理由。以上係有罪判決之款式，其無罪之判決，但須聲明免訴之理由不列定款。乙：民事：一、訴訟人之姓名籍貫年齡住所職業。二、呈訴事實。三、證明曲直之原因。四、判斷之理由」。

判決執行主要分為刑事判決執行和民事判決執行。其中對於刑事判決執行規定「刑事之判決徒罪以下於上訴期滿確定後執行，其流罪以上應遵照死

罪施行詳細辦法辦理」。對民事判決執行則主要依照下列辦法，「一、查封欠債者之物產勒限完案。二、管理查封之物產以其利息抵償欠款。三、拍賣查封之物產抵償欠款」。此外，如「理曲人家產淨絕不能依前條方法執行者，得將理曲人收教養局作工一月以上三年以下，如做工中查出有隱匿家產實據者除扣去做工銀數抵償外，仍照前條辦理，得將理曲人釋放」。

第三部分主要包括起訴、上訴、證人鑑定人、管收、保釋等內容。起訴又分為刑事起訴和民事起訴。其中規定刑事訴訟「非經由檢察廳起訴不予收受」，而民事訴訟則規定「本人或其代理人不得訴訟」，「民事訴狀非填寫實在之證物與契據或文書者不予准理」。對於職官、婦女、老幼廢疾為原告時，「得委託他人代訴，但審判時又必須本人到庭者仍可傳令到庭」。代訴人在徵得本人同意後，可代表本人進行上訴、和解、拋棄訴訟物、承認被告之請求等行為。但又規定婦女、未成丁者、有心疾或瘋癲者和積慣訟棍不得充當代訴人。凡訴訟除刑事案件外，准原告人呈請註銷訴狀。

上訴主要是上訴人對審判廳判決不服並向上級審判廳呈控的行為。根據上訴方法，分為控訴、上告、抗告三種。控訴是指「凡不服第一審之判決，於第二審判廳上訴者曰控訴」；上告是指「凡不服第二審判之判決於終審審判廳上訴者曰上告」；抗告是指「凡不服審判廳之決定或命令，依法律於該管上級審判廳上訴者曰抗告」。同時規定在上訴過程中「依法遞控不得越級為之，並不得向行政各衙門妄行呈控」。對於上訴人的規定，又可分為刑事上訴人和民事上訴人，刑事上訴人規定只有檢察官、原告人或被告人、代理人充任；民事上訴人則只有原告人或被告人、代訴人可以充任。對於上訴期的規定，一般以「自宣示判詞之日為始」，刑事案件上訴在「十日以內」，民事案件上訴在「二十日以內」，並呈請原檢察廳「傳送上級檢察廳起訴」。而在監獄內欲上訴者，得「呈請監獄官轉呈原檢察廳核定諮送上級檢察廳」，但如果原檢察廳「視為理由不充分時亦得卻下監獄官之呈請」。對於逾越上訴期限，則規定「上訴期限而不上訴者，其原判詞即為確定」。規定上訴人有「無論何時准其呈請註銷上訴」，但經「檢察官既經提起上訴不得註銷」。此外，上訴人經兩次票傳不到者，其上訴狀即行撤銷。

關於證人，有如下規定，「不論何人凡於審判廳受理之民刑案件有關係或知其情形者，皆有為證人之義務」。而在舉證證人過程中，除「除原被兩造所舉外，審判官亦得指定之」。但「凡證人為偽證者，照現行刑律證佐不實例辦

理」。對於證人不遵傳票期限到庭,「有因疾病自行聲明者,審判官得就其駐所訊問,若無疾病,又不聲明者,處三十元以下之罰金」。對於鑑定人的任用,規定「凡訴訟上有必須鑑定始能得其事實之真相者,得用鑑定人」,而在鑑定人的選用上,則「不論本國人或外國人,凡有一定之學識經驗及技能者均得為之。但民事並得由兩造指名呈請選用」。在鑑定人於鑑定後,須作確實鑑定書,並負其責任。但有如下情形者,一律不得為證人和鑑定人:與原告或被告為親屬者、未成丁者、有心疾或瘋癲者、曾受刑者。

管收同樣分刑事與民事兩種。其中規定「刑事犯罪未經判決而為該案之嫌疑人及被告逃匿被獲者,得於審判廳之看守所居留之」,對於「民事被告不能保釋而有逃匿之虞者亦得暫行管收」,而「受罰金之判決未能遵限呈繳者亦可暫行管收」。對保釋資格規定「民事被告及刑事輕微罪名只徒流以下,未經判決之犯均准取具妥保在外候審」,「取保或責付其家屬或取具切實鋪保,或由官吏及殷實土著之人保其聽候傳審皆可毋庸收管,但須填寫保狀存案」,但「凡不能依前條規定取保而呈繳相當之保證金者亦得釋放,其保證金於本案完結後發還之」。〔註15〕

從《江蘇省各級審判廳試辦章程》從內容上看,體現出近代司法制度的特徵,如將民刑案件界限的劃分,審判過程出現預審、庭票、合議、上訴等制度,不僅確保審判程序法制化,而且使司法趨於客觀公正化。在試辦章程制定頒布後,高等審判廳和高等檢察廳又分別制訂了《江蘇各級審判廳試辦規則》和《江蘇各級檢察廳辦事規則》,〔註16〕主要對各級審檢廳的官廳規則、職務規則、代理職責、訴訟職責、執行職責等內容進行規定,以作為各審檢廳的辦事指南。不過,在上述《規則》中,審檢二廳均作出「審判廳與檢察廳各獨立行其職務,互不干涉」的規定。〔註17〕這樣就以法令的形式確立了審檢分立,互不干涉的原則。同時又規定兩廳任職人員不得違犯下列事宜,「一、於職務外干預政事。二、為政黨員政社員及中央議會或地方議會

〔註15〕《江蘇各級審判廳試辦規則》,清末鉛印本,南京圖書館館藏。
〔註16〕《江蘇各級審判廳試辦規則》共二十四章,二百七十六條,《江蘇各級檢察廳辦事規則》共十四章,一百四十條。限於內容較多,在此不一一敘述。可參見《江蘇各級審判廳試辦規則》,清末鉛印本和《江蘇各級檢察廳辦事規則》,清末鉛印本,南京圖書館館藏。
〔註17〕見《江蘇各級審判廳試辦規則》第四條,《江蘇各級檢察廳辦事規則》第三條,清末鉛印本,南京圖書館館藏。

之議員。三、為報館主筆及律師。四、兼任非本法所許之公職。五、經營商業及官吏不應為之業務」。〔註18〕此規則制定主要是為避免司法人員受政界、商界、輿論界侵擾而影響到司法獨立性與公正性。應該說，包括《章程》、《規則》的制訂為清末江蘇省司法體系創立奠定了重要基礎，也為之後民初江蘇省司法制度的繼續發展提供了司法借鑒。

在章程頒布之後，江蘇省司法系統的籌設進入了實質性階段。不過，由於當時清政府嚴令各省迅速成立審檢廳，且「法部以官考試，業已揭曉，不日分發各省」。在這種情況下，蘇省不得不加快設立審檢廳步伐，要求地方於1909年10月前迅速成立。但受經費所限，且時間緊迫，因此各地審檢廳多「先就牙釐局房屋修葺改建，作為地方審判廳，另擇相當房屋修改，作為高等審判廳，至初級審判廳已飭三首縣趕緊勘定房屋，辦理俾得依限成立」。〔註19〕此後，江蘇省於1910年11月，將「蘇州桃花塢牙釐局改建」，成立高等審檢廳，並先後「設立地方審檢廳者十」。其中「丹徒地方審檢廳成立最早，於是年六月就鎮江西門外設立」。11月，於「桃花塢高等廳內設吳縣地方審檢廳，江寧城內新廊舊釐局設江寧地方審檢廳」。同月，於「上海縣署設上海地方審檢廳」，其「常熟、崑山、金山、宜興、江陰、吳縣亦均有地方審檢廳之設，江寧並設立第一第二初級審檢廳」。〔註20〕隨著各地各級審檢廳依次設立，江蘇省司法審判系統初具規模。

根據清政府法令規定，初級審判廳是為第一審，單獨審判，衙門以一人開庭，「凡刑事民事之輕微而瑣細者，以此廳為初審，得審理而斷結之」。當時由於司法人才匱乏，在初級審檢廳成立之時，江蘇省多將「寧蘇省城及附郭地方各警察巡官遴選法學較明者，兼充初級審判廳推事，審理民事刑事之輕微細故事件」，以暫緩司法人才匱乏之虞。在初級審判廳內「添設檢察官，即附在該廳之內，與之對立，隨時調查一切，糾正其謬誤，以為審判之助」。同時在省城南京、蘇州兩地「各設地方審判廳，審理民事刑事之稍重初審案件，並不服初級審判廳之事，均可赴訴」。並遵照部章，「設推事長一人調度民刑審判等官，審定民刑兩科擬結讞牘，並監察初級審判廳」。內設「刑科推

〔註18〕見《江蘇各級審判廳試辦規則》第七條，《江蘇各級檢察廳辦事規則》第六條，清末鉛印本，南京圖書館館藏。

〔註19〕《蘇省籌建審判廳情形（蘇州）》，《申報》1910年10月28日。

〔註20〕江蘇省長公署統計處編，《江蘇省政治年鑒》，江蘇無錫成印刷公司，1924年，第270頁。

事四人，民科推事四人，分庭輪班審理刑事民事案件」，「典簿二人，掌理文牘會計一切庶務，主簿二人掌錄供敘案督同錄事繕寫文牘，所官一人掌管理看守所事務，錄事八人掌繕寫文牘」。規定「凡推事以下等官人數臨時酌量，事務繁簡增損再定，均暫時差委職官為之」，而承發吏〔註21〕、庭丁、警兵等人員，「均招募妥人取具的保，著充每人按月優給薪水，不沿衙署吏胥舊習，不准永久把持，亦附立檢查廳，設檢察長一人，檢察官二人，錄事四人，以補助之所有初級審判廳及地方審判廳案件」。〔註22〕高等審檢廳內部機構設置及人員配置，與地方審檢廳類似，並無本質差異。

從江蘇省設立各級審檢廳的實際情形來看，在司法體系創設之初，高等和地方審檢廳設立數量有限，並面臨司法人才短缺的困境，如左孝同所言「即人才甫經研練，亦未易敷用，若以審判廳領於府縣，以府縣為廳長派員，即在府縣衙門分任其事，是尤發審委員之故套，權限既不能清，體制亦難符合勢，必事多掣肘，而舊日之書吏胥役，仍必竄穴其中，將來其弊，必更甚於前」。〔註23〕而司法人才缺乏，迫使各級審檢廳又不得不倚重原有縣衙人員予以兼任，使得司法權並未真正擺脫傳統行政權的干涉與糾纏。但由於江蘇司法體系開始形成，司法審判與司法行政在職能和權限上的邊界逐漸清晰。江蘇省提法使司和高等審檢廳分掌司法行政和司法審判。提法使司掌管蘇省司法行政並監督各級審檢廳，但並不參與實際案件的審判。而各級審檢廳則專管負責案件審理而不涉及司法官委任及行政事務。江蘇省司法體系開始朝著專門化，獨立化的方向發展，呈現出進步的態勢。

不過，在江蘇省司法體系的創設過程中，來自傳統訴訟的慣俗又阻礙著司法制度現代化。在中國傳統社會中，民刑案件多由縣衙處理，而民眾也多習慣於借助傳統衙門斷案的方式來解決糾紛。對此，江督張人駿在上朝廷摺中指陳道，「中國郡縣之制行已一二千年，鄉民心目中只知州縣衙門為其本管

〔註21〕承發吏是通過法部任用考試，承發吏章程所規定的考試合格者，可以由法部及提法司任命，也可以授權地方審判廳廳丞委任，但須繳納相當之保證金。承發吏受審判廳之命令，送達文書、執行判決、沒收對象、於當事人有所申請之時，實行通知、催傳等事情。承發吏沒有固定的俸祿，這一點不同於其他的司法官吏，但其收入來源分兩部分：一是按照職務章程所定，分別酌給津貼；一是當事人所納之酬金。李啟成，《晚清各級審判廳研究》，北京大學出版社，2004年，第85～86頁。

〔註22〕《枲詳復設各級審判廳情形》，《申報》1909年5月5日。

〔註23〕《枲詳復設各級審判廳情形》，《申報》1909年5月5日。

官衙，應行服從。若於州縣之外別設法庭，鄉民少見多怪，必致別生疑慮，如建洋式房屋，尤將疑慮為洋教，更易生事，近來各處新設審判廳，每滋紛擾，是其明證。鄉曲愚氓，難以理喻，惟有順其習慣，使之不覺，自然默化於無形」。〔註24〕而伴隨著清末憲政改革的深入進行，現代化司法制度雖已有取代傳統訴訟制度的趨勢，但卻並未贏得民眾的信任。究其根本，多是因相關司法人員仍未改變傳統審判觀念，在處理案件時又習慣以罰款敷衍了事，導致民眾對其產生強烈的牴觸感。比如「寧垣自地方及初級審判廳各推事等，對於民事案件，其宗旨多注重罰金，緣開辦之初，須款補助，兼可獎給在事人等。集少成多，甚為歡顏。惟不滿於輿論，頃聞奉法部飭將所有罰金一項，以一半另儲，集有成數解部。仍於一半之中，酌提本廳公用，其餘始准分給獎賞，毋得濫用，均不免大失所望云」。〔註25〕因此，「江寧審判廳自開辦以來，於新律上應行罰款事件，每為輿論所訾議」。江督張人駿有鑑於此，又飭「元、寧兩縣，仍舊收詞，以輔審判廳之不足，新舊並行」。〔註26〕

從張人駿的飭令中不難看出其本意仍是希望以審檢廳為主導，以縣衙審判為輔助，來改變民眾的訴訟習慣。然而，從各級審檢廳的運作情況來看卻並不樂觀，如「上元江寧兩縣，前因審判廳成立，耽於安閒，各項詞訟，一概諉卸，近來大有花落訟庭景象，茲聞該兩縣現又復收理詞訟。因奉首府諭飭，蓋以審判開庭日淺，人民程度不及，未易遽收實效。若事事援照現行新律，恐人民日即於非道無法之途，肆行無忌，藐抗王章，不惟無益，而有損也。故仍令地方官幫同裁判，惟不得私用刑訊，違背憲典。應即將一切刑杖撤去云云。寧垣各地方官衙門，因審判廳成立，遇事均諉不承問，蓋劃清權限起見」。而在實際案件處理過程中，兩者的地位卻又產生了微妙的變化。據《法政雜誌》載，「上元縣境土橋鎮出一刑事案，由初級審判廳派令承發吏偕同司法警察，前往提人，竟不響應，莫可如何，不得已移請上元縣簽派差役兩三人，不多時將人證提到。歸縣訊問，審判廳處於退聽地位。聞者莫不歎其勢力之不行也」。〔註27〕從中不難看出，在遇到案件糾紛，尤其是民事案件

〔註24〕《兩江總督張人駿奏釐定外省官制宜以舊制為本量加損益摺》，見故宮博物院明清檔案部編，《清末籌備立憲檔案史料》上冊，中華書局，1979年，第594頁。

〔註25〕《江寧司法之不獨立》，《法政雜誌》1911年第2期。

〔註26〕《江寧上元兩縣仍收詞訟》，《法政雜誌》1911年第3期。

〔註27〕《江寧司法之不獨立》，《法政雜誌》1911年第2期。

中，對民眾有影響力的仍是傳統縣衙，而並非是審檢廳。因此，即便制訂了新的司法制度，設立新的司法機構，但改變民眾的訴訟習慣在現實中仍面臨著巨大挑戰。

之所以會出現上述情況，主要原因在於，一方面傳統訴訟習慣在民眾觀念中根深蒂固，對縣衙審判依賴性較大；另一方面則是縣衙在審判民事案件中確能體現出一定的公正合理性，符合民眾的訴訟習慣。比如，清末江蘇句容縣令許文濬在審理一樁離婚案曾這樣判決。由於當事人劉志怡和妻子劉王氏結婚十餘年未曾生育，因此劉志怡要求休妻另娶，聲稱「無後則不孝罪大」，要求岳父王新禮同意此事。並將此事告之縣衙。但據王氏族長劉尚仁稱「劉王氏勤儉作家，親族皆知」，且「聞說王氏不願再嫁」。要求縣令為之作主。對於雙方的陳請，縣令許文濬認為劉志怡單憑妻不能生育一事作為離婚藉口，為之過甚，指出「無後不孝之說，蓋為不娶者言娶焉。而不父則天也，天則無可如何之事，豈能加以不孝之名。女子身為人婦，豈有甘心於無子者。婦焉而不母亦天也，而乃列在七出之條，此雖載之禮經，詳之律注，而揆諸情理，總覺未安。況乎氣血有強弱之不同，興替有參差之相限。固有男子初娶無子，別婚則又生女子。初嫁不生，別醮則生子。是其所以無子之故，固不專由於女子也」。而「劉志怡以王氏十年不育，輒欲棄舊謀新，以圖似續。徵之憲典不為無辭，而對於王氏則澆薄已甚矣」。對於王氏顯然是持同情態度。隨後在調查劉志怡戶冊後，又發現「該戶光緒二十四年田只二十四畝，地只有四畝七分，而自是年至宣統元年，陸續加田至三十九畝，地至九畝七分」。認為若非劉王氏助理得力，安得有此境地。而「劉志怡全無香火情，竟援無子之律請求離異，夫也不良，劉王氏可為不幸」。對於此案，縣令許文濬對於劉志怡的訴告本可置之不理，責令照常復合。但又考慮到兩人「情既乖離，勢難強合」。因此，進行如下判決「劉志怡將住屋後進三間兩廂分與劉王氏居住，撥出田十六畝、地四畝，又耕牛蓄農器什物勻分一半，統給劉王氏自行管理。田地不得以瘠壞充數，即著劉尚仁、王心禮協同分派，予限十天處理呈報，以憑核奪。劉志怡宗祀為重，買婢納妾，劉王氏不得干預。劉王氏如欲乞養女孩，以娛晚景，劉志怡不得阻撓。既據允服，均著具結存查」。〔註28〕通過判詞，縣令許文濬考慮到實際情況，對處於弱勢一方的王氏作出了較為有利的判詞，這一方面保證了王氏的正常生活來源，另一

〔註28〕許文濬著，《塔景亭案牘》卷五，北京大學出版社，2007 年，第 98～99 頁。

方面，也安撫了王氏一族的情緒，在一定程度上順應了輿情，具有合理性。而通過此判例，不難看出縣衙在處理傳統訴訟案件中的主導地位和作用。雖有其自身缺陷，但卻迎合了民眾的訴訟觀念和心理訴求。這也可解釋為何清末江蘇省在創設新司法體系的同時，並未將縣衙審判功能予以取消，而是允許其繼續發揮審判功效的重要原因。這也正如費孝通所言，民眾「原有對訴訟的觀念還是很堅固的存留在廣大的民間，也因之使現代的司法不能徹底推行」，而「現行的司法制度在鄉間發生了很特殊的副作用，它破壞了原有的禮治秩序，但並不能有效地建立起法治秩序」。〔註29〕這種傳統的訴訟觀念對蘇省司法體系的創建和改革又產生了較大的影響。

從 1910 年到 1911 年清政府統治結束，江蘇省各級審檢廳初步成立，司法體系也逐步建立起來。司法獨立成為司法改革最為重要的目標，儘管在此過程中面臨諸多困難，比如司法人才匱乏，傳統行政體系牽掣，民眾保守觀念束縛等影響。但總體而言，江蘇省司法體系仍是保持向前推進的態勢。各級檢察廳雖然附設於各級審判廳之中，但功能並未被審判廳所取代，仍是保持了獨立性的一面。辛亥革命之後，清朝統治宣告結束，但江蘇省司法變革進程並未中斷，民初之後，江蘇省一度延續了清末司法改革的步伐，審判廳和檢察廳分別設立，檢察廳不再附設於審判廳之中，審檢廳設立數量不斷增多，司法體系日趨完善。然而，由於種種原因，江蘇省並未延續清末以來司法獨立的趨勢，反而使司法又逐漸回歸到行政的藩籬之中。而此時期，江蘇省司法體系又呈現出有別於清末時期的複雜面相。

第二節　民初江蘇省司法體系的發展與異化

一、辛亥革命後江蘇省司法制度的革新

辛亥革命之後，江蘇省司法體系一方面延續了清末司法改革的趨勢，另一方面又呈現出新的發展特點，更加強調司法獨立在司法體系中的地位和作用。並逐漸釐清了司法審判與傳統縣衙訴訟之間的界限，推動了江蘇司法體系的現代化發展。1912 年 1 月，江蘇省都督府發布通令，稱「蘇省局勢業已大定，所有司法上設備急應逐漸擴張，俾人民權利受完全確實保護，查每一

〔註29〕費孝通著，《鄉土中國生育制度》，北京大學出版社，1998 年，第 57～58 頁。

州縣按照正當辦法，應設有地方審判廳檢察廳各一所，設置推事檢察各若干員，但經費浩繁，一時籌集為難，只得暫從簡單辦理，惟訴追機關與裁判機關，必使分析為二，各立對等地位，此為訴訟一成不易之原則，規模不妨從簡，而法理萬不可違。現查照蘇省頒定暫行官制，每一州縣暫設審判長一人，檢察長一人，以地方廳職權參用單獨制組織分職治事，一俟財力稍充，布置稍備，再當按照規制，添設原額，以符完全司法制度」。〔註30〕

由於民國初建，受財力、人力所限，江蘇省各縣初級審檢廳並未遽行成立，仍多由縣公署代審民刑案件。如揚州在光復之後，「司法未能獨立，凡民間訴訟事均赴民政署呈控」。〔註31〕不得已，揚州民政長呈請省都督，希望能遴選司法人員暫時成立臨時裁判所以處理民刑案件，待審檢廳正式成立之後再予以裁撤；邳縣中華共和促進會會長王儒年等向都督呈文，內稱「竊維共和精神端在三權分立，國家行政體然，地方亦然，邳縣自光復後立法在臨時議會，行政在民政長，獨司法一項付諸闕如，遂使民政長兼司法行政於一身，不惟兩權並攬，易致武斷，抑亦百事待理，勢所難周」，希望都督府能「從速派員組織審檢兩廳，以符共和之制」；高淳縣民政長在呈都督文中稱「民政長前請頒發狀紙，案內因奉指令以民政長非受訴衙門，應俟審檢兩廳組織成立，再行領用等因」，希望待初級審檢廳成立之後再接受委任狀。之所以強調此點，在很大程度上是緣於省臨時議會在議決江蘇省暫行地方制時特別規定「各縣所有民刑訴訟事件別由審判廳檢察廳處理之等語」，並強調「民政長決不能管理民刑訴訟，自屬司法獨立之制，民政長得盡心於行政事宜」。此條規定，讓高淳民政長頗為為難，「若卻而不受，是使民無告訴之門，受理之則又有違定制」。由於此時高淳尚未組織審檢兩廳，「所有民間詞訟均來起訴於民政長衙門」，為此才不得不懇請都督「迅賜派員下縣組織審檢兩廳，管理民刑訴訟」，以廓清行政與司法的權限，保證司法獨立。〔註32〕

從民國成立初期來看，隨著政體變革，共和觀念逐漸深入人心，江蘇省各縣要求盡快設立初級審檢廳的訴求日益迫切，希望能盡快實現司法獨立，彰顯革政新氣象。隨後都督府「擬就江蘇全省共設高等一廳，高等分廳一廳，地方廳十二，於各縣適中之地舊係郡治或屬商埠者設之，初級廳六十七，吳

〔註30〕《為組織司法機關事》，《江蘇省司法彙報》1912 年 1 期。
〔註31〕《本省指令‧第二百四十八號》，《江蘇省司法彙報》1912 年 4 期。
〔註32〕《本省指令‧第四百零六號》，《江蘇省司法彙報》1912 年 7 期。

縣六廳，上海江寧各二廳，餘每縣一廳，於地方廳概置民刑二廳，並設巡迴推事四員，以便周巡審理各縣初級廳之上訴案件」。〔註33〕隨後，省臨時議會又議決江蘇省「高等審判廳檢察廳應各設總廳一，分廳二，管理所屬各縣之上訴事件」。〔註34〕總廳設於蘇州，而分廳一設於江寧縣，分廳二設於清河縣。具體設置為，第一高等分廳管轄者除已設立江寧、丹徒兩處外，增設「江浦、六合、句容、溧水、高淳、丹陽、金壇、溧陽、江都、儀徵、高郵、興化、寶應、泰縣、東臺、南通、如皋、泰興、海門」十九縣；第二高等分廳管轄者，增設「淮安、阜寧、鹽城、淮陰、泗陽、漣水、銅山、蕭縣、邳縣、豐縣、睢寧、沭陽」十二縣。〔註35〕至1912年底，江蘇省已成立者計「高等總廳一、江寧、江北高等分廳各一，地方廳每縣一廳，全省六十縣，已設者五十三廳，餘七廳即日成立，又以歸併吳縣之舊洞庭縣地方分廳二，初級廳獨立設置者十二，餘均附地方廳」。〔註36〕

表2-2-1：江蘇各縣審檢廳成立時間表

縣名	委任日期	成立日期	附記
吳縣		舊已成立	定名蘇州地方審檢廳，當以成立在前，本省縣名尚未確定，故仍舊名
吳江縣	（舊曆）辛亥九月三十日		
常熟縣	九月二十七日	三月初一日	
崑山縣	九月二十四日	十月十二日	
華亭縣	二月二十九日	三月十六日	
奉賢縣	四月十一日		
金山縣	十月初三日	十月十九日	
上海縣	十月初六日	正月初九日	
南匯縣	十月十九日	十一月初十日	
川沙縣	十月十三日	十月十七日	

〔註33〕《諮會第六號》，《江蘇省司法彙報》1912年1期。
〔註34〕《清河設置高等審檢分廳委任季龍圖金元潤由》，《江蘇省司法彙報》1912年3期。
〔註35〕江蘇省長公署統計處編纂，《江蘇省政治年鑑》，1924年，第270頁。
〔註36〕《覆司法部電》，《江蘇省司法彙報》1912年8期。

青浦縣	正月初二日	正月十六日	
武進縣	九月二十五日	九月二十九日	組織時，縣名尚未確定，故公文仍稱常州地方審檢廳
無錫縣	九月二十四日	三月初十日	
宜興縣	十月初五日	九月二十八日	
江陰縣	十月二十二日	十月□日	
靖江縣	十月二十日	正月初三日	
丹徒縣		舊已成立	該廳成立在前故仍名鎮江地方審檢廳
丹陽縣	十一月初八日	二月初三日	
金壇縣	十一月初九日	二月初三日	
溧陽縣	正月十□日	二月初一日	
太平縣			已派員前赴調查
太倉縣	十月初四日	正月十六日	
嘉定縣	十一月十五日	二月初五日	
寶山縣	十月二十四日	二月初七日	
崇明縣	十月十一日	正月十三日	
江寧縣			該廳尚須完全組織故未列入
江浦縣	正月二十日	二月二十七日	
六合縣	二月二十八日		
句容縣			已派員前赴調查
溧水縣	正月初六日	二月初八日	
高淳縣			
山陽縣	正月初三日	二月二十一日	
阜寧縣			
鹽城縣	四月初十日		
清河縣			
桃源縣			
安東縣			
銅山縣	三月二十一日		
蕭縣	四月九日		

沛縣			
邳縣			
豐縣			
碭山縣			
宿遷縣			已派員前赴調查
睢寧縣			
東海縣			
贛榆縣			
沭陽縣			
江都縣	四月十四日		
儀徵縣	二月二十九日	三月初九日	
高郵縣			已派員前赴調查
興化縣	正月二十五日	三月二十四日	
寶應縣	三月十四日	四月一日	
泰縣	正月初六日		
東臺縣	正月初八日	二月初一日	
海門縣	十月初四日	正月二十一日	
南通縣	正月初六日		
如皋縣	十月初三日		
泰興縣	正月初四日	正月二十九日	

資料來源：《江蘇各縣審檢廳成立時期表》，《江蘇省司法彙報》1912 年 1 期。

　　相較於清末，辛亥革命後江蘇在審檢廳設置上最明顯的變化就是於高等審檢廳之外分設高等審檢分廳。清末時期，蘇省僅在蘇州設立高等審檢廳一所，對於遠離蘇州，有訴訟需求的民眾而言，不僅有往返奔波之苦，且無法滿足民眾的訴訟需求。辛亥革命後，高等審檢分廳的設置，不僅擴大了司法管轄區域，而且也方便了民眾訴訟，正如都督府訓令所指，「在前清舊制，各縣司法強半以縣令兼權，故高等廳雖僅設一所，而尚有解府覆勘之制，足以稍劑其平，今則司法機關次第遍設，上訴事件別無歧出之途，大江以北距離遼遠，訴訟繁興，號為難治，若必一律令其赴蘇投質，勢必舟車往返，所費不貲。在財力艱窘者或致以控訴為難，隱忍中阻，即使勉力籌措，而遇一訟案，動耗巨貲，甚非所以，劃分審級與民謀便利之初心，況現在各縣司法均

僅設有地方一級，輕微事件亦非上訴於高等廳不能伸理，人情習於所安熟權利害，誰肯乾餱細故而遠道奔波，以求平反，是名為別有救濟之方，而實則不啻絕人上訴之路，尤為非策以言，議案既如彼揆諸事實，又如此雖處，茲財用困難之會，不得不竭力籌劃，勉底於成冀慰人民之望」。〔註37〕

辛亥革命之後，江蘇省臨時議會曾提交議案，討論廢除初級審判廳一級，將清末所定四級三審制改為三級三審制。之所以有此提案，主要原因是經費匱乏難以維持和增設審檢廳。對於省臨時議會的提案，時任江蘇省都督程德全有不同看法，認為廢除初級審判廳有三弊端，第一，「廢初級廳之一階，是第三審必赴北京大理院上訴，民間冤抑必致含忍不白，無所控告，且限令各縣地方廳受理第一審，是第二審即須赴高等廳，全省共只三高等廳，管轄遼闊，道里遙遠，各縣民刑事件重大者固屬不少，而輕微者實亦甚多，亦須於高等廳所在地訴之，舟車跋涉，遠道奔波已屬困難，貴會以管轄事件，界限不易分析為慮，議於一省之中，只設高等地方二級，名曰三級三審制，實則兩級兩審」。第二，如若「將原設各初級廳一律裁撤，意以審級變更，初級勢難復存，且各縣或設或否，似屬不均為慮，但審級一層，本宜酌量地方習慣，並應與全國一律，若驟議變更，必至戾於事實……且法院編制法及民刑訴訟律均沿四級三審之舊制，標準一淆，必致從違莫決，推其流弊，勢不至適用，乖方執行錯謬不止」。第三，認為「高等審檢兩廳既有總分廳之區別，且分廳組織亦視總廳簡單，是分廳對於總廳顯有被管轄之關係，權限既異，即應各正名稱」。而根據清末法院編制法所定，「於總廳稱為廳丞檢察長，於分廳則稱監督推事及監督檢察長」，「今條文於總分廳概為廳丞檢察長，不加區別，於名稱既嫌其混同，即權限亦無可標準」。此外，程德全強調臨時議會所提原案內，設「地方審判廳錄事八員，書記八員，庭丁八名，所丁八名，地方檢察廳錄事二員，書記十元，並以本廳各項人員有供給使令之必要，各設茶號房雜役等名目，以任勞役至錄事書記及庭丁所丁均為審檢廳重要員役，尤不待言」，而「今組織法於員名額數不免刪減過當或並裁去，恐於廳務執行有不敷辦事之慮，事關司法獨立，磋磨不厭求詳，庶於實際上之進行期有裨益」，〔註38〕希望省臨時議會能予以重新覆議審級制度。然而，對於都督程德全的

〔註37〕《清河設置高等審檢分廳委任季龍圖金元潤由》，《江蘇省司法彙報》1912 年 3 期。

〔註38〕《都督諮省議會覆議初級未便廢止文》，《江蘇省司法彙報》1912 年 4 期。

陳請，臨時議會還是議決廢除初級審檢廳一案，並將初級審檢廳經費預算一併削減。

對於省臨時議會的這一做法，都督程德全認為不妥，並隨即函電中央司法部，稱「各省審級制度是否全國一致，蘇省原有四級三審，根據法院編制法，光復後，各縣因地方便宜，亦多設置初級，上海一埠尤不可少，頃臨時省議會議決裁廢初級事關變更，置急待解決是否與大部規劃相符，祈迅賜核覆」〔註39〕希望司法部能就此問題作出裁決。隨後，江蘇省提法司長鄭言也函電司法部次長，稱「蘇省議會議廢初級問題呈由程都督，於五號電請核覆，刻各縣因辦事不便，電爭免裁，司中因未奉覆電，礙難解決」希望中央能盡快給出明確答覆，以便執行。〔註40〕對於都督與提法司的陳請，司法部隨即回覆稱「查司法機關應根據法院編制法劃分區域，按級設立，現值民國新造，法院編制法尚未頒布，所有全國司法機關如大理院高等地方初級各審判廳自應照前清法院編制法四級三審制度，已設者無庸廢止，未設者俟將來法院編制法頒布後逐漸增設……貴都督議會對於司法機關應請照舊辦理，俟將來民國法院編制法頒布施行後一體遵從，庶足以示統一而清權限，煩貴都督議會即行查照可也」。〔註41〕至此，對於審級問題的爭論以司法部覆電暫告結束。仍沿用清末法院編制法所定的四級三審制，而在此之前省臨時議會削減的初級審檢廳預算費用也予以追加。

在審檢廳設置和審級制度確立之後，江蘇省各縣紛紛籌備成立審檢廳。內部機構和職員的設置同清末時並無太大變化。只是檢察廳從附設於審判廳的狀態中分立出來，真正成為與審判廳相對等的司法機構。川沙縣於1912年10月同時成立審判廳和檢察廳，「以舊撫民廳署東半為審判廳辦公處，西半為檢察廳辦公處，二堂為法庭，二堂東首三間為預審處，惟以房屋不多，案件亦少，未分設民庭刑庭也」。審判廳的設置，是「廳長之下，有推事一員，預備推事一員，主簿一員，錄事二人，書記六人，承發使六名，庭丁四名，廳役五名」；而檢察廳的設置則是「檢察長之下，有檢查官一員，預備檢察官一員，主簿一員，看守所所官一員，錄事二人，書記六人，檢驗吏一名，司

〔註39〕《都督致北京司法部核定審級電》，《江蘇省司法彙報》1912年4期。
〔註40〕《提法司上北京司法部請核覆初級存廢問題電》，《江蘇省司法彙報》1912年4期。
〔註41〕《關於初級存廢問題往來公文匯錄》，《江蘇省司法彙報》1912年4期。

法警察六名。庭丁四名，所丁六名，廳役五名」。〔註42〕而泗陽縣與川沙類同，地方審判廳「置廳長一員總理廳事，以下分設推事，預備推事，主簿各一員，書記六員，錄事二名，承發吏六名，廳丁四名，廳役五名，全年額支經費九千九百六十元」。地方檢察廳則「置檢察長一員，總理廳事以下，分設檢察官、預備檢察官、主簿所官各一員，書記二員，錄事檢驗吏各二名，司法警察十二名，庭丁所丁各四名，女看守一名，廳役五名，全年額支進給洋萬一千九百二十八元」。〔註43〕同樣，阜寧縣地方審判廳廳長以下「分設推事、書記、錄事及承發吏，庭丁役等」，地方檢察廳以下「分設檢察官、書記、錄事及檢驗吏、司法、警察、庭丁、所丁、女看役等」。〔註44〕

對於司法官的任命，江蘇省有較為嚴格的規定，一般是由省都督和提法司呈請司法部予以委任。而不允許地方擅自任命或由上級審檢廳司法官任命下級審檢廳司法官。這樣做的目的主要是為防止任人唯親，濫用職權，影響到司法審判的獨立性與公正性。然而，在實際的貫徹執行中，又出現與制度相背離的情形。比如當時南京地方審判廳民事二廳廳長卞福孫辭職，時任南京地方審判廳廳長楊年隨即委任原第二初級廳推事夏仁沂調補，而夏所遺職位由第二初級廳推事一缺由代理推事尹道隆補充。隨後楊年將此二人履歷直接報司法部鑒核，而並未呈報省都督府和提法司。此一做法，使繼任都督莊蘊寬極為不滿，並在諮覆司法部文中稱「法官任用章程未經貴部頒布以前，自應暫由主管官廳酌量遴選，再由本都督核明辦理，該廳廳長斷無自行任用屬官之權」，而「該廳長竟敢擅自行調補，實屬荒謬已極，除飭該廳長楊年速將第二初級廳推事夏仁沂代理推事尹道龍調回原任外，所遺民二庭庭長一缺相應諮由貴部都督迅飭該管官廳委派合格人員赴任可也」。隨後，司法部回覆都督莊蘊寬中稱「地方以下審判廳遇有缺出，在京由本部，在外由提法司申請本部委任」，而「江寧地方審判廳楊年擅任法官侵越職權，當經本部批駁，並諮由貴都督飭該管廳派員接任在案，乃該廳長竟未將擅任各員取消，且復具呈狡辯，語近詆毀，殊有背下級官吏之義務，不有懲戒曷禁效尤，江寧地方審判廳廳長楊年應即令其免職」。〔註45〕而楊年被免職查辦的結果說明，在

〔註42〕方鴻鎧、黃炎培，《川沙縣志》卷二十，1937年鉛印本，第33頁。
〔註43〕李佩恩、張相文、王聿望，《泗陽縣志》卷十四，1926年鉛印本，第16頁。
〔註44〕焦忠祖、龐友蘭，《阜寧縣新志》卷六，1934年鉛印本，第1頁。
〔註45〕《關於江寧地方廳往來公文匯錄》，《江蘇省司法彙報》1912年2期。

司法權與行政權的劃分上，江蘇省遵守較為嚴格，決不允許司法官染指行政權，並損害司法權獨立的情況出現。

與南京地方審判廳長楊年擅自任命推事一案相比。銅山縣檢察長因洩私憤而濫用司法權則更為嚴重。事發起因緣於銅山縣人高永懋創辦醒徐日報，並在此報撰文屢次譏彈民政長韓志正不倡辦國民捐，檢察長徐樹基不改良監獄等情。由於韓、徐二人為翁婿關係，因此與高永懋意見不合，屢次引起衝突。事發當天，徐樹基一人到報社與高永懋爭論不休，並引發身體衝突。雖被社員勸解，但徐樹基遂奔赴當地巡警局要求逮捕高永懋，而該局因事出管轄範圍為由予以拒絕。徐後又回廳派司法警察十數人趕至報社，謊稱民政長有請，將高誘至民政署將其拘留於刑事待質所。事發第二天，青年學社學生聽聞高永懋被逮，要求進所探望，被警察阻攔，遂起衝突。結果，徐樹基怒將探視學生八人全部拘於監獄。當時恰逢該縣開國民捐大會，學界將此事向公眾宣布，引起各界憤怒，並公舉解維周、潘鎮一等赴檢察廳質問徐樹基，但徐避而不見，後經楊勉齊從中調解，才將被捕學生釋放。當晚，該縣教育會會長楊世楨到庭質問徐樹基，高永懋究竟犯何罪竟要拘留。徐以「污損名譽，毆辱官長之罪」將其禁錮於監獄之中。後經銅山縣各界將此事電達都督後，才將楊世楨、高永懋予以釋放。〔註46〕

此事發生後，徐為達到混淆視聽，推卸責任的目的，又聯合該縣審判廳長丁趙年呈文省都督，指斥高永懋「私製油印小張侮辱政法商學警各界擾亂，是非顛倒黑白」。並在本人親往調查過程中被高氏「手執印板，肆意毆打辱罵多端」，後雖派司法巡警前往質問，但仍「任意咆哮辱罵不休」，無奈之下，才暫將高永懋暫收待質所。到第二天，便「有年少黨數十人，託言學生，蜂擁而至衝打待質所，見人即打」，在不得已情形下，「略將為首數人拘置所內」。在呈文中，徐樹基指控高永懋應定為三罪。其一，「以油印小張煽惑人心，應得妨害秩序」。其二，「檢察長有調查之責，好言相勸反被毆打辱罵，揆之刑律一百五十五條，於官員執行職務時公然侮辱，應處四等有期徒刑」。其三，「復致信潛招多數少年衝打監獄，形同聚眾，為強暴脅迫」。〔註47〕

〔註46〕《銅山檢察廳逮捕醒徐日報社員高永懋案匯錄》（七），《江蘇省司法彙報》
　　　　1912 年 5 期。
〔註47〕《銅山檢察廳逮捕醒徐日報社員高永懋案匯錄》（二），《江蘇省司法彙報》
　　　　1912 年 5 期。

　　對於徐樹基的呈文，都督府認為徐樹基所言有諸多讓人質疑之處，認為高永懋一案，「於事實上頗多不合，而於法律上尤屬誤會」。對徐樹基所指控三條罪狀，則予以逐條批駁質問。首先，對於徐所稱高永懋私製油印小張，侮辱政法商學警各界，擾亂是非，顛倒黑白，該檢察長親往調查，立加勸勉等語進行質問，稱「所調查者何時所勉強者何辭，且其侮辱各界，亦有何所依據，詞意含糊，殊不可解」。所謂「政法商學警各界不過概括之指定個人歟，不得而知，宗旨既未指出特種機關，即不適用該項公署之規定」。對於徐樹基所稱調查，則指出「調查為偵查處分中之一種手續，未據告訴貿往調查，與訴訟程序法定手續亦均不合」。其次，稱高永懋以油印小張煽惑人心，應得妨害秩序罪的說法不予認可。強調「此罪之成立須有煽惑他人犯罪之意思表示，油印小張為一種之印刷品，其中辭意若何，既未能一一指出煽人犯罪之確據，即不能過邊指為犯罪之文書」。第三，對於徐樹基所稱妨害公務罪。認為「妨害公務罪必以執行職務時為限，而執行職務自必以權限以內之行為為斷」，而「高永懋既無被害人告訴，則該檢察長何所用其相勸，既以全無干己之事而挺身出面，是該檢察長以個人之資格出而多事，不得謂以官吏之資格代表國家」。第四，稱高永懋潛招多數少年衝打監獄形同聚眾為強暴脅迫之指控，則反駁其牽強附會之說「曰潛招則形跡涉於曖昧，曰形同則罪狀出於比附，現在刑律改良，禁止擅斷，律無正條，豈能援引」。〔註48〕並隨即訓令豐縣檢察長魏大成「前往該處詳加探訪，嚴密調查，以期水落石出，務得真相」。〔註49〕

　　其後，都督府根據魏大成據實詳查結果，認為「該檢察長以污損名譽毆辱官長為詞，是該檢察長已立於被害人地位，只有按律告訴之責，並無施行偵查之權，即照刑訴律第四十條，該檢察長亦應迴避之列，律文具在斷無藉口，諉為不知之理，仍竟不俟告訴不發令狀，以官廳威力泄個人私憤，甚且牽連案外，羈押多人，實屬濫用職權，違反法律，此等野蠻專制之惡習不圖於今日，號為保障人權，改良審判之司法官廳重複演此，故應殊堪痛恨」。最終將「該檢察長徐樹基應即立予免職，以示懲戒」。〔註50〕

〔註48〕《銅山檢察廳逮捕醒徐日報社員高永懋案匯錄》（二），《江蘇省司法彙報》
　　　　1912年5期。
〔註49〕《銅山檢察廳逮捕醒徐日報社員高永懋案匯錄》（六），《江蘇省司法彙報》
　　　　1912年5期。
〔註50〕《銅山檢察廳逮捕醒徐日報社員高永懋案匯錄》（七），《江蘇省司法彙報》
　　　　1912年5期。

應該說，在辛亥革命之後，江蘇省司法體系呈現出新的特點，一方面，江蘇省審檢廳的設置無論在數量上還是在管轄範圍上都較清末有了較大發展，推動了江蘇司法體系現代化的進程。另一方面，司法獨立已成為司法體系建設的重要原則。因此，江蘇省無論在制度上的釐訂還是在具體實踐中，都是圍繞這一原則進行。這使得江蘇司法體系呈現出向現代化演進的趨勢。不過，受辛亥革命後動盪局勢影響，江蘇在司法體系建設上又有諸多不完善的地方。比如，在江蘇省革政初期雖然要求各縣遍設審檢廳，但對傳統縣衙審判模式並未廢止，使得這一時期出現現代審判與傳統訴訟並存的局面，這種新舊司法制度混合的方式雖在一定程度上滿足了民眾的訴訟需求，但在無形中卻降低了審檢廳的地位。而且，在暫行地方制中雖然規定縣民政長不准受理民刑訴訟，但在實際情形中這一規定並未得到真正執行。而時任句容縣民政長許文濬對此情形一針見血指道「句邑自審檢設廳，合縣訴辭，知事不復預聞。小民無知，聽斷一有不平，則要求辨正之請，紛至沓來。而知事一方面應辦之要政，轉致呼應不靈。譬諸居家父教不嚴，家必不振。無他，威不立則令不行也。一自知事職兼檢察，情勢遂迥然不同，民情亦大可見矣。知事所以為此言者，非謂刑事訴訟必應歸諸知事，而司法之不可以獨任也……縣官兼檢查之權，則百端之廢弛無不舉；法官司審判之柄，則兩造之曲直無或淆。吏治民情，各有裨益。不特此也，縣官顧父母斯民之名義，則愛護之見存，而偵查之事核。法官以風憲公署之尊嚴，則世故人情之念少，而循名責實之意多。性質不同，觀念亦異。捨兼收之效而務獨立之名，非劑平之政也」〔註51〕而許的這番話，反映出當時司法制度的真實發展情形，正是由於這種現代司法制度與傳統審判制度並存的局面，使得江蘇省司法體系始終處於半新半舊狀態之中，直至袁世凱復辟將所有審檢廳一律裁撤之後，江蘇省司法現代化的趨勢才戛然而止。

二、北洋時期江蘇省司法獨立化的挫折

1913 年，北洋政府下令在未設法院縣份設立「審檢所」。〔註52〕江蘇省

〔註51〕許文濬著，《塔景亭案牘》卷一，北京大學出版社，2007 年，第 19 頁。
〔註52〕審檢所制度是指在沒有設立普通法院的縣份，在縣知事公署內附屬審檢所，由住所幫審員與縣知事共同審理民刑案件的一種制度。按照審檢所的規定，在具體的案件審理過程中，一般由縣知事執行檢察事務，幫審員執行審判事務。韓秀桃，《司法獨立與近代中國》，清華大學出版社，2003 年，第 239 頁。

司法籌備處在未設審、檢廳之縣設立審檢所，規定由「由縣知事兼理檢察事宜，別設幫審員長一員，以行使審檢職責」。〔註53〕江蘇省此舉一方面是為節省經費，另一方面也是意欲將縣知事兼司法審判權分立出來，使專任幫審員與兼任檢察之縣知事處於對等地位，以突顯司法獨立的地位。此後，江蘇省「高等審檢廳遷入前提法司署」，又於「吳縣、丹徒、江浦、太倉、松江、寶山、無錫、崇明、南通、江督、銅山、淮安各地方審檢廳均附設初級審檢廳」。後又將「上海第二第六，第八各初級審檢廳裁併，於第一初級審檢廳第七裁併，於第三改為第二初級審檢廳，第四改為第三初級審檢廳，第五改為第四初級審檢廳」，而「吳縣東山、西山兩地方審檢分廳改為吳縣地方審檢廳，分駐東山西山辦事所」，「丹陽、如皋、青浦、宜興、常熟、崑山、江陰、金山、海門、嘉定、金壇、興化、泰興、鹽城、儀徵、溧陽、東臺、寶應、奉賢、六合、溧水、泰縣、蕭縣、泗陽、高淳、句容、南匯、靖江、高郵、睢寧、川沙、豐縣、邳縣、阜寧、漣水、沭陽等三十六處地方審檢廳均改組審檢所」，並將「嘉定南翔初級審檢廳裁撤」。10 月又把「江寧第一、第二初級審檢廳均裁併於江寧地方廳，吳縣、周莊、黃埭、木瀆各初級審檢廳及吳縣地廳分駐東山西山辦事所，均裁併於吳縣地方廳」。而「上海第三第四初級審檢廳再裁併於第一初級審檢廳」。12 月，「江蘇第二高等審檢分廳遷淮安」。 至此時，蘇省「僅存高等廳一，高等分廳二，地初合廳十一，即江寧上海吳縣丹徒武進太倉淮安松江銅山江都南通等處是，惟上海仍存第一第二兩初級審檢廳，其餘改組審檢所者凡四十九」〔註54〕

然而，對於江蘇省成立審檢所這一新機構而言，雖然初衷良善，但同時卻又飽受非議，「舊制改設，承審員屬於知事監督之下，未設法庭地方之司法事務，遂受行政官吏之支配，承審員之委任雖受審核於高等廳長，究之縣知事多非法政畢業，人員平日於此項人才既無鑒別之能，一旦受任，所舉權限於所知但得合格輒行，請委任以後一切順承知事辦理，雖有優異學識，礙於知事推薦之感情，監督之地位，亦未便獨立行其所見，是以考核各縣民刑訴訟案牘謬誤頗多，幾至窮於救濟各縣司法，不急謀獨立訴訟，人民所蒙損害，實有不可勝言者」，以致「名實既不相副，且幫審員以由縣知事指請委任為原則，知事不請，始得由監督長官委派，此中已隱有偏重之意」，而「監督衙門

〔註53〕方鴻鎧、黃炎培，《川沙縣志》卷二十，1937 年鉛印本，第 33 頁。
〔註54〕江蘇省長公署統計處編纂，《江蘇省政治年鑒》，1924 年，第 270 頁。

又未就審檢兩部關於行政上一切相維相對之點規劃妥善，是以縣知事幫審員間有意氣相持，影響及於訴訟，以致人民嘖有煩言，歸咎於審檢所制之不善」。〔註55〕由於存在上述弊端，審檢所不僅未能獲得民眾信任，更未得到民眾認可。不久，就被縣知事兼理司法制度替代。

1914年2月，中央司法部頒布縣知事兼理司法事務暫行條例，在此條令中，賦予了縣知事在司法審判中的主導地位，並規定幫審員由縣知事呈請高等審判廳長任用，實際上將幫審員視為縣知事的從屬人員，取消了其與縣知事處於對等之地位。這與審檢所時期二者關係而言，無疑是一退步。以下為司法部頒布《縣知事兼理司法事務暫行條例》的主要內容：

第一條：凡未設法院各縣之司法事務，委任縣知事處理之。

第二條：縣知事審理案件。得設承審員助理之。承審員審理案件由承審員與縣知事同負其責任。

第三條：承審員以左列人員充任之。一、在高等審判廳所管區域內之候補或學習司法官。二、在民政長所管區域內之候補縣知事。三、曾充推事或檢察官半年以上者。四、經承審員考試合格者。

第四條：承審員由縣知事於具有前條資格人員內呈請高等審判廳長審定任用之。承審員之設置，最多不得逾三人，如地方事簡可不設省廳之。高等審判廳長委任承審員後，應即報告於司法部民政長。

第五條：承審員不得為法院編制法第百二十一條所列各事。

第六條：縣知事關於司法事務，受高等審判檢察廳長之監督，承審員受縣知事之監督。高等審判廳長認承審員有第五條所定及其他不正當之行為者，得以職權依承審員懲戒條例之規定，分別請付懲戒。

第七條：縣知事因掌理訴訟記錄統計文牘及其他關於司法上之庶務。得置書記員一人至三人。錄事二人至五人。承發吏得置

〔註55〕《附廢止縣知事兼理審判權恢復審檢所設置審判員委任縣知事兼任檢察劃清審檢權限先行各縣審判獨立案》，《司法公報》1917年第71期增刊1，第2頁。

四人至六人。司法警察，以縣知事公署巡警兼充之。檢驗吏得置一人或二人。

第八條：書記員錄事承發吏檢驗吏，受縣知事及承審員之監督。

第九條：縣知事審理訴訟章程另定之。

第十條：縣知事處理司法事務綱則，由高等審判廳長定之，但須呈報司法部並函達民政長備案。

第十一條：承審員考試章程及懲戒條例，以司法部部令定之。

第十二條：本條例未盡事宜，由司法部隨時呈請增改。〔註56〕

1914年3月，熱河都統姜桂題又會同各省都督民政長電呈袁世凱，要求裁撤各省審檢廳，強調「各省既設高等審檢兩廳，更於各屬分建地方初級各廳，並審檢所，侈談美備，不惜資財，藉口法權，專工舞弊，甚且審判案件，任意蔑法，數見不鮮，糜國家無數金錢，反增吾民無限痛苦，長此以往，寧不痛心」，而「內省居民習慣，凡有興訟，亦止知赴有司衙門。今者政體更新，蚩蚩者民，負屈含冤，幾至無從呼籲，若不易轍改弦，流弊伊於胡底」。主張將「地方初級審檢兩廳，及各縣審檢所幫審員，均宜暫行停辦，應有司法實踐，胥歸各縣知事管理，以節經費。至於交通省份及通商口岸，仍設高等審檢兩廳，延攬人才，完全組織，以為收回領事裁判權之預備。然經費之可節省者，亦宜核實節省，不得過事鋪張，其餘偏僻各省及邊遠地方，暫行停辦，以節財力，即以最高級之公署為人民上訴機關，暫設一二司法人員，專司其事，徐俟財力充裕，國民均具有法律知事，再議擴充，更於此時預儲司法人才，留備他時使用」。〔註57〕對於各省都督呈請，早有裁撤各省審檢廳之意的袁世凱遂下令裁撤審檢廳，而江蘇省也按照中央法令將各縣審檢所與幫審員俱行裁撤，1914年4月「裁江蘇第一高等審檢分廳，丹徒、武進、太倉、淮安、松江、銅山、江都、南通各地初合合廳，並各縣審檢所改有各縣知事兼理」〔註58〕重由縣知事兼任司法審判。1917年，北京政府又頒布縣司法公署

〔註56〕商務印書館編譯所，《中華民國法令大全》第二類，官制，商務印書館，1920年，第133～134頁。

〔註57〕許指嚴著，《民國十周紀事本末》，交通圖書館，1922年，第24～25頁。

〔註58〕江蘇省長公署統計處編纂，《江蘇省政治年鑑》，1924年，第271頁。

組織章程，〔註59〕要求各省所屬縣份，凡未設法院應設司法公署，設於縣行政公署之內，由審判官及縣知事組織之，並規定民刑案件不問輕微，概由司法公署〔註60〕管轄。不過，由於「蘇省困於經費未能實行」，〔註61〕司法公署並未成立。

〔註59〕縣司法公署組織章程（1917 年 5 月 1 日公布教令第 6 號）：第一條：凡未設法院各縣應設司法公署。其有因特別情形不能設司法公署者應由該管高等審判廳廳長，高等檢察長或司法籌備處處長或都統署審判處長具呈司法部聲敘室礙緣由經核准後得暫緩設置，仍令縣知事兼理司法事務。第二條：司法公署即設在縣行政公署內以審判官及縣知事組織之。第三條：設司法公署地方所有初審民刑案件不問事務輕微重大概歸司法公署管轄。第四條：司法公署設審判官一人或二人。第五條：審判官由高等審判廳長依審判官考試任用章程辦理，呈由司法部任命之審判官之考試任用，別以章程定之。第六條：關於審判事務概由審判官完全負責，縣知事不得干涉。第七條：關於檢舉緝捕勘驗遞解刑事執行等事項概歸縣知事辦理，並由縣知事完全負責。第八條：除前兩條規定外，其他司法事務應由縣知事負責或應由縣知事與審判官共同負責，依司法公署訴訟章程之所定。第九條：審判官不得為法院編制法第一百二十一條所列各事。第十條：審判官受高等審判廳長之監督，縣知事關於司法事務受高等檢察廳檢察長之監督。審判官懲獎章程及縣知事關於司法之懲獎章程另定之。第十一條：司法公署置書記監一人，書記官二人或四人。第十二條：書記監由高等審判廳長遴員會同高等檢察廳檢察長派充並報司法部備案。書記官由審判官遴員，會同縣知事派充並報高等審判廳及檢察廳備案。第十三條：書記監及書記官掌理訴訟、記錄、統計、文牘、會計及其他關於司法上之庶務。第十四條：書記監及書記官受審判官及縣知事之監督。第十五條：司法公署承發吏四人至六人。承發吏受審判官之監督。第十六條：司法公署置司法警察若干人，受審判官及縣知事之監督，縣司法公署額設司法警察，如不敷用，得隨時調用縣行政公署巡警，檢驗吏受縣知事之監督。第十八條：司法公署酌量事務繁簡得用雇員。第十九條：司法公署訴訟章程另定之。第二十條：司法公署處務規則由高等審判廳廳長，高等檢察廳檢察長定之，並報司法部備案。《縣司法公署組織章程》，《司法公報》1917 年第76 期。

〔註60〕司法公署是在審檢所制度的基礎上略有修改而成的一種兼理司法制度。該制度在設立之初，主要是為了克服縣知事兼理司法審判制度在執行過程中出現的種種弊端。同時也是為了在形式上更加符合法治國家的要求。這實際上是在完全的司法獨立與司法行政合一體制之間選擇了一個折衷辦法，即從縣知事權力中剝離出一定司法權的同時，又維持了縣知事對於司法審判的直接監督和有限參與。張晉藩總主編、朱勇主編，《中國法制通史》，第九卷《清末・中華民國卷》，法律出版社，1999 年，第 527 頁。

〔註61〕江蘇省長公署統計處編纂，《江蘇省政治年鑒》，1924 年，第 272 頁。

表 2-2-2：京外裁撤初級審檢廳一覽表（1915 年）

地名	廳名別							合計	裁撤
京師	第一	第二	第三	第四				4	5 月 15 日
直隸	保定	天津第一	天津第二	天津第三	張北			5	7 月 13 日
奉天	瀋陽第一	瀋陽第二	營口	新民	安東	遼陽	錦縣	7	6 月 30 日
吉林	吉林	長春	延吉第一	延吉第二	延吉第三	和龍第一	和龍第二	9	6 月 17 日
黑龍江	龍江							1	5 月 31 日
山東	濟南第一	濟南第二	福山					3	5 月 31 日
河南	開封							1	5 月
山西	太原	潞安	河東	大同	臨汾			5	5 月
江蘇	吳縣	江寧	上海	上海南市	上海閘北	丹徒	江都	13	4 月
	南通	武進	淮安	太倉	銅山	松江			
安徽	懷寧	蕪湖	鳳陽	歙縣	合肥			5	10 月
江西	南昌第一	南昌第二	南昌第三	南安	贛州	浮梁	九江	12	4 月 27 日
	撫州	袁州	吉安	廣信	臨江				
福建	閩侯第一			閩侯第二				2	5 月 31 日
浙江	杭縣	鄞縣	永嘉	衢縣	嘉禾	吳興	紹興	11	4 月
	臨海	金華	建德	麗水					
湖北	武昌	夏口	武穴	江陵	黃岡	宜昌	德安	11	5 月
	鍾祥	襄陽	鄖陽	施南					
湖南	長沙	巴陵	邵陽	武陵	澧州	沅陵	芷江	17	5 月
	衡陽	零陵	郴州	桂陽州	湘鄉	瀏陽	醴陵		
	益陽	湘陰							
陝西	長安第一			長安第二				2	5 月
甘肅	皋蘭							1	7 月 30 日
四川	成都	重慶	自貢	廣漢	簡陽	金堂	彭縣	11	5 月
	郫縣	灌縣	華陽	江北					
廣東	南海第一	南海第二	澄海	瓊縣	合浦	新會	三水	8	6 月 15 日
	香山								
廣西	南寧	梧州	桂林	龍州				4	5 月
雲南	昆明			蒙自				2	7 月
貴州	桂陽							1	5 月 15 日

表 2-2-3：各省裁併地方審檢廳一覽表（1915 年）

省別	廳名別									合計	裁併日期
直隸	張北									1	7月13日
奉天	新民	錦縣								2	新8月1日 錦6月30日
山東	聊城	濟寧	益都							3	4月30日
山西	潞安	河東	大同	臨汾						4	5月
江蘇	吳縣	丹徒	江都	南通	武進	松江	淮安	太倉	銅山	9	4月
安徽	鳳陽	歙縣	合肥							3	10月
江西	南安	贛州	浮梁	撫州	袁州	吉安	廣言	臨江		8	4月27日
福建	閩清	閩侯分								1	10月30日
浙江	永嘉	衢縣	嘉禾	吳興	紹興	臨海	金華	建德	麗水	9	4月20日
湖北	武穴	江陵	黃岡	宜昌	德安	鍾祥	襄陽	鄖陽	施南	9	5月1日
湖南	巴陵	邵陽	澧州	沅陵	芷江	衡陽	零陵	郴州	桂陽州	15	5月
	湘鄉	瀏陽	醴陵								
四川	自貢	廣漢	簡陽	金堂	彭縣	郫縣	灌縣			7	5月
廣東	新會	瓊縣	香山	三水	合浦					5	9月
廣西	梧州	桂林	龍州							3	8月
附記	民國三年四月三十日奉，大總統令政治會議呈覆稱各省高等審檢兩廳與省城已設之地方廳照舊設立商埠地方廳，酌量繁簡分別去留，其初級各廳概興廢並地方等語亟應照辦等因，本部遵照飭各省一律分別裁併。										

資料來源：民國三年四月十三日奉大總統令，據政治會議併案呈覆內稱各省初級各廳擬請廢除歸併地方等語，應照辦等因，本部遵即將京師各初級廳於五月二十五日一律廢止，並飭各省遵照辦理。《司法公報》1915 年第 34 期增刊 1，第 19～21 頁。

　　1922 年，江蘇省頒布縣知事請委承審員辦法，對承審員的資格、履歷、任職等情況做一規定，尤其強調縣知事對於承審員的主導作用，其主要內容為：

第一條：各縣遇有承審員出缺或自籌經費添設承審員均應遴選合格人員呈請高等審判廳核委。

第二條：各縣承審員出缺應於十日內由該縣知事遴員呈請派委逾限未據呈請即由廳逕予派委。

第三條：縣知事遴員請委時應隨文聲明該員資歷，係與修正縣知事兼理司法事務暫行條例第三條某款資格相合，並繕具詳細履歷一份，檢同證明資格文件送廳審查，並令該員赴廳聽候考詢，資格不合人員不得呈請委任暫行代理。

第四條：請委人員經廳審查資格相符即指定日期考詢。

第五條：考詢請委人員認為及格即正式委任，將委任狀發交縣知事轉行給領。

第六條：請委人員經審查或考詢後認為不合格者所出之缺即由廳另行遴員派充。

第七條：承審員就職後應於三日內將就職日期及履歷兩份呈報高等審判廳，分別存轉備案。

第八條：承審員辭職或請假在十日以上非奉高等審判廳核准不得擅離職守，遇有更替時現任承審員並應俟新任就職將經辦案件卷證造冊點交清楚後方准離職。

第九條：各縣承審員於各該縣知事交替之時應遵照八年司法部二零四號通令繼續行使職務，不得無故更換另請派委。

第十條：調任承審員或請委清理積案委員准用本辦法各規定。
〔註62〕

此法令的頒布意味著江蘇省司法又被重新納入到行政體系之中，不僅未能擺脫行政的牽掣，反而又重新回歸行政的藩籬。此後，1923年，江蘇省曾對縣知事兼理司法這一制度進行修訂，但並未改變以縣知事為主導的司法審判體系。至1927年國民黨政府成立之前，江蘇省司法體系也未能完全實現司法獨立。而在國民黨政府成立之後，江蘇省司法又被納入到國民黨「五權憲法」下的司法體系之中，帶有了濃厚的黨化色彩，國民黨的意識形態貫

〔註62〕江蘇政務廳編，《江蘇省單行法令初編》，1924年，鉛印本。

穿於整個司法制度之中。〔註63〕使得江蘇司法體系又呈現出不同於北洋時代的面貌。

自清末憲政改革之後，司法與行政漸漸呈現出分立的趨勢，司法開始突破傳統行政的束縛走向獨立。就江蘇省而言，借助清末憲政改革契機，不但設立了新的司法機構以適應時代發展要求，而且推動了傳統縣衙審判向現代司法審判制度的轉型。因此，清末江蘇省司法體系無論在司法審判程序上還是在司法審判功能上，均體現出江蘇省在探索和實踐司法現代化的積極性和主動性，並為民初江蘇司法體系的發展奠定了重要基礎。自民初之後，江蘇省一度延續了清末時期萌發的司法獨立趨勢，並貫穿於具體實踐過程中。突出表現在審檢分立，各級審檢廳數量增多，司法獨立性進一步增強。不過，由於當時社會轉型劇烈，傳統觀念與現代制度激烈碰撞，江蘇司法又出現諸多問題，如司法官官僚化、訴訟傳統化、法院行政化，缺乏嚴格的司法監督體制以確保司法獨立。而在袁世凱復辟之後，不僅將江蘇省已創設的司法體系破壞殆盡，而且司法獨立趨勢也受到遏制。從當時客觀情況來看，將一部分司法權讓渡於行政權，由縣知事主導審判權雖然符合民眾的訴訟習慣和心理需求，但從司法現代化的角度而言，又使得司法權在實際的操作過程中不斷被行政權侵蝕乃至蛀空，失去了司法獨立的真正內涵和本源。

〔註63〕北洋時期，沿襲清末司法改革中禁止司法官加入黨派的制度，以防止司法官因黨派利益而干擾司法公正與獨立。而至國民政府時期，國民黨掌握了最高立法權和司法權，廢除了北洋政府遵從的「司法不黨」原則，規定司法官必須為黨員。以便將整個司法體系控制在國民黨司法框架之下，就此點而言，「司法官黨化」無疑是一退步。參見韓秀桃，《司法獨立與近代中國》，清華大學出版社，2003 年。

第三章　江蘇省行政系統的傳承與發展

　　清末民初，江蘇省行政體系呈現出較為明顯的承接關係。為適應清末憲政改革要求，江蘇省從省、縣（府、廳、州）兩個層面對行政系統進行變革。設立了新的行政機構，推動了傳統行政職能的轉變。民初，江蘇省將寧、蘇兩屬行政系統合二為一，並對原有的行政機構進行了較大幅度的變動，表現為機構細緻化，職能專業化等特點，行政系統朝著現代化方向發展。不過，由於此一時期江蘇省行政系統受外部因素（袁氏復辟、軍閥混戰）影響較大，又呈現出頻繁更迭的特點。那麼，從清末民初時期以來，江蘇省行政系統是如何變革的？具體內容為何？這種變革反映了近代江蘇行政系統怎樣的發展路徑？這是本章重點要考察的問題。

第一節　清末江蘇省行政系統的變革與展開

一、清末官制改革

　　晚清，清政府面臨列強環伺，瓜分豆剖的危局，為挽救王朝統治，光緒帝下令著手推行新政，進行改革。在這種情況下，設立新的行政機構成為當務之急。1906 年，在清政府派載澤為首的五大臣出洋考察東西方憲政之後，身為五大臣之一的戴鴻慈隨即上書朝廷，提出變革官制之議，內稱「未改官制以前，任人而不任法，既改官制以後，任法而不任人。任人不任法者，法

既敝雖聖智猶不足以圖功。任法不任人者，法有常雖中材而足以自效」。〔註1〕
強調官制變革應摒棄重人而不重法的弊端，樹立以法為原則的模式。而出使
德國大臣楊晟也深為贊同此點，認為各立憲國制度「莫不本立法、司法、行
政三權鼎立之說為原則，而執行機關權在行政，其立法、司法兩全性質純一，
故機關組織不如行政之複雜」，主張行政與司法分離，並強調「以行政官兼司
法權，無論弊與不弊，要難兼盡其職，故東西各國莫不於行政官之外，別設
各級裁判所，以專理刑事、民事。不特此也，更有行政裁判，以裁判行政違
法處分，有懲戒裁判，以裁判官吏不法行為，有權限爭議裁判，以裁判官吏
爭權之事，有檢事局，以檢查判決之適當不適當，執行不執行」。〔註2〕要求
將司法從傳統的行政藩籬中剝離出來。

　　而後，戴鴻慈又上摺清政府，建議「先行設立編制局」，並「簡派王公及
內外重臣入局討論，選擇員司，將古今中外官制之利弊，詳加調查，分別部居，
審定秩序」。很快，清政府頒諭下令變革官制，以奠憲政之基，內稱「飭令先
行釐定官制，事關重要，必當酌古準今，上稽本朝法度之精，旁參列邦規制之
善，折衷至當，幾悉無遺，庶幾推行盡利」。〔註3〕並委載澤、世續、那桐等十
四人為共同編纂官制，任命端方、張之洞等派員至京，隨同參議。又派慶親王
奕劻、瞿鴻機、孫家鼐總司核定。1910年，清政府再次頒旨，「飭將官制釐訂，
提前頒布」，並令憲政編查館奏擬修正中央官制，「以符立憲政體」。〔註4〕在釐
定中央官制之後，1907年，總核官制大臣奏請改訂地方省官制，以與中央官制
改革遙相呼應。對於地方官制的改革，目的仍是鞏固憲政基礎，「近年新政日
興，職多不舉，已不免稍形缺失，而此次釐改，關鍵尤在為預備立憲之基，是
以司道以上各官，既與各國情形不同，尚不妨隨時量為更改」。〔註5〕

〔註1〕《出使各國考察政治大臣戴鴻慈等奏請改定全國官制以為立憲預備摺》，見故
　　　　宮博物院明清檔案部編，《清末籌備立憲檔案史料》上冊，中華書局，1979
　　　　年，第367頁。
〔註2〕《出使德國大臣楊晟條陳官制大綱摺》，見故宮博物院明清檔案部編，《清末
　　　　籌備立憲檔案史料》上冊，中華書局，1979年，第391頁。
〔註3〕《派載澤等編纂官制奕劻等總司核定諭》，見故宮博物院明清檔案部編，《清
　　　　末籌備立憲檔案史料》上冊，中華書局，1979年，第385頁。
〔註4〕《宣統三年四月初十日內閣奉》，見中國第一歷史檔案館編，《宣統朝上諭檔》
　　　　第37冊，廣西師範大學出版社，1996年，第88頁。
〔註5〕《總司核定官制大臣奕劻等奏續訂各直省官制情形摺》，見故宮博物院明清檔
　　　　案部編，《清末籌備立憲檔案史料》上冊，中華書局，1979年，第503頁。

　　此次中央釐訂官制，主要是設立新的行政機構和職官。因新政涉及到經濟、教育、地方自治等諸多方面內容，必須要成立新的機構和官職予以推行。從當時中央所制定的地方官制來看，主要包括以下內容：

　　第一條：一省或數省設總督一員，總理該管地方外交軍政，統轄該管地方文武官吏，並兼管所駐省分巡撫事，總理該省地方行政事宜。

　　第二條：每省設巡撫一員，總理地方行政，統轄文武官吏。惟於該省外交軍政事宜，應商承本管總督辦理，其並無總督兼轄者，即由該省巡撫自行核辦。總督所駐省分，不另置巡撫，即以總督兼管該省巡撫事。

　　第三條：總督巡撫於各部諮行籌辦事件，均有奉行之責。但督撫認為於地方情形窒礙難行者，得諮商各部酌量變通，或奏明請旨辦理。

　　…………

　　第七條：除東三省外，各省均置三司如左：布政司、提學司、提法司。

　　第八條：各省布政司設布政使一員，受本管督撫節制，管理該省戶口疆理財賦，考核該省地方官吏。

　　第九條：各省布政司所屬經歷、理問、都事、照磨、庫大使、倉大使等官，應仿照提學司屬員分科治事，章程由吏部會同民政、度支等部另定職掌，酌量改置。

　　第十條：各省提學司設提學使一員，受本管督撫節制，管理該省教育事務，並監督各種學堂學會。

　　第十二條：各省提法司設提法使一員（秩正三品，即以原設提刑按察司使改設）。受本管督撫節制，管理該省司法上之行政事務，監督各審判廳，並調度檢察事務。（各省於審判制度未經更改以前，應暫仍按察使舊制，惟從前所管驛事務毋庸兼管）。

　　第十四條：各省除右列三司外應設兩道如左：一、勸業道。專管全省農工商及各項交通事務，並將按察司舊管驛傳事務，改歸該道兼管。一、巡警道。專管全省巡警消防戶籍營繕衛生事務。

第二十條：各省所屬地方得因區劃廣狹，治理繁簡，分為三種。曰府，曰直隸州，曰直隸廳。

第二十一條：各府設知府一員，承該管督撫之命，並就布政司、提學司、勸業道、巡警道主管事務，承該長官之命，監督指揮所屬州縣各官，處理境內各項行政。

第二十二條：各直隸州設知州一員，承該管督撫之命，並就布政司、提學司、勸業道、巡警道主管事務，承該長官之命處理所治州境內各項行政，並監督指揮所屬各縣。

第二十三條：各省原設之直隸廳有屬縣者，一律改為直隸州。其無屬縣者，仍設同知一員，承該管督撫之命，並就各司道主管事務，承該長官之命，處理所治境內各項行政。

第二十四條：各府所屬地方分為二種如左：曰州，（散州）。曰縣。

第二十五條：各直隸州所屬地方曰縣。

第二十六條：各州設知州一員，受本管知府之監督指揮，各縣設知縣一員，（秩正六品。）受本管知府或本管直隸州知州之監督指揮，處理各該州縣境內各項行政。

第二十七條：各府原設之同知、通判有轄境者，一律改為州縣。其無轄境而有主管事務，如河南之河防，各省之海防、糧捕等同知、通判，均應由各省督撫擇其事務繁要者，一律作為同知，（撤去通判名目別於各級審判）明定責成以資治理。若不關緊要各員缺，應與各府所屬佐貳雜職，一併斟酌改置，作為知府佐治員缺，由各該督撫體察情形，分別奏明辦理。

第三十三條：各省應就地方情形，分期設立府州廳縣議事會董事會，其細則，由民政部議訂奏定後通行各省辦理。

第三十四條：各省應就地方情形，分期設立高等審判廳、地方審判廳、初級審判廳，（即原擬鄉獄局，以命名尚未妥洽擬改）。分別受理各項訴訟及上控事件。其細則另以法院編制法定之。〔註6〕

〔註6〕因相關內容較多，不一一列舉。具體內容參見《總司核定官制大臣奕劻等奏續訂各直省官制情形摺》，見故宮博物院明清檔案部編，《清末籌備立憲檔案史料》上冊，中華書局，1979年，第503頁。

關於此次地方省官制改革，主要變化是，在省級層面，各地方司道官員，除原設布政使、提學兩司未經議改，予以保留外。原設按察司改名為提法司，專管司法行政並監督各級審判。此外，提學使雖定為督撫之屬官，但員額缺由學部議定。另在省會增設巡警道一員，專管全省警政事務。勸業道一員，專管全省農工商業及各項交通事務，並將驛傳一併由其兼管。而各省巡警道，則由民政部遴選相當人員開單分別奏請簡放。其餘之提法使、勸業道等也皆由部定。在府廳州縣層面，則對其行政區域和職任重新規劃和設定，相應設立警務、學務、實業、典獄、稅收等職務，撤銷了原來縣佐貳雜職，使得機構和職能更為簡化有效。另外，府廳州縣議事會董事會等自治機構的設立，也成為縣行政職能的一部分。

二、行政機構、職官和行政區劃的考察

在中央頒布官制改革法令之後，江蘇省設立了新的機構和職官，以適應憲政改革需要。從當時情況看，總督駐寧（南京），巡撫駐蘇（蘇州），漕督駐淮（淮安）。而改制之後，裁漕督改設江北提督，加淮揚道按察使銜。不過，由於「江蘇財賦甲天下，形勝亦足控東南」，因此，「清末凡督撫同省者皆裁併，江蘇獨否。將軍、總督駐金陵，巡撫駐蘇州，一仍其舊」。〔註7〕因此，江蘇省在行政系統上又分為寧屬和蘇屬。就此點而言，江蘇省在全國範圍較為特殊。

江蘇省行政系統的改革，在省級層面。一方面對舊有的機構和職官都予以保留，未予過多裁撤。另一方面又相應增設了新的機構和職官。如提學使司、提法使司、巡警道、勸業道、交涉使司等相繼設立。改制之後，江蘇省在行政系統上形成了一督、一巡撫、一提法司、兩布政使，兩提學使，兩巡警道、兩勸業道的規制。另外，還設立了交涉使司，掌管口岸與對外交涉事宜，屬外交性質的官職。而省級以下，又增設道一級別。不過，從性質和職能上，道更多體現出對府廳州縣等下級行政機構的監察作用，不算正式行政區，這一點跟民初之後有較大差異。江蘇舊設巡道五，加兵備銜，以江寧鹽巡道兼轄江寧府外，常鎮通海道轄常州、鎮江二府、通州直隸州、海門直隸廳；蘇松太道，轄蘇州、松江二府，太倉直隸州；淮揚海道，轄淮安、揚州

〔註7〕揚州師範學院歷史系編，《辛亥革命江蘇地區史料》，江蘇人民出版社，1961年，第54頁。

二府，海州直隸州；徐州道轄徐州府。設府八，曰江寧府、蘇州府、常州府、鎮江府、松江府、淮安府、揚州府、徐州府。直隸州三：曰太倉州、通州府、海州府。直隸廳一，曰海門廳。散州三，散廳四，縣六十二。﹝註8﹞以下將主要新設機構職官做一介紹：

（一）布政使司。布政使司又稱藩司。清末，江蘇省分為江寧布政使和江蘇布政使，分別掌管寧、蘇兩屬民政、財政、田土、戶籍、錢糧等事務。1910年，兩江總督張人駿奏設財政公所，「自軍興以後，捐款日繁，名目既多，支用複雜，於是始有局所之設，沿至今日，而糾紛愈甚，自非統一財權，難期整理，江南財政局所與他省情形稍有不同，昔日之籌款、支應、籌防三局，前已合為財政局。上年復裁營房工程局及工料所以其事隸入財政局，嗣以木釐局併入釐捐局，藩署原設之煙酒捐處，亦由藩司直接辦理，茲將以上各局所一概裁併設立江南財政公所」。後江蘇省巡撫程德全為統一江蘇省財政開支，將籌款所、裕蘇官銀錢局、江蘇省釐局、淞滬釐局、善後局、房捐局等局所裁併，設立度支公所，並統由布政使司職掌。度支公所分設五科，分別為「總務、田賦、筦榷、典用、主計」，五科以下又設十三課，其為「機要、文書、庫藏、庶務、稽徵、勘核、蘇釐、滬釐、稅捐、經理、支放、稽核、編制」，﹝註9﹞分委科長科員，並於筦榷科加設總稽查二員，督同經理。民初之後，上述行政事務則轉歸財政司、廳接管。

（二）交涉使司。交涉使司設立是由清政府政務處奏請外務部所辦。設立原因正如奏請所稱「近年各省口岸迭開，商埠林立，中外交涉日繁，因應少失其宜，輒誤事機而生枝節，從前各口岸關道及省會所設洋務局或官，由兼任或事隸局差責成，不專辦理，每多歧異，自非遴派專員無以一事權而資考核」。﹝註10﹞1910年官制改革後，洋務局撤銷，經費統歸併交涉司。交涉使品秩在布政使之下，提學使之前，為督撫之屬官。掌管全省交涉事務。下設交涉公所，分秘書、編譯兩科。細則由交涉使酌擬細則，詳准督撫施行，並報外務部立案。由於蘇省對外交涉很大程度上由上海、蘇州、下關、鎮江

﹝註8﹞江蘇省行政公署內務司，《江蘇省內務行政報告書》上編，1914年，第86～87頁。

﹝註9﹞劉錦藻撰，《清朝續文獻通考》第二冊，133卷，商務印書館，1937年，第8923～8924頁。

﹝註10﹞劉錦藻撰，《清朝續文獻通考》第二冊，133卷，商務印書館，1937年，第8925頁。

關道辦理，交涉使所辦事件仍由督撫與外務部所定。因此，交涉使司在辦理對外事務上作用仍十分有限。

（三）提學使司。清政府於1906年官制改革中裁撤學政，設立提學使，江蘇省也遵照辦理。仿照布政使例設提學使二，一為江寧提學使，一為江蘇提學使，均受制於督撫。提學使在品秩上位於布政使之次，提法使之前。提學使權限為統轄全省學務，督飭地方官切實舉辦，有延宕玩視者，提學使可詳請督撫分別記過撤參，有辦事實心卓著成效者，亦可詳請優獎，通省學務應用之款，會同藩司籌劃詳請督撫辦理。提學使衙門為學務公所，江寧、江蘇各設一學務公所。學務公所分為六科，「總務科掌辦理機密文書收發公函等事務，專門科掌理高等學堂及各種專門學堂教課規條等事務；普通科掌理本省優級初級師範學堂中等學堂小學堂教課規程等事務，實業科掌理關於實業各學堂實業教員講習所之教課規程等事務，圖書科掌理編譯教科書審查各學堂圖書等事務，會計科掌本所收支報銷核算等事務」。〔註11〕

（四）提法使司。1904年，清政府以淮揚海道兼按察使銜，掌管全省司法行政。1908年，江蘇省按照清政府所頒官制法令，將按察使改為提法使。承法部及本省督撫之命管理全省司法行政事務，監督各級審判廳檢察廳及監獄。提法使司分設三科，「一、總務。二、刑民。三、典獄。總務科掌本司及各級審判廳、檢察廳、監獄各員之補升、保獎、處分及刑民典獄兩科以外各項統計。刑民科掌草擬踐行各項法律疑義之解釋，請示各級審判廳之設立廢止及管轄區域更改編纂刑事民事及註冊等項事務。典獄課掌改良監獄，推廣習藝所等項稽核罪犯工作成績及編纂監獄統計」。〔註12〕此次官制改革，相對於此前按察使而言，在職能上發生的主要變化，是增加了對新建各級審判廳的監督職能。

（五）巡警道。1904年10月，江寧將「原有之保甲總局改設為江南巡警路工局，於城內設立四分局，與城外設東南西北分局各五區」。〔註13〕將有關巡警事務歸併該局。隨後，又「於省會要地，設警務公所或巡警總局，繼

〔註11〕劉錦藻撰，《清朝續文獻通考》第二冊，133卷，商務印書館，1937年，第8926～8927頁。

〔註12〕劉錦藻撰，《清朝續文獻通考》第二冊，133卷，商務印書館，1937年，第8928頁。

〔註13〕江蘇寧屬清理財政局編，《江蘇寧屬財政說明書‧甲篇》，鉛印本，第67頁。

復使內地州縣皆仿行之六合」。〔註14〕蘇屬初設警察公所，又名警察總局，設蘇州府署，以蘇州府為總辦。1905 年，另委道員總辦，以首府為提調。1906年，改名巡警局，移省城盤門梅家橋。1909 年 7 月，改稱警務公所。1910 年4 月，歸巡警道直接管轄。蘇省禁煙總局，於 1907 年 2 月成立，1908 年 7 月遵照奏定章程改為禁煙公所。專管蘇、松、常、鎮、太五府州屬關於禁煙一切事宜。以藩、臬兩司候補道一員為總辦。嗣以查禁權限關係警章，添委巡警道為總辦。上海巡警於 1905 年先就城內開辦，1906 年先後奏准擴充，就閘北地方建設總局。以上海道為督辦，以候補道員總辦局務。1910 年 4 月，「改歸巡警道直接管轄」。〔註15〕

（六）勸業道。在江蘇省勸業道未設之前，1894 年，以商務局管理盤門外通商場劃界事宜，以馬路工程局管理馬路工程並審判華洋訟案。1903 年，設農務局掌管全省農業生產事務。1907 年，裁併局所案內，復將電話、工藝兩局及新建之商品陳列所、農事試驗場歸併一局經理，始定名。宣統元年，又以馬路工程局兼管馬路巡捕，劃歸警務公所管轄。其後，江蘇省將以上各局合併設農工商局為監督機關。農工商務局「初設總辦兼商務議員一名，會辦二員，參議、提調各一員；依次設總務、農務、商務、工務四科，科長各一員。置機要、文牘、會計、稅務、郵傳、測量、調查、檢察、裁判九課」。〔註16〕1910 年，兩江總督張人駿奏請憲政編查館，奏請設立勸業公所，稱「查江南原設商務局係在勸業道所管六科之一，應將該局裁撤改為勸業公所，照章分選科長科員，由該道督率辦理，又裕寧官銀錢局本係營業性質，電燈官場及公園亦為實業所關，該局廠未設總辦，俱應歸勸業道經管」。此外，「尚有江南礦政局，寧省鐵路管理處，南洋印刷官場，事務較繁，各有專員經理，均屬未便裁併，應將總辦改為會辦，照舊任事」。〔註17〕民初之後，勸業道行政事務改為實業廳掌管。

（七）地方府、廳、州、縣。按照清政府所頒布官制，江蘇省在省級層

〔註14〕鄭耀烈、汪昇遠、王桂馨著，《六合縣續志稿》卷九，1920 年石印本，第 18頁。

〔註15〕江蘇省財政志編輯辦公室，《江蘇財政史料叢書》第一輯第四分冊，方志出版社，1999 年，第 368 頁。

〔註16〕江蘇省財政志編輯辦公室，《江蘇財政史料叢書》第一輯第四分冊，方志出版社，1999 年，第 420～421 頁。

〔註17〕劉錦藻撰，《清朝續文獻通考》第二冊，134 卷，商務印書館，1937 年，第8945 頁。

面增加若干新機構和職官的同時，在地方各府廳州縣也相應增加了佐治各官。相較於傳統地方佐貳雜職，增加了新的行政機構。此外，由於清末推行地方自治，地方官制的制定在一定程度上也滿足了其自治的需要。

1. 巡警設立。在巡警道成立之後，江蘇省各縣相繼創設巡警。1906年，寶山縣「知縣王得庚始籌辦縣城巡警，翌年冬知縣胡調元設城廂內外巡警局，委任董事主辦，由縣監督」。[註18]1909年，六合縣「知事陶鑄堯奉飭興辦，置官一員於縣城內，設總局一，城東西南三面設分局三，招巡警五十人，分布崗位以時守望，是為地方警察之始」。[註19]1910年，「南匯縣知事畢培先、賴豐熙先後辦理巡警事項」。並擬定章程事項，「於光緒三十三年由方令會董遵照開辦，招募粗識字義身體強壯之巡士三十二名，聘請教習每日訓練督率巡查」，是年復「畢令招足四十名，隨時督同巡官巡弁分別輪流巡查」。而「警務長初由都司朱大斌兼任」，繼由「江蘇巡警學堂畢業生查乙照任之，區員華樹森後陳日義繼任」。在巡警布置方面，「城內分設東南西北四區，各置四崗，共十六崗，東門外分設一區，月置二崗，警務所設昭忠祠，分區設縣署二門西首，派出所設東門外」。巡警各項捐款「三千七百八十兩五錢三釐，巡警及區官薪餉添置衣服等物銀三千六百十七兩二千八分三釐」。[註20]

2. 勸學所成立。1907年，南匯成立勸學所，遵照部章「設總董一，協董二，以顧忠宣為總董兼縣視學員，朱祥紱徐守清為協董」。1月「奉提學使周核准委任，竝頒圖章總協董任期均一年」。1911年3月，又奉省提學使之命，「改訂勸學所章程，勸學所總董改為勸學員長，由縣教育會公舉顧忠宣繼任為勸學員長，仍兼縣視學員竝以潘鍔為勸學員」。[註21]1907年，興化縣知縣張紹堂「稟准提學使照會孔憲榮為勸學所總董兼縣視學，設勸學員二人，庶務書記各一人，所址倉頡祠規定常年經費七百千文」，後孔憲榮辭職，「稟准以劉循程接充總董兼縣視學」。[註22]1907年，青浦縣成立學務公所，「公選總董一人，兼縣視學員，任期一年，任滿更選，由縣詳請提學使加委頒給圖記」。[註23]1906年，六合縣知縣趙興霆以「留東師範畢業廩貢生王桂馨

〔註18〕張允高、錢淦，《寶山縣續志》卷十，1921年鉛印本，第1頁。
〔註19〕鄭耀烈、汪昇遠、王桂馨，《六合縣續志稿》卷九，1920年石印本，第18頁。
〔註20〕嚴偉、劉芷芬、秦錫田，《南匯縣續志》卷九，1928年刻本，第14頁。
〔註21〕嚴偉、劉芷芬、秦錫田，《南匯縣續志》卷三，1928年刻本，第10頁。
〔註22〕李恭簡、魏雋、任乃賡，《續修興化縣志》卷五，1943年鉛印本，第15頁。
〔註23〕于定、金詠榴，《青浦縣續志》卷九，1934年刻本，第1頁。

充視學兼勸學所總董」，並於 4 月成立勸學所，其「內設閱報室宣講堂，又設四鄉勸學員，分往村鎮勸導，並發給勸學歌十二章」。1910 年，王桂馨辭職，「學憲改委朱正言充視學兼總董，未一年而國變，勸學所停辦」。〔註24〕

　　3. 實業組織機構成立。1906 年 11 月，甘泉縣成立商會，公推周樹年為總理，因與江都同城，故合併設立，初稱揚州商務分會，後奉部頒商會法，復改稱揚州商會。1906 年，又「合江都設立名為揚州農會，曾於劉家集南白楊山陡興集開勸農會一次，由張聯庚等編制興農俚言散給農民」。〔註25〕嘉定縣於 1905 年設商務分會，「選舉董事十二人，由董事會選舉總理，八月正式成立第一屆」。隨後，又於 1910 年成立縣農務分會，「由縣自治籌備公所召集各鄉董票選，顧和澍為籌備員。三年四月選舉董事二十人，由董事會選舉黃守孚為第一屆總理，農務分會正式成立會所，附設縣商務分會內」。〔註26〕1906 年，泰州州城海安姜堰三商會先後成立，均以保護商人為宗旨，商人報告相關商界之事，由會代為清理。有不平之事，則由會代訴，地方官為之清理。而於每月收支各款則列表呈部，並由總會鑒核，布告眾商。每年開大會一次，選舉總理及議董各職，提議會中應興應革諸事。1907 年，又成立農會，附入商會，「嗣以商會商務殷繁不克兼顧，邑紳陳鍾駿等另行組織，未能成立。續由塘灣紳士李崇本等呈由江寧商務總會轉行達部，批准立案，會所即設塘灣鎮，海安農會於宣統二年由紳士李保煌等稟部批准設立」。〔註27〕

　　4. 自治機構的增設。晚清政府推行地方自治，相繼頒布了《城鎮鄉自治章程》和《廳州縣自治章程》。江蘇省根據規定，設立憲政會議廳作為推動地方自治的主要領導機構，隨後又根據籌備處章程內容設立自治公所。首先在城廂籌備成立自治公所，續在鎮鄉成立，以作為將來議事會、董事會及鄉董辦公之地。緊接著選舉成立城鎮鄉並設立各級議事會和董事會，作為地方立法機構和執行機構，縣令職能也發生相應變化。由於清政府推行地方自治先從城鎮鄉著手。按照自治章程規定，知縣對議事會和董事會有監督和糾正的責任，並有撤銷自治職員之權。在一定情況下，可申請督撫解散城鎮鄉議事會和董事會。不過，由於清政府未能在廳州縣層面推行自治。因此，知縣的

〔註24〕鄭耀烈、汪昇遠、王桂馨，《六合縣續志稿》卷八，1920 年鉛印本，第 9 頁。

〔註25〕錢祥保、桂邦傑，《甘泉縣續志》卷六，1937 年刻本，第 1 頁。

〔註26〕陳傳德、黃世祚，《嘉定縣續志》卷二，1930 年鉛印本，第 38 頁。

〔註27〕韓紫石、王笠農，《續纂泰州志》卷九，泰州市新華書店古舊部，1981 年抄本，第 3 頁。

執行功能並未能體現出來。儘管如此，新的官制改革仍在傳統縣令職權範圍內，增加了若干新的職能和權限。民初之後，江蘇省制定了省單行法令，制定頒布了新的縣制，縣知事的職能才得以充分體現出來。

（八）清末江蘇省府縣行政區域變化。根據清政府頒布新官制，各省所屬地方得因區劃廣狹，治理繁簡，分為三種。分別為府，直隸州，直隸廳。江蘇省行政區劃分為八府，三直隸州，一直隸廳。以下將清末江蘇省各縣行政區域列圖及變化列表如下：

圖 3-1-1：清末江蘇府州廳縣行政區劃圖

鎮江府
太平廳　溧陽縣　金壇縣　丹陽縣　丹徒縣

江寧府
高淳縣　六合縣　江浦縣　溧水縣　句容縣　上元縣　江寧縣

南通直隸州
泰興縣　如皋縣　南通縣直轄

常州府
靖江縣　荊溪縣　宜興縣　金匱縣　無錫縣　陽湖縣　武進縣

蘇州府
震澤縣　吳江縣　昭文縣　常熟縣　新陽縣　昆山縣　靖湖廳　太湖廳　元和縣　長洲縣　吳縣

太倉直隸州
海門直隸廳　寶山縣　嘉定縣　崇明縣　鎮洋縣　太倉縣直轄

松江府
青浦縣　南匯縣　川沙縣　上海縣　金山縣　奉賢縣　婁縣　華亭縣

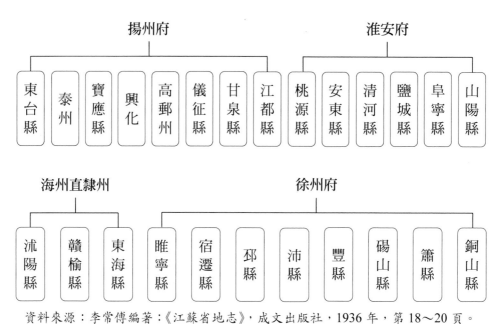

資料來源：李常傳編著：《江蘇省地志》，成文出版社，1936 年，第 18～20 頁。

　　從清末江蘇省行政系統變革內容上看，主要是對官制、行政機構、行政區域等幾個方面進行變革，並從省與縣（府、廳、州）兩個層面著手。在省級層面，在原有行政機構基礎上擴展並增加了新的職能，如提法使司主要掌管司法行政和對審檢廳的監督，但並不參與實際的審判，有利於保證司法獨立。而巡警道、勸業道、交涉使司等新機構的設立則是適應了當時形勢發展需要，不僅突破了傳統行政機構職能的限制，而且推動了行政機構職能的轉變。在地方府廳州縣等地方層面，最為顯著的變化是將行政制度納入到地方自治之中，地方官（縣令、知州）傳統的行政職能又被賦予了新的內容，如推行地方自治，執行地方議會議決案並相互監督（雖然縣層面自治並未在來得及推行，但此制體現出權力制衡的色彩）。此外，道的設立雖然未被納入到正式地方行政制度之中，但賦予了對地方行政監督的職能，也體現出江蘇行政機構和職能的新變化。

第二節　民初江蘇省行政系統的承繼與演變

一、省、道、縣行政機構的整合與變遷

　　（一）省行政系統。民初，江蘇省省行政系統變化較大。主要是將寧、蘇二屬行政系統合二為一。江蘇在前清時，督撫分治，寧、蘇皆為省會。

民國初建之後，蘇州未受戰爭衝擊，南京則因遭遇戰事一度動盪。因此，江蘇省都督府起初設於蘇州，南京只分設機關。在南京臨時政府取消之後。江蘇省機關合併於南京，是為第一次變遷。省行政公署成立，是為第二次變遷。

1. 都督府時期行政組織機構。江蘇省改巡撫為都督，第一任都督為程德全，並設都督府。1911 年 10 月，程德全公布都督府暫行官制大綱。下設參謀、軍政二廳，又設民政、財政、提法、外交四司。各設司長一人。民政司下又分總務、警務、教育、實業、交通五科，每科設科長一名，其餘為助理員。其他司不分科。寧垣戰事結束之後，又分設都督府於南京。除民政司外，又有寧內務司，設司長一名，副司長一名，但不設科。1912 年 3 月，都督府於民政司增考績、選舉、統計三科，並各設科長。但考績並未設科，仍附屬於總務。教育、實業，別為專司，暫未設置，仍隸屬於民政司。此外，除交通、警務外，每科增設科員一名，司長、副司長仍如舊，與寧內務司分治寧蘇。1912 年 5 月，都督府由蘇州遷往南京，並組織都督府機關，以民政司長兼轄南京、蘇州，增設駐南京民政司副長一名，並增設民政司副長一名，取消原設內務司，以使官制趨於統一。6 月，「寧蘇行政機構合併，只設一民政機關，教育、實業仍與總務、警務、統計、選舉、交通並稱科，不另設司，每科增設科員二，另設助理員七人」。〔註28〕

2. 省行政公署時期行政組織機構。1912 年 11 月，中央任命應德閎為江蘇省民政長，是為江蘇省第一任民政長。隨即實行軍民分治，組織民政機關，並頒布江蘇省民政府組織條例十三條，設總務處及內務、財政、教育、實業四司。內務司設司長一名，下設四科，每科設僉事一名，主事四，由民政長委任辦事員為主事主任，辦事員當僉事。隨後，教育、實業別設專司，並將總務、警務等名稱悉數更改，變為第一、第二、第三、第四分科，由司長自行委任。以下為組織條例主要內容：

　　第一條：江蘇民政府依據國務院電，奉大總統令暫照第一次提議之省官制設總務處及內務財政教育事業四司承民政長之指揮辦理，本處及本司事務均以民政長名義行之。

　　第二條：民政府設秘書四人掌機要文件及檢閱各司稿件以席次

〔註28〕江蘇省行政公署內務司，《江蘇省內務行政報告書》上編，1914 年，第 40 頁。

在前者一人領總務處事。

第三條：總務處設僉事四人，主事十二人，分設四科如左：第一科典守、印信、記錄職員進退之冊籍，以僉事一人，主事二人掌之。第二科編制統計及報告，以僉事一人，主事二人掌之。第三科纂輯、保存、並收發各項公文函件，以僉事一人主事，六人掌之。第四科管理、會計及一切庶務，以僉事一人，主事二人掌之。

第四條：內務司掌關於本省內務行政及監督事項，設司長一人，僉事四人，主事十六人，分設四科如左，第一科關於民政、考績及選舉自治事項，以僉事一人，主事四人掌之。第二科關於警務及衛生、賑恤救濟事項，以僉事一人，主事四人掌之。第三科關於土木工程及土地調查測繪事項，以僉事一人，主事四人掌之。第四條關於本司一切公文函件會計、庶務及不屬於其他各科之事項，以僉事一人，主事四人掌之。

第五條：財政司掌關於本省行政經費之出入並預算決算及其監督事項。設司長一人，僉事四人，主事十六人，分設四科如左：第一科關於一切賦稅事項，以僉事一人，主事四人掌之。第二科關於財產及銀行公債事項，以僉事一人，主事四人掌之。第三科關於預算決算及審核、出納事項，以僉事一人，主事四人掌之。第四科關於本司一切公文函件、會計、庶務及不屬於其他各課之事項，以僉事一人主事，四人掌之。

第六條：教育司掌關於本省教育、學藝、宗教及其監督事項，設司長一人，僉事四人，主事八人。分設四科如左：第一科關於師範教育及中小學校事項，以僉事一人，主事二人掌之。第二科關於各種專門學校及遣派留學生事項，以僉事一人，主事二人掌之。第三科關於禮俗宗教及一切社會教育事項，以僉事一人，主事二人掌之。第四科關於本司一切公文函件、會計、庶務及不屬於其他各科之事項，以僉事一人，主事二人掌之。

第七條：實業司掌關於本省農工商及其監督事項，設司長一

人，僉事四人，主事八人。分設四科如左：第一科關於農林、墾牧、水產事項，以僉事一人主事，二人掌之。第二科關於工業及礦物並其場廠事項，以僉事一人，主事二人掌之。第三科關於商業及輸電路郵項以僉事一人，主事二人掌之。第四科關於本司一切公文函件會計庶務及不屬於其他各課之事項，以僉事一人，主事二人掌之。

第八條：總務處及各司職員均同府辦公，簡者得兼任或暫行缺額事繁者照規定額外得酌設雇員。

第九條：各司應就主管事項分別造成統計表簿，送總務處彙編。

第十條：民政府辦事規則另訂之。

第十一條：民政府設會議廳，應由民政長按月定期召集秘書及各司會議，其規則另訂之。

第十二條：民政府依事務之必要，應設專門技術官及其他特別職員時，由民政長酌定員額或主管各司呈請民政長定之。

第十三條：本條例如有未盡事宜由民政長提交會議廳修正，以命令行之。〔註29〕

1913 年 9 月，韓國鈞出任江蘇省民政長，「值寧垣兵燹之後，經費支絀。適奉財政部電令，實行減政，內務司原設四科，乃並為三科，以第四科職掌事項，分隸於第一第三科，而第二科復裁去科員一人，助理員仍無定額，但得因事務之繁簡，酌量設置而已」。〔註30〕

3. 巡按使公署及省長公署時期行政組織機構。1914 年 5 月，江蘇省行政公署奉中央令改為巡按使公署，悉去各司名稱，而以總務、內務、教育、實業分科治事，其科下又分股辦事。財政司則與國稅廳合併改組為財政廳，管理國家和地方財政。根據當時中央所頒布的《財政廳辦事權限條例》規定，財政廳長由財政總長經由國務總理呈請大總統簡任，並奉大總統之命，管轄全省財政徵收官吏，及考核兼管徵收之縣知事，綜理省稅出納，執行各種稅法，催提各屬管轄，籌計中央需求，支配全省經費，辦理預算、決

〔註29〕《江蘇民政府組織條例》，《申報》1912 年 12 月 14 日。

〔註30〕江蘇省行政公署內務司，《江蘇省內務行政報告書》上編，1914 年，第 40 頁。

算等。另外，又規定財政廳直屬財政部，受財政部指揮，重要事件並得徑呈總統。〔註31〕7月，都督府亦改為將軍行署。至 1916 年 7 月，官制變更，北京政府令各省「民政長官改稱省長」，將軍行署復改為督軍公署，巡按使公署則改為省長公署，「所有署內組織及一切職權，均應暫仍其舊」。〔註32〕1917 年 9 月，教育、農商兩部謀教育、實業之獨立，請簡廳長設廳，專管教育、實業事宜，後分別成立教育廳和實業廳。教育廳係教育部直屬機關，設廳長一人，由大總統簡任。而在執行職務時則須兼受省行政長官的監督。職權主要是「執行全省教育行政事務，監督所屬職員，暨辦理地方教育之各縣知事」。〔註33〕同樣，和財政廳、教育廳相同，實業廳也為農商部直屬機關，廳長由大總統簡任，掌管全省工礦等實業。此後江蘇省行政機構「如是數年，未有變更」。〔註34〕只是在 1920 年 2 月，全省警務有所變更，成立警務處，兼管省會警察廳和全省直轄各縣警務，以使全省警政統一。

圖 3-2-1：民初江蘇省行政機構變化圖

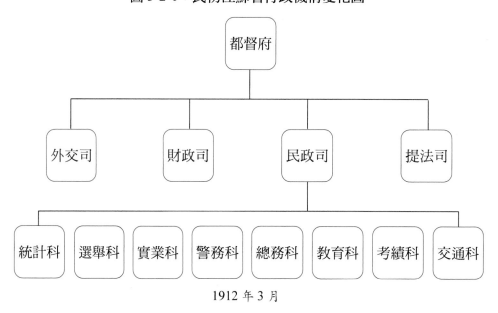

1912 年 3 月

〔註31〕錢實甫，《北洋政府時期的政治制度》，中華書局，1984 年，第 238 頁。
〔註32〕《政府公報》第 182 號，1916 年 7 月 17 日。
〔註33〕蔣維喬，《江蘇教育行政概況》，上海商務印書館，1924 年，第 7 頁。
〔註34〕趙如珩編，《江蘇省鑒》，成文出版社，1983 年，第 4 頁。

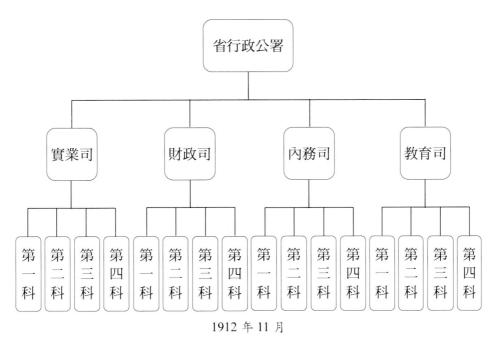

1912 年 11 月

在韓國鈞蒞任後，貫徹中央減政政策，以節省靡費。以內務司為例，原設四科，後並為三科，以第四科職掌事項，分隸於第一、第三科，而第二科復裁去科員一人。

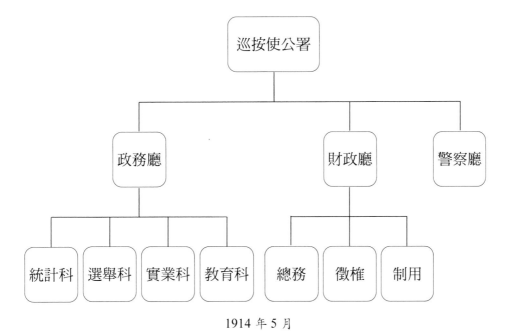

1914 年 5 月

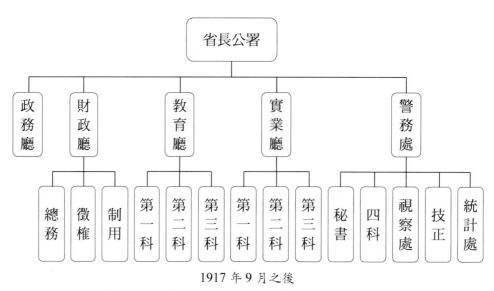

1917 年 9 月之後

當時全國各省廳下一般設科，但蘇省各科下又設若干股

資料來源：1. 江蘇省行政公署內務司，《江蘇省內務行政報告書》上編，1914 年，第 41 頁；2. 蔣維喬，《江蘇教育行政概況》，上海商務印書館，1924 年，第 5～6 頁；3. 趙如珩編，《江蘇省鑒》，成文出版社，1983 年，第 3～6 頁；4. 江蘇省長公署統計處編：《江蘇省政治年鑒》，江蘇無錫印刷公司，1924 年，第 2 頁；5. 錢實甫，《北洋政府時期的政治制度》，中華書局，1984 年，第 229～242 頁。

（二）地方行政機構變化。民初之後，江蘇省地方行政制度變化較為明顯的是在省與縣之間設立了「道」的行政級別，並增加了「道」職能和權限。這與清末僅將「道」視為監察機構有所不同。而在縣級層面。將府、廳、州等行政級別予以裁撤，合併為縣，並擴展了縣署行政職能。

1. 道的建立與設置。在江蘇省設道之前，江蘇省政府就曾於 1913 年 7 月在舊徐州道所轄地設徐州觀察使，8 月，又在淮揚道所轄地設淮揚觀察使，1914 年 1 月，就蘇松道所轄地設上海觀察使。但當時道還未成為正式行政區劃。因此，還不具有行政職能和功能。1914 年 5 月，中央頒布《道官制》，正式將道列為行政級別，並對道官制的職責、權限作出詳細規定。不過，從中央制定的道官制來看，道的主要職能仍在於監督所屬縣份及縣知事能否執行中央及省的行政法令，並監察行政紕漏與過失，並不干預縣的日常行政事務。此外，在一定情況下，道也兼充一部分軍事職能。《道官制》主要內容為：

　　第一條：道置道尹。隸屬巡按使，為一道行政長官，依法律命
　令執行道內行政事務，並受巡按使之委任。監督財政及司法、行政

及其他特別官署之行政事務。

第二條：道尹為執行法律教令、省章程或依法律教令省章程之委任，得發布道單行章程。前項道單行章程不得與現行法令及省章程牴觸，其應以省章程規定事件詳由巡按使核辦，應以法律教令規定事件，仍詳由巡按使依省官制第二條第二項所定程序辦理。屬於特別行政區域之道，准用本條第一項之規定，其應以法律教令規定事件，仍詳由該管長官呈請大總統核辦。道單行章程之法部依公布法令程序令之規定行之。

第三條：道尹於所轄各縣知事之命令或處分認為違背法令，妨害公益或侵越權限時得停止撤銷其命令或處分仍詳報巡按使。

第四條：道尹於所轄各縣知事認為應付懲戒者，詳請巡按使核辦。

第五條：道尹於所轄各縣知事認為應給獎勵者，詳請巡按使核辦。

第六條：道尹於所轄知事遇有事故或出缺時，得委員代理，並就分發該省之知事內選舉數員詳請巡按使核擇薦任之。

第七條：道尹對於特別官署之監督方法，各依其官制定之。

第八條：道尹受巡按使之命令，對於駐紮本道之巡防警備各隊得節制調遣之。

第九條：道尹於非常事變之際需用兵力或為防衛起見需用兵備時，得詳由巡按使請駐紮鄰近之陸軍或軍艦長官派兵處理，但因特別情形不及詳請時，得逕向各該軍隊及軍艦長官請其出兵。

第十條：道尹遇有非常緊急或特別重要事件於詳報巡按使外得逕呈大總統。

第十一條：道尹有事故時以同城或鄰近之縣知事護理之。

第十二條：道尹得自委掾屬其職掌員額詳由巡按使核定之，並諮陳內務部分別敘等註冊。

第十三條：道尹公署之經費另定之。〔註35〕

〔註35〕蔡鴻源：《民國法規集成》第 7 冊，黃山書社，1999 年。

在頒布《道官制》之後，蘇省按照中央令將各觀察使改為道尹，並將蘇省設為五道（金陵道、蘇常道、淮揚道、滬海道、徐海道），其下轄各縣為：

表 3-2-1：江蘇省五道下轄表

金陵道	江寧縣、六合縣、溧水縣、江浦縣、高淳縣、丹徒縣、揚中縣、句容縣、丹陽縣、金壇縣、溧陽縣
蘇常道	吳縣、武進縣、江陰縣、無錫縣、常熟縣、崑山縣、吳江縣、靖江縣、泰興縣、宜興縣、南通縣、如皋縣
淮揚道	江都縣、泰縣、儀徵縣、寶應縣、高郵縣、淮陰縣、淮安縣、鹽城縣、東臺縣、泗陽縣、漣水縣、阜寧縣、興化縣
滬海道	上海縣、太倉縣、松江縣、南匯縣、青浦縣、奉賢縣、金山縣、川沙縣、嘉定縣、寶山縣、崇明縣、海門縣
徐海道	銅山縣、沛縣、睢寧縣、豐縣、邳縣、蕭縣、碭山縣、宿遷縣、東海縣、灌雲縣、贛榆縣、沭陽縣

資料來源：商務印書館編譯所編，《中華民國法令大全》第十三類，地方制度，商務印書館，1936 年，第 5～6 頁。

根據 1913 年中央頒布的《劃一現行各道地方行政官廳組織令》規定，觀察使公署分置內務、財政、教育、實業四科。各設科長一人，由觀察使呈由省行政長官，經內務總長呈請國務總理任命；科員若干人，由觀察使自定名額，呈請省行政長官委任，並報內務部備案。各科職權略同省公署各司，總務由內務科兼辦。江蘇省也照規制設立道尹公署，並無溢出之處。不過，道雖然是一級行政機構，但更多體現的是對屬縣的監察作用，而並非是行政上的隸屬關係。在江蘇省設立觀察使之初，其特殊一點為滬海道尹兼特派交涉員（民國初，蘇省沿襲清末各省設交涉使之例，在關口設特派交涉員，以職掌對外國交涉事宜）。1913 年，就由上海觀察使兼掌特派交涉員。1914 年，上海觀察使更名為滬海道，仍由滬海道尹兼掌特派交涉員。而 1916 年之後，滬海道道尹則不再兼任特派交涉員，特派交涉員改為由專人任職。

2. 縣行政機構的變化。辛亥革命後，「南京臨時政府根據臨時約法，首先頒布行政制度，廢除鎮、道、府制，每縣設民政長一人」。〔註36〕而在江蘇省光復之後，中央尚無制定統一的地方制度。因此，都督程德全頒布江蘇省

〔註36〕揚州師範學院歷史系編，《辛亥革命江蘇地區史料》，江蘇人民出版社，1961 年，第 580 頁。

地方官制，對清末地方行政系統進行重新設置。暫行地方官制主要是將府、廳、州、縣等行政區劃進行裁撤，合併為縣，並將知縣改稱為民政長，於其下設各科以管理全縣各行政事務。其暫行縣官制主要內容列於後：

第一條：凡地方舊稱為州者曰舊稱為縣者曰縣，舊稱為廳者改曰縣，所有民政事宜統於州縣民政長，從前之道府直隸廳均裁，知州知縣均改易名稱，同城州縣均裁併為一。

第二條：州縣民政長直隸於都督府，受都督之監督指揮處理各該州縣各項民政事宜

第三條：州縣民政長應酌設佐治職分課治事如左：一、總務課：掌理該州縣文牘、印信、庶務、會計及不屬於他課之各項事宜。二、警務課：掌理該州縣巡警、戶籍、衛生、消防等事宜，都督府所在地設警務總監，不另設警務課。三、學務課：掌理該州縣教育事宜。四、勸業課：掌理該州縣農工商務及交通事宜。五、主計課：掌理該州縣各項稅捐及一切財政事宜。六、典獄課：掌理該州縣監獄事宜，都督府所在地監獄事宜由提法司管理，不另設典獄課。

第四條：各州縣佐治職均與民政長同署辦公。

第五條：各州縣佐治職如因地小事簡不必備設者，得以一人兼任二職，從前之教職及佐貳雜職均裁。

第六條：州縣民政長及佐治職均三年一任。

第七條：州縣民政長由該州縣議會公舉，報請都督府核准委任，但有違法及不稱職時除經議會糾舉外，都督府得行文免職，由議會立行公舉（州縣議會未成立地方暫由都督府委任）。

第八條：各州縣佐治職由該州縣民政長量才授職，申報都督府核准委任。

第九條：各州縣別設議會，其專章另訂之。

第十條：各州縣設參事會，其專章另訂之。

第十一條：各州縣別設審判廳檢察廳，暫照舊行法院編制法辦理。

第十二條：各州縣市制鄉制另訂之，市制鄉制未頒行以前，暫

照舊行城鎮地方自治章程辦理，以城鎮比於市。〔註37〕

　　從民初江蘇省暫訂縣官制內容來看，對清末縣署佐貳雜職予以裁撤，在縣署下設科，開創了新的行政系統，為之後江蘇省縣級行政機構的完善和發展奠定了基礎。迨政局平穩後，中央通令各省規定縣民政長一律改稱知事，並公布統一現行各縣地方行政官廳組織令。在中央下達通令後，江蘇省對縣公署組織、縣知事職能及機構辦事細則等重新作出規定，其主要內容為：

　　　　第一條：各縣知事公署依據大總統公布，劃一現行各縣行政官廳組織，令縣設知事一員，為地方行政長官，依現行法規之例辦理，其行政事務及本省行政長官委任之事務。

　　　　第二條：縣知事公署設佐治員分科治事，以縣知事名義行之，各科應設員額及其所掌事務規定如左：第一科：設科長一人，科員二人，掌本縣內務行政及省行政公署委任之內務行政事務，並本公署收發文書及不屬他科所掌事件。第二科：設科長一人，科員二人，掌本縣財務行政及省行政公署委任之財務行政事務並本公署會計庶務。第三科：設科長一人，科員一人，掌本縣教育行政及省行政公署委任之教育行政事務。第四科：設科長一人科員一人，掌本縣實業行政及省行政公署委任之實業行政事務。

　　　　第三條：縣知事公署除應設四科者照前條規定外，其設三科者以第四科所掌事務併入第三科，設二科者，以第三第四兩科所掌事務併入一科，但科員得增設一人。

　　　　第四條：各縣知事公署設科之多寡，由民政長量事之繁簡以另表定之。

　　　　第五條：縣知事公署依事務之必要，應設技士時，由縣知事敘明必要設置事由，並酌擬技士員額呈請民政長核定，但技士員額至多不得過三人。

　　　　第六條：縣知事公署為繕寫文件，辦理庶務得由縣知事酌用雇員，設四科者至多不得逾二十人，設三科者至多不得逾十六人，設二科者至多不得逾十二人，俱呈報民政長查考。

〔註37〕《蘇省地方官制之大改革》，《申報》1911 年 11 月 18 日。

第七條：科長科員技士及雇員職權分別規定如左：科長：承縣知事之指揮，率同科員技士雇員辦理本科事務。科員：襄助科長辦理本科事務。技士：承縣知事之指揮並依其技術關係之科襄助該科科長辦理事務。雇員：承縣知事及佐治員之指揮辦理指定事務。

第八條：縣知事公署因地方未設審判廳，得設幫審員管獄員者，由縣知事呈請本省司法籌備處長委任之。

第九條：縣知事公署辦事細則由各知事自定之，仍呈報民政長查考。

第十條：本條例規定事項以外，凡別以法令規定各縣應辦之事項，仍照各項法令辦理。

第十一條：本條例以民政長命令行之。

第十二條：本條例有應增刪修改之處，由民政長提議或由縣知事呈請均交省行政公署會議廳擬具修正草案，仍由民政長核定，以命令行之。〔註38〕

在民政長時期，縣署下設勸業課、主計課、總務科、警務課、學務課、典獄課，而產鹽各縣則增設鹽務課，各課設課長。而在臨時省議會修正暫行地方制後，將典獄裁歸司法，設五科，又改勸業為實業。在地小事簡之縣，有以一人兼任二職者，因此，江蘇省各縣有分設五課，也有將學務實業設四課者。而在縣知事時期，中央通令劃一地方官吏名稱，以民政長為縣知事。按照省署組織條例，改課為科，縣知事下分二到四科不等。其中規定，第一、第二得設科長一人，科員二人，第三、第四則科長下只科員一人，設三科者以第四與第三並，設二科者以第三、第四所掌事務併入第一科。1913年2月，江蘇省除太平一縣只設二科外，設四科者十三縣，設三科者四十六縣。1913年9月，受財政部減政政策影響，一等知事設科員四人，二等三人，三等二人，技士各一人，裁撤科長，復減少科員額數。此後，江蘇省縣署機構基本延續了此制並貫穿整個北洋時期，直至1927年。

〔註38〕《江蘇省各縣知事公署組織條例》，《申報》1913年3月13日。

圖 3-2-2：民國江蘇縣署結構演變圖

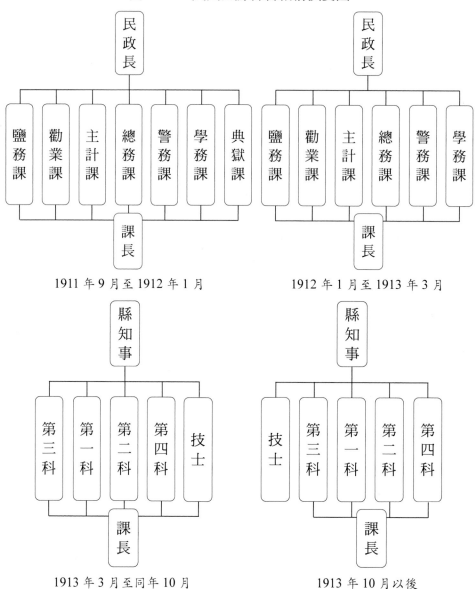

1911 年 9 月至 1912 年 1 月　　　　　1912 年 1 月至 1913 年 3 月

1913 年 3 月至同年 10 月　　　　　　1913 年 10 月以後

資料來源：江蘇省行政公署內務司，《江蘇省內務行政報告書》上編，1914 年，第 105 頁。

　　由於民初蘇省頒布了暫行縣制，其中規定縣民政長由公選產生，後臨時省議會又議決修正縣民政長選舉章程，採用選舉委任折衷制。規定各縣照章選舉合格者三人，由都督擇任一人對其委任。1914 年 2 月，江蘇省停辦自治，

各縣知事由公選改為省署任命，並經省行政長官呈請中央備案。不過，在 1916 年 5 月，改由內務部轉送銓敘局審核資格相符後，再由部呈請任命。1920 年 1 月，大總統徐世昌根據內務總長呈請，曾通令各省任用知事應遵定章辦理。並規定籍貫為本省人員應照章迴避。但由於當時局勢動盪，此令難以執行。〔註 39〕之後，受「聯省自治」思潮影響，江蘇省亦提出「蘇人治蘇」口號，力求自保，其對中央的離心傾向較強，中央多無法左右省對縣知事的任用權，而江蘇省對縣知事的任命也並未嚴格遵循中央之令，縣知事的用人權實質上仍由江蘇省自行決定。

　　（三）民初江蘇省地方行政區域變化。辛亥革命後，江蘇省將廳州合併改稱，合數縣為一縣，也有因地方遼闊而劃分增設者，在經過合併，分析，改稱之後，合併十一縣，分析二縣，州廳改稱七縣，其餘仍舊者四十縣。在經過改制後，江蘇全省共分為六十縣，縣名多沿用舊名。具體改制如下：吳縣兼轄舊時長洲，元和二縣地（廢蘇州府），洞庭縣轄舊時太湖，靖湖二廳地，吳江縣兼轄舊時震澤縣地，常熟縣兼轄舊時昭文縣地，崑山縣兼轄舊時新陽縣地，華亭縣兼轄舊時婁縣地（廢松江府），奉賢縣，金山縣，上海縣，南匯縣，川沙縣轄舊時廳地，青浦縣，武進縣兼轄舊時陽湖縣地（廢常州府），無錫縣兼轄舊時金匱縣地，宜興縣兼轄舊時荊溪縣地，江陰縣，靖江縣，丹徒縣廢鎮江府，丹陽縣，金壇縣，溧陽縣，太平縣轄舊時廳地，太倉縣兼轄舊時鎮洋縣地（廢直隸州），嘉定縣，寶山縣，崇明縣，江寧縣兼轄舊時上元縣地（廢府），江浦縣，六合縣，句容縣，溧水縣，高淳縣，山陽縣（廢淮安府），阜寧縣，鹽城縣，清河縣，桃園縣，安東縣，銅山縣（廢徐州府），蕭縣，沛縣，邳縣轄舊時州地，豐縣，碭山縣，宿遷縣，睢寧縣，東海縣轄舊時海州地，廢直隸州，贛榆縣，沐陽縣，江都縣兼轄舊時甘泉縣地（廢揚州府），儀徵縣，高郵縣轄舊時州地，興化縣，寶應縣，泰縣轄舊時州地，東臺縣，海門縣轄舊時廳地，南通縣轄舊時通州地（廢直隸州），如皋縣，泰興縣。〔註 40〕

二、清末民初江蘇省行政官員群體分析

　　（一）教育背景分析。清末官制改革，江蘇省、府、縣各級行政機構都進行了變革，增設若干新機構和官員，以適應憲政改革的需求。從當時

〔註 39〕錢實甫，《北洋政府時期的政治制度》，中華書局，1984 年，第 308 頁。
〔註 40〕《江蘇六十縣一覽表》，《申報》1912 年 1 月 19 日。

江蘇省各級官員的出身履歷來看，基本仍是以科甲出身，具有傳統功名為主（見附表1）。民初之後，江蘇省官員結構有了明顯的變化。受過新式學堂教育且具有出洋背景的官員開始出現並逐漸增多。以民初1911年10月到1913年12月，江蘇省各縣知事出身為例（見附表1）。當時江蘇省六十縣，作過縣民政長、縣知事的共有193人，如果包括一人曾擔任過兩任以上縣知事者，則為213人次。其中，具有傳統功名的共106人，而學堂出身的則有20人，兼具傳統功名與新式教育的共41人，其他出身不詳者共26名。分別占總數的55%，10%，22%，13%。從統計數字來看，具有傳統功名的縣知事雖然仍占多數，但具有新式學堂教育背景的人數也達到32%。這說明在民初，江蘇省行政官員的教育背景已經有向新式學堂教育轉變的趨勢。而至1921年前後，江蘇省60名縣知事中，傳統科舉出身者為23人，新式學堂出身者為28人，其他出身則占9人。可以看出，此時新式學堂背景出身的已多於傳統功名出身。而根據1914年4月政府所頒布的《知事試驗條例》所規定，除規定應試縣知事人員，曾任簡任或薦任文官滿三年以上者或相當之資格外，對教育背景要求為「一、在本國或外國大學或專門學校，修法律政治經濟之學三年以上，得有畢業文憑者。二、在本國獲外國專門以上各學校或本國法政講習所，修法律政治經濟之學一年半以上，得有證明書並會辦行政事務滿二年以上者」。〔註41〕以考試作為選拔縣知事的手段，也成為當時比較普遍的方式。這說明自民初之後，對於縣知事是否具有新式教育背景經歷成為重要的衡量標準，這也不難理解民初之後江蘇省具有新式學校教育背景官員數量逐漸增多的原因。

（二）官員迴避制度。迴避制度作為清朝官員選任制度而起到重要作用。主要是為了防止官員因親緣、地緣、學緣而產生結黨營私等腐敗現象的出現。因此，自清朝開國之後，官員迴避制度就得到格外重視，對迴避制度的制定也越來越嚴格和細密。〔註42〕民初之後，江蘇省迴避制度雖然有所延續，但制度

〔註41〕商務印書館編譯所，《中華民國法令大全》第三類，官規，商務印書館，1936年，第174頁。

〔註42〕清朝迴避制度承接明朝，但由於明末朝綱紊亂，結黨營私嚴重，其迴避制度已破壞殆盡，難以發揮其功效，因此，迴避制度實際上已無從談起。從清朝起，對於官員迴避制定了較為詳密的制度，其主要針對親緣、地緣、籍貫迴避等三方面內容。清康熙四十四年（1703年）對於迴避制度，就曾明令規定「選補官員所得之缺，在五百里以內，均行迴避，若有以遠報近，以近報遠，一經查出，照規避例革職」。雍正七年（1729年）又議准「各

本身已開始出現罅隙，無論從省官員還是到縣知事，江蘇籍人士任本省職現象時有出現。一方面，從當時江蘇省省級官員來看，從 1911 年至 1927 年共有 131 人擔任過省職，而擔任人次則有 472 人次。除籍貫不詳之外，其籍貫為江蘇省者共有 16 人擔任過江蘇省省級官員，占總人數的 10%，其中不乏有省長及任職時間較長的蘇籍官員。比如韓國鈞就先後兩次擔任蘇省民政長和省長，前後任職有 4 年多時間，而張軼歐則擔任蘇省實業廳長達 9 年時間。另一方面，江蘇省縣級官員，主要為縣知事。上文提到，民初江蘇省縣民政長、縣知事共有 193 人，而籍貫為江蘇省本籍者共有 95 人，占總人數的 49.2%，江蘇省籍人士佔據一半。〔註43〕這反映出迴避制度在江蘇省並未嚴格執行，且遇到相當大的挑戰。

　　江蘇省本籍人士任本省職情形的出現與清末民初社會轉型劇烈，局勢動盪有相當大的關係。首先，民初江蘇省繼續推行地方自治，縣民政長均由公選產生，多選舉本地人充任。其次，主要目的在於穩定地方秩序。本籍人對當地社會較為熟悉，因此，選任本籍人可以更好的實現政局平穩過渡，降低革政的成本。不過，由於此後袁世凱停辦地方自治，由地方選舉縣知事無形

省候選雜職人員，除祖籍之員缺迴避外，將他省之員缺掣補。至考官外任督撫，屬官內有係伊取中者，諮部存案，遇舉劾時，於本內聲明，考官外任司道，其屬官內有係伊取中者。申報督撫存案，如有舉劾，督撫本內，亦將該員與司道誼係師生之處，一併聲明，凡督撫司道有所舉劾，償於取中之人，有徇私廢公等情，察出，將徇私舉劾之督撫司道，交部照例議除」。乾隆三十年（1765 年），對於不遵迴避制度者加大了處罰力度，規定「考官外任督撫，屬官內有係伊取中者，諮部存案，遇舉劾時，於本內聲明，考官外任司道，其屬官內有係伊取中者，申報督撫存案，如有舉劾，督撫本內，亦將該員與司道誼屬師生之處。一併聲明，如將不稱升調之員，徇情保舉，照徇情例。降二級調用，將應參之員，徇庇不參者，照徇庇例降三級調用」。道光二十八年（1848 年），要求各省現任及候補試用人員，祖孫、父子、伯叔、兄弟，自道府以至佐雜等官，無論「官階大小，概不准同官一省」，後又規定其「同祖兄弟，及例應迴避之外姻親族，同在一府為丞倅、牧令、佐雜等官，俱令官小者迴避，亦不准同在一府當差，如有藉詞出繼，仍應令其迴避」。後至咸豐、同治、光緒年間，迴避制度基本延續前朝所定，對親緣、地緣及學緣方面的迴避嚴格遵守。直到清朝結束，其官員迴避制度一仍其舊，並未有所改變。昆岡、李鴻章：《欽定大清會典事例・吏部・處分例》，卷 84，光緒二十五年八月石印本。另魏秀梅在《清代之迴避制度》（《中央研究院近代史研究所專刊》（66），1992 年）一書中專門對清代官員迴避制度有所討論。

〔註43〕限於篇幅限制，不再將「江蘇省軍政民政司法職官年表」列於文後。可參見劉壽林、萬仁元、王玉文、孔慶泰，《民國職官年表》，中華書局，1995 年，第 243～252 頁。

中停止。縣知事任命多由省署呈報中央，由中央委任。江蘇籍縣知事的比例又呈現逐漸下降的趨勢，但仍有蘇籍人士擔任縣知事。比如，「六合縣知事童佐良，其籍貫為江蘇江都縣，於 1914 年 1 月任知事」〔註44〕；泗陽縣知事喬國楨，江蘇淮陰人，於 1915 年 9 月任；〔註45〕興化縣知事盛孚泰，江蘇吳縣人，於 1916 年任知事；繼任知縣葉基楨，江蘇吳縣人，於 1917 年任；〔註46〕阜寧縣知事周積芹，江蘇吳江縣人，於 1925 年任。〔註47〕

表 3-2-2：民國時期省政府蘇籍任職情況表

姓名	籍貫	年份	職任
魏家驊	江寧人	1912 年	民政司長
王清穆	崇明人	1912 年	財政司長
張壽齡	武進人	1913 年	財政司長
黃炎培	川沙人	1912～1913 年	教育司長
黃以霖	宿遷人	1912～1913 年	實業司長
錢崇威	吳江人	1912 年～1913 年	高等檢察廳、高等審判廳
韓國鈞	江蘇海安人	1913～1914，1922～1925	民政長，省長
徐壽茲	蘇州人	1914 年	政務廳長
楊蔭杭	無錫人	1914 年	高等審判廳
張軼歐	無錫人	1917 年～1925	實業廳長
許沅	丹徒人	1920～1924 年	特派交涉員
嚴家熾	吳縣人	1923～1925 年	財政廳長
蔣維喬	武進人	1925 年	教育廳長
蔣鳳梧	常熟人	1925 年	淮揚道尹
陳陶遺	金山縣人	1926 年	省長
陳貽範	吳縣人	1914 年，1919 年	特派交涉員

注：此表係根據民國江蘇省民政司法職官年表而來，由於資料缺乏，只能查到上表中人物籍貫。

資料來源：1. 劉壽林、萬仁元、王玉文、孔慶泰：《民國職官年表》，中華書局，1995年，第 243～252 頁。2. 張憲文、方慶秋、黃美真主編：《中華民國史大辭典》，江蘇古籍出版社，2002 年。

〔註44〕鄭耀烈、汪昇遠、王桂馨，《六合縣續志稿》十一卷，1920 年石印本，第 9 頁。
〔註45〕李佩恩、張相文、王聿望，《民國第一次修泗陽縣志》第四卷，1926 年鉛印本，第 34 頁。
〔註46〕李恭簡、魏雋、任乃賡，《續修興化縣志》卷十一，1943 年鉛印本，第 14 頁。
〔註47〕焦忠祖、龐友蘭，《阜寧縣新志》第三卷，1934 年鉛印本，第 62 頁。

　　不過，值得一提的是，在 1920 年 1 月，大總統徐世昌在通令各省任用縣知事時，格外強調「其籍隸本省人員，並應照章迴避」。但按照學者錢實甫的說法，在徐世昌頒布此令時，「各省都在號召以本省人治本省，所謂本籍的迴避，更屬無存」。〔註48〕這一說法並不完全成立。因為在此令頒布之後，於 1920 年前後至 1922 年這段時期內，江蘇省縣知事並無本籍人士，對縣知事的任命仍是遵照中央的法令來執行，並無例外之處。〔註49〕而此之後，又出現蘇籍人士擔任縣知事的現象。之所以會出現這種現象，與當時時局的發展形勢有密不可分的關係。1919 年，徐世昌在段祺瑞的支持下成為總統，但實權仍掌握在段手中，這引起直系的不滿，直接導致 1920 年直皖戰爭的爆發，結果，直勝皖敗，直系控制了中央政權。而江蘇省又處於直系馮國璋的控制之下。因此，對於總統頒布的法令，江蘇省仍嚴格遵守，以此表明直系並無控制中央之意，此舉也有爭取全國輿論支持，反對皖系的意味。此後，由於直系獨控中央政權，又導致與奉系的衝突，在第二次直奉戰爭後，奉勝直敗，江蘇省落入奉系手中。江蘇省在奉系的控制下未能延續直系時期的迴避制度，又出現了江蘇省本籍人士擔任縣知事的現象。對於這一情形的出現，應與奉系為外來派系，對江蘇省社會政治情況較為陌生有關，因此，又不得不借助江蘇籍官員來予以治理。這也反映出江蘇省官制的變化受當時軍閥政治影響較大。

　　清末民初，江蘇省行政體系表現出明顯的轉型特點。一方面，得益於晚清新政時期進行的官制改革，江蘇省增設了若干新的行政機構，在很大程度上滿足了憲政改革的需要。行政體系開始從傳統官衙制向現代行政機構逐步演變。其最突出的特點是行政與司法的逐漸分立，雙方各自的邊界與權限開始廓清，二者開始朝各司其職，權責分明的方向發展，無論從形式上還是從內容上都具有了現代化的因素。民國肇建之後，相較於清末時期，江蘇省行政機構朝著更為專業化和細緻化的方向發展，內部組織結構也更具合理性，分工明確。不過，受社會轉型劇烈與局勢動盪影響，江蘇省行政系統變動較為頻繁，從省級到地方行政機構呈現出快速更迭的態勢，難以維持穩定有序的行政運行環境，最終成為軍閥政治的犧牲品，喪失了行政體系現代化的條件與契機。

〔註48〕錢實甫，《北洋政府時期的政治制度》，中華書局，1984 年，第 307～308 頁。
〔註49〕江蘇省長公署統計處編，《江蘇省政治年鑑》，沈雲龍主編《近代中國史料叢刊》三編，第 53 輯，臺灣文海出版社，1988 年，第 35～37 頁。

第四章 江蘇省地方自治的植入與頓挫

清末民初，江蘇省地方自治呈現出曲折發展的態勢。一方面，清末地方自治章程的頒布為江蘇省「民治」的實施奠定了基礎；另一方面，傳統「官治」不斷介入，又嚴重阻礙著「民治」的發展，結果地方自治衍化為「官治」與「民治」既相互糾纏又相互衝突的局面。加之民眾對地方自治的牴觸，使得江蘇地方自治在起步階段就步履維艱。民初之後，江蘇臨時省議會制定了縣、市鄉制，地方自治開始向縣級層面延伸。後受袁世凱復辟帝制影響，江蘇省地方自治陷於停滯狀態，並遲遲難以恢復。在此期間，江蘇省地方精英不斷同北洋政府就恢復地方自治問題展開博弈，彰顯出其推動地方自治的決心與韌性。而就在江蘇地方自治步入正軌之時，卻被地方軍閥混戰攔腰截斷，最終失去了實現地方自治現代化契機。那麼，清末民初江蘇省地方自治是如何推動與實施的？在恢復地方自治這一問題上又是同中央是如何博弈的？對近代江蘇地方政治現代化產生了怎樣的影響？這是本章所要著力探討的問題。

第一節 晚清地方自治思潮的萌發與開端

一、早期資產階級地方自治思想概述

鴉片戰爭之後，隨著西力東漸，西化思潮逐漸湧入中國。洋務運動應運而生，但由於洋務派過於注重「器物之變」，使得這場喧鬧一時的運動以失敗

告終。而近代早期資產階級改良派也開始意識到單憑引入西方「器物」已遠不能挽救國家危局，必須從制度上進行根本變革才有可能挽救民族危亡。在這種情況下，以馮桂芬、王韜、鄭觀應為代表的早期改良派到以康有為、梁啟超為代表的維新派都將目光轉向西方，希望借鑒西方制度進行體制上的變革。而西方地方自治制度自然也被其納入考察視野，成為他們關注的焦點。

（一）早期改良派地方自治思想的初步形成。對於地方自治的理解，早期改良派與維新派一脈相承，前後相繼。雖然早期改良派並未確切提出地方自治這一概念，但其思想中卻已體現出了君民分治，重視民治的意向。馮桂芬認為中國封建社會中，雖無自治之名，但存自治之實，並以漢朝為例，指出「漢制十里一亭，亭有長，十亭一鄉，鄉有三老、嗇夫、游徼。三老掌教化，嗇夫職聽訟收賦稅，游徼循禁盜賊，亦以鄉人為之，亦皆官也。以今方二百里之州縣計之，當有三老、嗇夫、游徼各四十，亭長四百。視周已大減，然猶之多也」。指出中國歷史上早已存在地方自治形態。因此，應借鑒古制，折衷周、漢之法，重視紳董在治理地方上所起的作用，「駐城各圖滿百家公舉一副董，滿千家公舉一正董，里中人各以片楮書姓名保舉一人，交公所匯核，擇其得舉最多者用之。皆以諸生以下為限，不為官，不立署，不設儀仗，以本地土神祠為公所，民有爭訟，副董會里中耆老，於神前環而聽其辭，副董折衷公論而斷焉。理曲者責之罰之，不服則送正董，會同兩造族正公聽如前；又不服送巡檢，罪至五刑送縣，其不由董而達巡檢或縣者，皆謂之越訴不與理」。〔註1〕王韜則強調應重視「民」在地方治理中的作用，民不僅是官治的對象，更是民治的主體，「朝廷有大興作，大政治，亦必先期告民，是則古者與民共治天下之意也」，同時強調「善為治者，貴在求民之隱，達民之情，民以為不便者不必行，民以不可者不必強，察其癢而煦其疾痛，民之與官有如子弟之於父兄，則境無不治矣」，而對於「不洽於民情者，民皆得而言之，上無私政，則下無私議。以是親民之官，其為政不敢大拂乎民心，誠恐一為眾人所不許，即不能保其身家，是雖三代以下而猶有古風焉」。〔註2〕鄭觀應認為「公舉之法，即鄉舉里選之遺意也，漢代行之，得人稱盛」，因此，鄉治應重選舉之法，而選舉形式「有一鄉公舉之人，有一縣公舉之人，有一府公舉之人，有一省公舉之人」。而對選舉人及被選舉人之資格也提出了自己的主

〔註1〕馮桂芬，《校邠廬抗議》，中州古籍出版社，1998年，第92～93頁。
〔註2〕王韜，《弢園文錄外編》，遼寧人民出版社，1994年，第33～36頁。

張，「今則無產業有俸稍，而確係土人、身家清白者，亦可舉人。其預選舉者，須年在二十五歲左右，有產地於國中，品學兼優，操守廉潔者，方得被選」。〔註3〕

　　早期改良派對民治的描述，雖然並未明確提到地方自治，但其思想中已具有了朦朧的地方自治意識。從中國的歷史沿革、重民觀念、鄉選制度等方面加以論述，體現出近代地方自治內容的諸多要素。更為重要的是，改良派所提出的民治主張已隱約透遞出其樸素的民權思想。這也為以康梁為首的維新派明確提出地方自治這一命題，強調民權與民治二者的密切關係奠定了理論基礎。

　　（二）維新派地方自治思想的形成與發展。梁啟超曾在《新民說》中對地方自治這樣說到，「求一群之自治，國有憲法，國民之自治也。州郡鄉市有議會，地方之自治也。凡善良之政體，未有不從自治來也。一人之自治其身，數人或十數人之自治其家，數百數千人之自治其鄉其市，數萬乃至數十萬數百萬數千萬數萬萬人之自治其國，雖其自治之範圍廣狹不同，其精神則一也」。認為地方自治雖是一地方人治一地方事，但國家又是由地方所組成，因此「一省，一府，一州，一縣，一鄉，一市，一公司，一學校，莫不儼然具有一國之形」。強調若要國家治理好，必須從地方做起，只有地方有自治能力，國家才能有自治能力，強調「吾民將來能享民權、自由、平等之福與否，能行立憲議會分治之制與否，一視其自治力之大體，而先以之責望諸個人」。〔註4〕而康有為認為「夫地方之治，皆起於民，縣令之下，僅一二簿尉雜流，未嘗託以民治」。單單依靠縣令治理地方是遠遠不夠的，主張「每道設一民政局，妙選通才，督辦其事」，而選主事之人自「一品至七品京朝官，皆可為之」，並「准其專摺奏事，體制與督撫平等」，「聽其自闢參贊隨員，俾其指臂收得人之助」。對於具體分辦之事，則提出「每縣設民政分局督辦，派員會同地方紳士治之，除刑獄賦稅暫時仍歸知縣外，凡地圖、戶口、道路、山林、學校、農工、商務、衛生、警捕，皆次第舉行。三月而備其規模，一年而責其成效。如此則內外並舉，臂指靈通，憲章草定，奉行有准，然後變法可成，新政有效也」。〔註5〕

〔註3〕鄭觀應，《盛世危言》，遼寧人民出版社，1994年，第61～62頁。
〔註4〕梁啟超，《梁啟超全集》，北京出版社，1999年，第682～683頁。
〔註5〕湯志均，《康有為政論集》，中華書局，1981年，第216頁。

從康、梁對地方自治的闡釋和理解來看，地方自治思想已相對成熟，無論是對自治的理解還是提出的主張，都較早期改良派前進一步。尤其是對地方與國家，自治與官治的關係都進行了較為深刻的闡釋，提出了具體的主張與建議。強調自治並非只是單純的由民眾治理地方那麼簡單，它更多體現出民權、紳權、官權三者之間的關係。而如何在傳統官權限度內提倡民權，如何在傳統官治內發展民治，如何讓士紳成為溝通官治與自治的橋樑，又成為其矚目的內容。因此，從康梁所提出關於地方自治的主張來看，不僅擴充了地方自治的內容，更為之後清末憲政推行地方自治奠定了思想基礎。

二、清末憲政改革中的地方自治

1905 年，清政府推行憲政改革，其中地方自治被認為是除設立議院之外的另一項重要內容。當時，日俄戰爭以日本勝利而告終。時論多認為是日本君主立憲制戰勝了俄國君主專制，朝中上下對此也頗為認同。認為日本君主立憲制之所以成功，地方自治的施行是關鍵因素，指出「日本自明治四年廢藩置縣，即有地方團體治理公共事務，或由敕令，或由省令，逐次改良，隨時進步。至明治二十三年發布府縣制、郡制，其時一切規模，早臻完備，不過徵累年之治效，按通國之情形，以著為成文法而已」。〔註6〕時任北洋大臣袁世凱也指出「日本之維新造端於府縣會，選舉有定法，議決有定程，人以被選為榮，斯民德日崇，類能輔官治之所不及……竊謂非行地方自治無以補守令之闕失，通上下之悃忱」。〔註7〕主張盡快推行地方自治，以奠定憲政基礎。因此，如何重新調整中央與地方之間的權力分配，使國家權力重心下移，加強對基層社會的控制與整合成為清政府面臨的重要問題。

對此，朝臣紛紛上摺，指陳推行地方自治的重要性與必要性。江蘇學政唐景崇奏陳道「地方自治政策，所以培成立憲基礎，乃今日所最宜注重者也」，認為「分治者，並非侵越中央政府，貿然上攬其柄權也，譬如一市焉，一鄉焉，一縣焉，利當興者興，弊當革者革，而國力、官力有所未逮者，則分力於個人，分之既多，合無數之聰明材力，興辦一方之公事，結成鞏固之範圍。推而至於一郡、一省、一國，脈絡貫通，上下一氣，人人有捍衛桑梓，建立

〔註6〕 《出使俄國大臣胡惟德奏請頒行地方自治制度》，見故宮博物院明清檔案部
　　　 編，《清末籌備立憲檔案史料》，下冊，中華書局，1979 年，第 715 頁。
〔註7〕 《北洋大臣袁世凱奏天津試辦地方自治情形摺》，見故宮博物院明清檔案部
　　　 編，《清末籌備立憲檔案史料》，下冊，中華書局，1979 年，第 720 頁。

事業，顧全大局之精神，即今世界大通，必不容外人之干涉。如是內政修而外侮弭，民心固而國勢強，誠立憲之絕大根源哉」。〔註8〕浙江巡撫增韞認為「地方自治之設，東西立憲國所以練習人民政治上之知識，而以本地之人辦本地之事，則利切而謀慮周，於各地選民之中舉國會代議之士，則閱歷多而政見確」。〔註9〕南書房翰林吳士鑑就推行地方自治的具體內容提出主張，認為各縣村應「舉明練公正之士民以充議長，綜賦稅、學校、訟獄、巡警諸大政，各視其所擅長者任之，分曹治事，而受監督於長官。其人之不稱職，事之不合法者，地方長官得隨時黜禁之，遇有重大事件，則報告於中央政府，以興其賞罰。蓋東西各國所以能上下相維，內外相制，主權伸而民氣和，舉國一心，以日進於富強者此也」。〔註10〕

面對朝官的籲請，清政府認為地方自治未可脫離官治之外而單獨施行，因此更加看重「助官治之不足也」的作用，強調「無官治，則無所謂自治，猶無二物，則無所謂彼此」，並聲稱「自治規約，不得牴牾國家之法律，由是而自治事宜，不得抗違官府之監督，故自治者，乃與官治並行不悖之事，絕非離官治而孤行不顧之詞」。〔註11〕從中不難看出，對於地方自治，清政府仍是將其看作是輔助官治的一種手段，希望在官治的監督之下來推行地方自治，即一種官治化的自治。而自治則應恪守自身界限，不能侵越官治，以明確自治與官治間的權限。其實，從清政府的態度中，不難看出其對自治推行仍心存疑慮，擔心對傳統官治造成衝擊，進而影響君權的權威。不過，由於君主立憲制為憲政改革的目標，而地方自治又是君主立憲制實現的基礎。因此，清政府認為「地方自治為立憲之根本，城鎮鄉又為自治之初基，誠非首先開辦不可」，並「著民政部及各省督撫督飭所屬地方官選擇正紳，按照此次所定章程將城鎮鄉自治各事宜迅即籌辦實力奉行，不准稍有延誤」。〔註12〕

〔註8〕《江蘇學政唐景崇奏預籌立憲大要四條摺》，見故宮博物院明清檔案部編，《清末籌備立憲檔案史料》，上冊，中華書局，1979年，第116～117頁。

〔註9〕《浙江巡撫增韞條陳地方自治事宜三條摺》，見故宮博物院明清檔案部編，《清末籌備立憲檔案史料》，下冊，中華書局，1979年，第752頁。

〔註10〕《南書房翰林吳士鑑請試行地方分治摺》，見故宮博物院明清檔案部編，《清末籌備立憲檔案史料》，下冊，中華書局，1979年，第711～712頁。

〔註11〕《憲政編查館奏核議城鎮鄉地方自治章程並另擬選舉章程摺》，見故宮博物院明清檔案部編，《清末籌備立憲檔案史料》，下冊，中華書局，1979年，第725頁。

〔註12〕端方，《大清光緒新法令》，諭旨，上海商務印書館刊本，第32頁。

而在這種矛盾的心態下，清政府於 1908 年 7 月諭令民政部制定城鎮鄉地方自治章程，並轉呈憲政編查館核議審定。

民政部制定的城鎮鄉地方自治章程共分七章，主要涉及到自治區域、範圍、組織結構、自治職能、自治監督等內容。同時，對地方自治運行的方式與流程也進行了較為完善的規定。除制定城鎮鄉自治章程外，又制定了選舉章程，對參與選舉人與被選舉人的資格、投票方式、任職年限等方面都做了詳細規定。以下為地方自治章程的主要內容：

1. 在城鎮鄉自治章程第一章總綱第一條中就對地方自治的性質做了明確界定，「地方自治以專辦地方公益事宜輔佐官治為主，按照定章由地方公選合格紳民受地方官監督辦理」。

2. 以人口多寡來劃定城、鎮、鄉自治區域。規定「府廳州縣治城廂地方為城，其餘市鎮村莊屯集等各地方人口滿五萬以上者為鎮，人口不滿五萬者為鄉」，「鎮鄉地方嗣後若因人口之增減，鎮有人口不足四萬五千，鄉有多至五萬五千者由該鎮董事會或鄉董呈由地方官申請督撫，分別改為鄉鎮」。

3. 自治範圍主要涵蓋城鎮鄉中小學堂學務、改善地方衛生、道路橋樑路燈公共設施建設、改良和促進本地農工商業發展、義賑救災、善堂義舉等方面內容。

4. 自治職分為兩級，城鎮設議事會和董事會，鄉設議事會和董事。議事會由城鎮鄉民互選產生。董事會則在議事會基礎上由議事員選舉產生。總董為一名，董事一名至三名，選舉產生之後皆由地方官核准任命。城鎮鄉地方各設自治公所為城鎮鄉議事會會議及城鎮董事會鄉董辦事之地，自治公所可酌就本地公產房屋或廟宇為之。

5. 城鎮議事會議員以二十名為定額，城鎮人口滿五萬五千者得於前項定額外增設議員一名自此以上每加人口五千得增議員一名，至多以六十名為限。鄉議事會議員按照人口之數而定比例。人口不滿二千五百者議員六名；人口二千五百以上不滿五千者議員八名；人口五千以上不滿一萬者議員十名；人口一萬以上不滿二萬者議員十二名；人口二萬以上不滿三萬者議員十四名；人口三萬以上不滿四萬者議員十六名；人口四萬以上者議員十八名。

6. 城鎮鄉議事會各設議長一名，副議長一名，均由議員用無記名單記法互選產生，議長副議長以二年為任期，任滿改選。議員以二年為任期，每年改選半數。若議員全數同時選任者，其半數即以一年為任滿，前項一年任滿之半數以抽籤定之，若全數不能平分者，以多數為半數。總董董事以二年為任期，任滿改選。名譽董事以二年為任期，每年改選半數若同時就任者其半數即以一年為任滿，前項一年任滿之半數照第二十七條第二項辦理。

7. 城鎮鄉議事會權限職責包括：自治範圍內應行興革整理事宜、本城鎮鄉自治規約、自治經費歲出入預算及預算正額外預備費之支出、自治經費歲出入決算報告、自治經費籌集方法、自治經費處理方法、選舉上之爭議、自治職員辦事過失之懲戒，懲戒細則以規約定之。關涉城鎮鄉全體赴官訴訟及其和解之事。並規定議事會議決事件由議長副議長呈報該管地方官查核後移交城鎮董事會或鄉董按章執行。

8. 城鎮鄉董事會權限包括：議事會議員選舉及其議事之準備、議事會議決各事之執行、以律例章程或地方官示諭委任辦理各事之執行、執行方法之議決。董事會於議事會議決事件視為逾權權限或違背律例章程或妨礙公益者得聲明緣由交議事會覆議，若議事會堅持不改，得移交府廳州縣議事會公斷。

9. 地方官有監督議事會、董事會之責。規定地方官有申請督撫解散城鎮鄉議事會城鎮董事會及撤銷自治職員之權，解散或撤銷後應分別按章改選城鎮鄉議事會，應於解散後兩個月以內，城鎮董事會應於解散後十五日以內行成立，鄉董應於撤銷後十五日以內重行選定，若城鎮議事會董事會同時解散或鄉議事會鄉董同時解散撤銷者應於兩個月以內先行招集，議事會所有選舉及開會事宜由府廳州縣董事會代辦，其城鎮董事會及鄉董應於議事會成立後十五日以內重行成立。

10. 城鎮鄉議事會、董事會選民資格。（1）具有本國國籍者。（2）年滿二十五歲之男子。（3）居本城鎮鄉接續至三年以上者。（4）規定年納各項正稅或公益捐二元以上者。（5）雖不具第三、第四兩項規定，但素具眾望者亦可作為選民。（6）雖不具第二、第三項規定，

但納正稅或公益捐較本地選民內納捐最多之人所納尤多者亦可當選。對不具選民資格的規定：（1）品行悖謬營私武斷確有實據者。（2）曾處監禁以上之刑者。（3）營業不正者其範圍以規約定之。（4）失財產上之信用被人控實尚未清結者。（5）吸食鴉片，不識文字，有心疾者。同時規定下列人員不得選舉及被選舉為自治職員。（1）現任本地方官吏者。（2）現充軍人者。（3）現充本地方巡警者。（4）現為僧道及其他宗教師者。（5）現在學堂肄業者不得被選舉為自治職員。〔註13〕

　　縱觀清政府頒布的地方自治章程，在具體內容上不僅包含傳統社會中已有的善堂、義倉等，而且擴展到諸如衛生、教育、建設等新興公共事業上來，體現出現代化的演進軌跡。對於地方自治選舉，則主要參照了諮議局議員選舉章程，不僅對選舉人資格進行詳細的釐訂，而且規定議事會由本城鎮鄉人士互選產生，使得選舉具有了近代民主選舉的意味。城鎮鄉議事會、董事會的設立，使得雙方都處於既相對獨立而又相互監督的地位。不過，由於清政府始終將地方自治定位於補充官治之不足。因此，地方自治在實踐和操作上仍難以擺脫官治的束縛。即便地方上新設議事會、董事會、自治公所等自治機構，但仍受政府和官員的監督與控制，若超出自治範圍，則面臨被撤銷與解散的命運。這也說明，清政府推行的地方自治帶有相當濃厚的官治色彩，仍是企圖借自治以達到控制基層社會的目的。

第二節　「官治」下的「民治」：清末江蘇地方自治的踐行

一、地方自治的準備

　　在清政府頒布地方自治章程之前，江蘇省士紳就曾上書江督端方，要求先行試辦地方自治，以為將來正式推行作準備。主張應「先從理論入手，為將來實行地步」。〔註14〕江蘇省地方官也上稟督撫，認為試辦地方自治之前，「應請仿照天津自治辦法，設立地方自治局，分設各課，選用員紳，按章治學，開研究會，以求制度之密，設宣講所，以求知識之普及」，並強調「出白話報以助演

〔註13〕端方，《大清光緒新法令》，憲政，上海商務印書館刊本，第46～62頁。
〔註14〕《蘇紳上江督蘇撫設立地方自治會稟》，上海《時報》1907年4月4日。

說之不逮，遣調查員以察內地之情形，派留學生以考外國之辦法，訂自治制以謀法度之統一」，〔註15〕做好試辦自治的準備工作。面對江蘇省士紳與官員的上稟，江督端方也頗為贊同，認為地方自治「憲政之起點，不得不加以慎重」，〔註16〕。指出地方自治「必先由本地人民從下級辦起，次及於上，方為純一之治法……由官紳先為引導，以期推行無阻」。同時強調「江蘇民智發達最早，夫之熱心公益者頗不乏人，自應先行設立自治局，由財政局籌銀三千兩作為創局經費云」。〔註17〕從端方的態度可以看出，一方面，對於地方自治的推行較為慎重，認為關係到憲政大計，應先從基層社會著手推行；另一方面，則強調官紳在地方自治中的主導作用，力圖將地方自治控制在官治的範圍之內。

由於當時清政府所訂地方自治章程仍在草創過程中，並未頒行各省。因此，江督端方飭令各府州廳縣預先籌劃地方自治，仿照天津設立自治局以作為推行自治預備機構。同時上書朝廷，稱「江南地方交通最早，士紳智識開明，自奉明詔預備立憲，群情鼓舞，望治尤殷，誠如茲諭，亟宜擇地試辦地方自治，以為人才歷練之地，以速實行立憲之期，惟是規劃自治，按之法理宜從下級入手，中國鄉之制既已名存實亡，人民程度又復秀野不齊，城鄉互異，仍應仿照天津辦法，於省會設局，以官力提倡，先議預備之方，徐為實施之地」。〔註18〕在上書朝廷之後，江督端方於 1907 年 12 月 31 日在南京設立自治總局，以作為試辦地方自治機關，並檄委調補「奉錦山海道朱恩紱鹽巡道榮恒，浙江補用道宗舜年，署江寧府知府許星璧為樞候補知縣，羅良鑑為參事」，〔註19〕擬定開辦簡章。其簡章內容主要為：

第一章：第二條：本章所擬辦法，係遵照憲札專就江寧屬之，上元、江寧兩縣辦起，以為模範，兼為府屬之各縣先行預備，以便

〔註15〕由於當時天津率先試辦地方自治，其制定的一列措施法令具有開先河之意義，加之時任直隸總督袁世凱的提倡，使得天津在地方自治實施方面走在全國前列。光緒三十三年七月二十二日《北洋大臣袁世凱奏天津試辦地方自治情形摺》，見故宮博物院明清檔案部編，《清末籌備立憲檔案史料》下冊，中華書局，1979 年，第 719～722 頁；《府縣會稟地方自治辦法》，《申報》1907 年 12 月 7 日。

〔註16〕《江督派員赴東考察地方自治（南京）》，《申報》1907 年 8 月 24 日。

〔註17〕《札飭籌款設立自治局（蘇州）》，《申報》1907 年 11 月 29 日。

〔註18〕《兩江總督端方奏地方自治先就省城設局籌辦摺》，《政治官報》1908 年 2 月 12 號（第 103 號），第 53 頁。

〔註19〕端方，《端忠敏公奏稿》卷十，見沈雲龍主編《近代中國史料叢刊》正編，第十輯，臺灣文海出版社，1966 年，第 1253 頁。

逐漸推行。第三條：本局俟第一條所定宗旨到達後即行停止。第二章：組織及職務：第一條：本局職務分設四課二所，各派員以分理之。一、法制課：掌稽考地方自治制度，並編訂章程事。二、調查課：掌關於調查地方戶口風俗教育生計等事，及各項調查報告之纂錄。三、文書課：掌理文牘及文書之撰擬記錄，編輯白話講義，印刷收發，核對保存，並監用關防事。四、庶務課：掌理經費之收支，預算決算及不屬他課之一切庶務事。第一附設：地方自治研究所，徵選各州縣之士紳為學員，研究地方自治法理。第二附設：實地調查所，所員分有給員與名譽員二種。〔註20〕

　　從自治局簡章內容來看，反映出推行地方自治的大致構想。先於省城南京設立自治局作為推行自治預備機構，然後推及到其他府廳州縣。而從內部機構設置來看，從理論研究到制度推廣再到自治調查構成了較為完善的實施步驟。尤其是在培養自治人才方面，江蘇省採取將自治研究所畢業生派回本籍，先踐行自治之法，並「參合本地之情形，何者必應改良，何者尚應沿習，諮詢父老，會和同學研究而求其是，見有疑，莫能明暨扞格難通之處」，然後再赴日本考察，以求「事半功倍」之效果。〔註21〕

　　由於江蘇省分蘇屬與寧屬二部，在寧屬省會南京首先嘗試設立自治局之後，蘇撫陳啟泰也隨即札飭於蘇屬設立自治局，稱「查自治之道非預先研究法理，不能遽議實行。現在江寧省城已經仿照天津辦法，設立自治總局，蘇省應仿照江寧規制，於長元吳三邑，先行試辦，即於省城設立自治局」，並委任「王道仁東，何守剛德派充局長，陸守懋勉，宗令能述，魏令詩銓，金令元烺派充參事」迅速擇地開局。一切應辦事宜應支款項，均「查照寧章參酌，次第詳辦」。〔註22〕而各課課員，各所所長則由司會同各局長遴選嫻干法理官紳分別請委。從蘇屬設立自治局情形來看，基本上是仿照寧屬自治局而設。其規章條文、機構設置也都是按照寧屬自治局而定。

　　在寧蘇兩屬分別設立自治局的同時，又在各自治局內附設地方自治調查局，以調查包括兩屬在內各地人口籍貫等情況。江督端方遴委「江南鹽巡道榮恒，候補道王燮為總辦」，後又「復經加委會辦提訓，以及法制統計兩科科

〔註20〕王煥鑣，《首都志》上冊，卷六，上海書店，1989年，第540頁。
〔註21〕《江督對於考察自治之意見》，《申報》1909年3月13日。
〔註22〕《蘇撫札委設立自治局（蘇州）》，《申報》1908年1月8日。

長股員」〔註23〕掌理調查局。並強調「調查戶口，為選舉之預備，選舉為設立議事會董事會之預備，是調查一端，尤為籌辦自治入手，要著雖經該局屢次提議，尚未決行，合亟札催到，即便遵照，迅將推廣宣講，嚴催學員調查戶籍各事宜分別趕辦，毋再稽延，此外應行籌議事宜，務即悉心經劃，次第實施，所期自治能力逐漸發達，有厚望焉」。〔註24〕蘇撫陳啟泰也札委「藩學臬三司督辦，並委候補道王仁東總辦該局事務，又委省紳分省補用道江衡會同辦理」，〔註25〕其調查局機構設置同寧屬調查局相同，也分法制、統計兩科，其科員庶務書記等員也均由司道遴選。寧蘇兩屬自治局與調查局的相繼設立，意味著「蘇省地方自治從南京與蘇州兩個中心開始，進而向四周州縣輻射蔓延」。〔註26〕同時也凸顯出在江蘇地方自治的起始階段，仍是以官府為主導，借官權來推行自治模式。不過，由於蘇省在踐行地方自治方面要早於清政府頒布地方自治章程，並且在頒布之前就曾經擬定過一份以元寧兩縣為試辦地方自治時間表，通過對比可看出，江蘇省所推行的措施法令在清政府頒布地方自治之前就已制定施行，從調查人口、戶籍造冊、公產清理再到稅捐徵收、自治公所成立，都制定了詳細的實施內容和計劃，並且先於清政府實施，反映出江蘇省推行地方自治的積極性和主動性。

表 4-2-1：清政府與江蘇推行地方自治對比時間表（宣統元年至宣統三年）

時間	清廷	蘇省
宣統元年	一籌辦城鎮鄉地方自治設立自治研究所，民政部各省督撫同辦；一頒布廳州縣地方自治章程民政部憲政編查館同辦；一調查各省人戶總數民政部各省督撫同辦；一續辦城鎮鄉地方自治民政部各省督撫同辦；一籌辦廳州縣地方自治民政部各省督撫同辦；一彙報各省人戶總數民政部各省督撫同辦。	一遵章設立研究所。已辦。一劃分區段設立調查處實行調查戶數。已辦。一調查公產之收入數及支出數。已辦。一城內調查戶數竣事。限八月竣事。一城外調查戶數竣事。限十二月竣事。一調查公產竣事，分類造具四柱清冊，申報總局。限十二月竣事。

〔註23〕王煥鑣，《首都志》上冊，卷六，上海書店，1989 年，第 543 頁。

〔註24〕《江督催辦自治調查兩局宜事》，《申報》1908 年 6 月 10 日。

〔註25〕《江督端暨蘇撫陳奏陳江蘇省城開辦自治諮議兩局摺》，上海《時報》1908 年 6 月 28 日。

〔註26〕張海林，《端方與清末新政》，南京大學出版社，2007 年，第 216 頁。

宣統二年	一續辦城鎮鄉地方自治民政部各省督撫同辦；一籌辦廳州縣地方自治民政部各省督撫同辦；一彙報各省人戶總數民政部各省督撫同辦。	一定分期清理表，清理兩縣公產，限正月開辦。一編造戶數冊。限正月開辦。一調查口數。限正月開辦。一編造戶數冊竣事。申報總局。限四月竣事。一研究所學生畢業並發給文憑。限四月竣事。一續辦研究所（以後每一班畢業者皆接續辦理）限五月開學。一城內調查口數竣事。限七月竣事。一清理公產竣事。限十二月竣事。
宣統三年	一續辦城鎮鄉地方自治，政部各省督撫同辦；一續辦廳州縣地方自治，政部各省督撫同辦；一調查各省人口總數民政部各省督撫同辦。	一籌議元寧兩縣城鎮鄉附捐辦法，限正月開始。一調查兩縣國稅種類數目及其徵收方法並地方負擔情形，申報總局。限六月申報。一城外調查口數竣事。限六月竣事。一籌議城鎮鄉自治公所設備事宜。限六月開始。一編造口數冊。限六月開始。一編造口數冊竣事。並申報總局。限十月竣事。一城鎮鄉自治公所設備完竣，限十二月竣事。

注：清政府在憲政改革大綱中將地方自治定為七年，自光緒三十四年（1908 年）開始推行，但由於清政府於 1911 年政權結束，所以從其政策的出臺到推行不到四年時間。而蘇省在稍早之前也擬定了從宣統元年到三年地方自治時間表，故選取此三年作為對比。以凸顯出蘇省在地方自治的積極性與主動性。資料來源：端方，《大清光緒新法令》，憲政，上海商務印書館刊本，第 30～31 頁；王煥鑣，《首都志》上冊，卷六，上海書店，1989 年，第 547～548 頁。

二、地方自治的實踐

在江蘇省做好各項自治準備之後，清政府於 1909 年初正式頒布了地方自治章程及選舉法。江蘇省按照清政府地方自治章程開始全面推行地方自治。

（一）江蘇省地方自治推行機構設立及章程的頒布。按照清政府頒布地方自治章程，江蘇省寧蘇二屬先後成立地方自治籌備機構，作為推行地方自治的指導機關。在此之前，江蘇省諮議局籌辦處剛復選舉完畢，蘇撫陳啟泰有借諮議局籌辦處設立蘇屬自治籌辦處之意，並致電憲政編查館稱，「查蘇屬諮議籌辦處復選已竣，其九月應行成立之諮議局，現有合併江寧之議，啟泰管見，擬就蘇屬現設之諮議籌辦處內，另行組織蘇屬自治籌辦處一所，遴選品端學裕，熟諳法理之官紳董理地方自治及研究所各事，一面奏諮立案具。上年所設之自治總局即行裁併，以免紛歧」。對於蘇撫的電請，憲政編查館隨即電覆稱「與定章無背，立即覆電照辦」。〔註27〕在取得同意之後，蘇撫隨即

〔註27〕《蘇撫電請另設蘇屬自治籌辦處》，《申報》1909 年 6 月 8 日。

派署「蘇州布政使左孝同，蘇州提學使樊恭煦署江蘇按察使，趙濱彥充自治
籌辦處總辦，江蘇候補道夏敬觀充會辦，蘇州府何剛德，候補知府陸懋勳充
提調，並以鄒紳福保，蔣紳炳章，江紳衡，孔紳昭晉，羅紳飴充參議」，其他
辦事人員則由「原設之自治總局及諮議籌辦處各員內遴選委用」。〔註28〕

　　在自治籌備處成立之後，蘇屬自治籌辦處隨即制定了自治處籌辦章程，
雖然此章程為蘇屬制定，但在章程內第二條特意點明與寧屬地區籌辦處聯絡
為一體，並同受督撫院監督。因此，此章程同樣適用於寧屬。主要內容為：

　　　　第一章：總綱。第一條：本處係查照憲政編查館原奏設立為籌
　　辦地方自治之總機關，督催所屬自治職依限成立為宗旨。第二條：
　　本處所轄為蘇藩四府一州，故名蘇屬地方自治籌辦處，仍應與寧藩
　　屬地方自治籌辦處聯絡為一體，同受監督於督撫院。第三條：本處
　　組織官紳并用，期於地方情形，破除隔閡，所有總會辦總協理參議
　　提調各員由撫院選充。第四條：本處設法制調查文牘庶務四科，分
　　任事務所有各科職員由本處遴選詳候，撫院核准委用。第五條：本
　　處兼辦全省地方自治研究所，另定專章，詳候撫院核行。第六條：
　　本處擬刊地方自治公報分布各屬，以代宣講所之功用，其從前自治
　　局所設省城各宣講所，應即停止。第七條：本處遵飭刊刻木質關防
　　文曰江蘇蘇屬地方自治籌辦處之關防。第八條：本處查照憲政編查
　　館原奏，一俟地方自治粗具規模即行裁撤。

　　　　第二章：組織。第九條：本處組織如下：一總辦三員，以藩學
　　臬三司充之；一會辦一員；一總理二員，以本省紳士充之；一協理
　　二員，以本省紳士充之；一參議無定員，以各屬紳士充之；一提調
　　一員；一顧問四員；一法制科科長一員科員二員；一調查科科長一
　　員科員三員；一文牘科科長一員，科員一員；收發一員；繕校五員；
　　一庶務科科長一員，科員二員，會計司事一員。

　　　　第三章：職務權限。第十條：總辦總理監督本處一切籌辦事務。
　　第十一條：會辦協理商同總理監理本處一切籌辦事務。第十二條：
　　提調稟承總辦管理本處一切籌辦事務。第十三條：參議顧問得隨時
　　到處協議一切籌辦事務。第十四條：科長科員官紳并用，各就所長
　　者分任之，秉承總會辦總協理提調執行本科應辦事務，另訂有各科

〔註28〕　《蘇屬自治籌辦處成立情形》，《申報》1909 年 6 月 11 日。

治事規則，分任職掌。

第四章：籌辦順序。廳州縣地方自治籌辦順序俟奉到部頒廳州縣地方自治章程後再行擬定增入。第十五條：本處籌辦城鎮鄉地方自治順序如左。宣統元年：一由地方官遴選城廂公正明達之紳，設立城廂籌備自治公所，五月初一至六月初一。一以城廂固有之境界，定為城之區域，六月初一至七月初一。一調查城區域內之戶口總數，七月初一至十月初一。一調查城區城內之合格選民，造選舉人名冊呈報地方官，十月初一至十二月十五。宣統二年：一舉行城議事會選舉，正月十五至三月十五。一舉行城董事會選舉，三月十五至四月初一。一開辦城議事會，四月初一至五月初一。一開辦城董事會，五月初一至六月初一。一就各繁盛市鎮遴選公正明達之紳，設立鎮籌備自治公所，六月初一至七月初一。一調查繁盛市鎮戶口總數，並由地方官另選各鄉明達紳董，調查各鄉戶口，七月初一至九月初一。一人口滿五萬以上之地定為鎮之區域，九月初一至十月初一。一調查各鎮合格之選民造選舉人名冊呈報地方官，十月初一至十二月初一。宣統三年：一舉行鎮議事會選舉，正月十五至三月十五。一舉行鎮董事會選舉，三月十五至四月初一。一開辦鎮議事會，四月初一至五月初一。一開辦鎮董事會，五月初一至六月初一。一就各鄉遴選公正紳董設立鄉籌備自治公所覆查鄉戶口總數，六月初一至八月初一。一劃定鄉之區域，八月初一至九月初一。一調查各鄉合格之選民，造選舉人名冊，呈報地方官。九月初一至十二月初一。宣統四年：一舉行鄉議事會選舉，正月十五至三月十五。一舉行鄉董鄉佐選舉，三月十五至四月初一。一開辦鄉議事會並市鄉董鄉佐之職，四月初一至六月初一。一於僻地人戶稀少不便合併之區域設鄉選民會並選舉鄉董鄉佐，六月初一至八月初一。一調查城鎮鄉戶口詳細確數造具清冊，八月初一至十二月初一。

第五章：會議。第十六條：本處為籌辦地方自治事宜，集思廣益，特設會議規定如下。一定期會議、一特別會議。第十七條：定期會議於每月初三日行之特備會議，遇有應議事項不能待至定期會議之日者，由總辦經理指定日期行之。第十八條：會議時以總辦及總理為正副會長，如總辦及總理是日不能到處，則以會辦及協理任

之。第十九條：會議日期本處各職員均為會員，非有特別事故必須
請假者不得缺席。第二十條：會議日期各屬參議均須到處，即於是
日將各屬辦理地方自治情形報告本處，其有應行提議事件得告會長
即日議決籌辦。第二十一條：會議時之樞機由會長臨時指定科員中
二人充之。第二十二條：會議事項如左：一關於本處內部重要事件，
一關於各廳州縣重要事件。第二十三條：會議議決事項另以議事錄
記之。

　　第六章：經費。第二十四條：本處經費由總會辦酌撥，預算稟
侯撫院核准飭發。

　　第七章：附則。第二十五條：本處章程由撫院核准後即行實施，
如有應行增刪更改之處，隨時由本處會議呈請撫院核行。〔註29〕

　　從章程的內容上看，基本和清政府頒布地方自治章程一致，對每一階段
都制定了比較詳細的計劃和步驟。因此，在蘇撫將此推行安排報核民政部之
後，民政部認為江蘇省所擬城鎮鄉地方自治分期籌辦「所定先後次序尚無窒
礙」，但強調在「逐年籌備憲政事宜清單內，開城鎮鄉地方自治，限宣統五年
一律成立，尊處變通辦理，總以毋誤該限期為要」。〔註30〕希望江蘇省能盡快
完成城鎮鄉自治，以免耽擱憲政大計。

　　（二）地方自治的推行及實施。在自治籌備處成立之後，各項措施先後
頒布，主要內容包括以下幾方面：

　　1. 自治公所的成立。根據籌備處章程內容〔註31〕規定，首先在城廂籌備

〔註29〕《江蘇蘇屬地方自治籌辦處章程》，《申報》1909 年 10 月 8、9 日。

〔註30〕《電商江蘇地方自治》，《申報》1909 年 7 月 3 日。

〔註31〕籌備處章程主要內容為：第一條：城鎮鄉自治開辦時由地方官設立籌備自治公
所，遴選員紳辦理，第一次調查選舉事宜俟自治職推定後，本公所即為議事會
會議董事會辦事之地。第二條：現在籌備自治先從城區入手，所設公所其規定
區域亦即以城為限，將來各鎮各鄉籌備時另設公所，仍照本簡章辦理。第三條：
自治職未推定以前，所設籌備自治公所無庸刊刻圖記。第四條：籌備自治公所
可就本地公產房屋或廟宇為之。第五條：調查選舉事宜均應按照本處籌備期限
定時興辦，不得逾延。第六條：所中應遴選職員如左，一所長一人，一副所長
二人，一參議員無定員，一調查員數由所長等公同酌定，一司選員臨時推充，
一常駐辦事員一人，一書記一人，一會計兼庶務一人。以上所定職員名稱俟自
治職推定後即行取銷。第七條：所中需用經費由官紳協力籌之。第八條：所中
未盡事宜及各項辦事細則由所長副所長參議員公定送處備核。參見《蘇省各屬
籌備自治公所暫行簡章》，《申報》1909 年 8 月 12 日。

成立自治公所，續在鎮鄉成立，以便作為將來議事會、董事會及鄉董辦公之地。各地方也紛紛成立自治公所，以作為推行地方自治機構。丹陽縣於宣統二年七月成立地方自治公所，「借白雲街文昌宮設議事會，臨時建築平房三間，廂房二間。設董事會推選林訓典為議事會議長，姜鴻冕之議員二十人，何恩煌為董事會總董，王承軍為董事，名譽董事四人」，「林恩佩為議事會議長，林兆昺副之，董事會總董為董繼昌，董事為束秉勳，議員及董事額仍舊。」其後，宣統三年七月到九月，「丹陽市鄉地方自治公所相繼成立」；〔註32〕宣統元年七月，蘇垣長元吳三縣官紳於元都方丈內集議自治公所進行方法，議定名稱為「長元吳城廂自治籌備公所」，並公推「潘紳祖謙為正主任，續推尤紳先甲，蔣紳炳章為副主任」；〔註33〕甘泉縣也於宣統元年七月成立地方自治公所，不過由於與江都縣同城，「故合併建設」。甘泉縣知縣萬啟型與江都縣知縣呂道象共同任命「周樹年為所長，士紳蔣彭齡為副所長，姚蔭達葉惟善等為監察」，宣統三年六月，「擬聯合江都提前設立城議事會未果行」。〔註34〕；嘉定縣於宣統二年六月「就本縣固有之行政區域設立縣自治籌備公所，由知縣邵鼎委任邑人王述董為籌備所長，顧和澍黃世祚副之」。〔註35〕從各地成立地方自治公所情況來看，地方自治仍被限定在官治範圍之中，仍未擺脫由官廳主導，紳董籌辦的模式。因此，各地成立地方公所初期，都帶有官督紳辦的味道。

表 4-2-2：嘉定縣公所表

區名	議事機關	執行機關	成立日期	公所所在地
城	議員定額二十名	董事會定額六名總董董事各一人，名譽董事四人	宣統二年正月二十五日	城隍廟陸清獻公祠
西門	議員定額十名	鄉董鄉佐各一人	宣統元年十一月二十九日	折漕報功祠，另設辦事處於護國寺
石崗	議員定額十名	鄉董鄉佐各一人	宣統三年二月二十日	萬壽庵
澄橋	議員定額十名	鄉董鄉佐各一人	宣統三年二月十二日	三官閣

〔註32〕胡為和、孫國鈞，《丹陽縣續志》卷23，1926年刻本，第2～3頁。
〔註33〕《官紳籌辦自治公所詳請（蘇州）》，《申報》1909年7月17日。
〔註34〕錢祥保、桂邦傑，《甘泉縣續志》卷10，1937年刻本，第3頁。
〔註35〕陳傳德、黃世祚，《嘉定縣續志》卷6，1930年鉛印本，第10～11頁。

白蕩	議員定額八名	鄉董鄉佐各一人	宣統三年二月十七日	丫涇廟
六里橋	議員定額六名	鄉董鄉佐各一人	宣統三年二月二十二日	永寧庵
外崗	議員定額十名	鄉董鄉佐各一人	宣統三年二月二十六日	保元堂
嚴廟	議員定額十名	鄉董鄉佐各一人	宣統三年二月二十三日	嚴家廟
錢門塘	議員定額八名	鄉董鄉佐各一人	宣統二年十二月初十日	文昌閣
望仙橋	議員定額八名	鄉董鄉佐各一人	宣統三年二月十九日	城隍廟
葛隆	議員定額八名	鄉董鄉佐各一人	宣統三年三月初九日	城隍廟
方泰	議員定額十名	鄉董鄉佐各一人	宣統三年二月十八日	火神廟
安亭	議員定額十名	鄉董鄉佐各一人	宣統三年三月十三日	城隍廟敬持堂
黃渡	議員定額十名	鄉董鄉佐各一人	宣統三年正月十一日	城隍廟
西勝塘	議員定額六名	鄉董鄉佐各一人	宣統三年二月二十日	飛仙廟
紀王廟	議員定額十名	鄉董鄉佐各一人	宣統三年二月二十二日	紀王廟
諸翟	議員定額八名	鄉董鄉佐各一人	宣統三年二月二十六日	文昌宮
封濱	議員定額十名	鄉董鄉佐各一人	宣統三年二月二十六日	蔣巷紅雲堂
江橋	議員定額六名	鄉董鄉佐各一人	宣統三年二月十二日	北市小學堂
陳店	議員定額十名	鄉董鄉佐各一人	宣統三年二月十四日	文昌閣
南翔	議員定額十二名	鄉董鄉佐各一人	宣統三年二月二十六日	振德堂

真聖堂	議員定額十名	鄉董鄉佐各一人	宣統三年二月十九日	南翔北市火神廟
馬陸	議員定額十二名	鄉董鄉佐各一人	宣統三年二月十二日	泰豐庵
小紅廟	議員定額十名	鄉董鄉佐各一人	選通過三年二月十九日	戩濱橋鎮接嬰堂隔壁
廣福	議員定額十名	鄉董鄉佐各一人	宣統三年二月二十日	三官堂
徐行	議員定額十名	鄉董鄉佐各一人	宣統三年二月二十七日	南雙廟
樊橋	議員定額十名	鄉董鄉佐各一人	宣統三年二月十四日	萬壽庵
曹王廟	議員定額十名	鄉董鄉佐各一人	宣統三年三月十九日	曹王廟
新廟	議員定額十名	鄉董鄉佐各一人	宣統三年二月十四日	徐家廟
吳巷	議員定額八名	鄉董鄉佐各一人	宣統三年二月二十六日	海洋廟
唐行	議員定額十名	鄉董鄉佐各一人	宣統過過三年二月初三日	福寧庵
庵橋	議員定額八名	鄉董鄉佐各一人	宣統三年二月初十日	奮壯廟
婁塘	議員定額十名	鄉董鄉佐各一人	宣統三年正月初五日	城隍廟寅清堂
陸渡橋	議員定額八名	鄉董鄉佐各一人	宣統三年二月初十日	靖龍庵

資料來源：陳傳德 黃世祚，《嘉定縣續志》卷6，1930年鉛印本，第10～11頁。

　　2. 自治調查。隨著各地方自治籌備公所相繼成立，選舉議事會及董事成為當務之急。因此，調查地方人口、選民資格及劃分區域限界成為首要工作。蘇屬憲政會議廳也對調查戶口及城鎮自治選民資格制定了比較詳細的調查簡則，以作為調查過程中的指導依據，主要內容為：

　　　　第一條：本簡則以遵照民政部調查戶口章程。實行調查戶口。

　　　遵照城鎮鄉地方自治章程，調查各城鎮鄉選民資格為主旨。

　　　　第二條：調查戶口。遵照會議廳議決案，並人戶人口為一次，

　　　依所定先後順序，先城治後鎮鄉，城廂暫就巡警區，設調查處分查。

鎮鄉可就固有之區域，酌量地面廣狹，設調查處，報核辦理。

第三條：部頒自治章程，及調查戶口章程，均以廳州縣官為監督。應由各該監督，遵照部頒調查戶口章程第六第七兩條，會同籌辦自治公所員紳，督率巡警辦理，如巡警未備之區，可酌派員紳分辦，不得任用差役。

第四條：調查時遵用部定查口票式。並照自治籌辦處所定冊式，分別逐項詳細查填。票為彙報民政部之用，冊為辦理自治調查之用，造送時毋得錯誤。

第五條：調查經費。遵照部頒調查戶口章程。除將從前保甲經費。全數充用外，不敷再由監督會同紳董協力籌之。

第六條：調查以本年七月初一日起。務於九月中旬，先將城廂戶口全數，趕造總冊報處。

第七條：業經調查完畢之區段。各該監督，須會同紳董，另派調查員酌量分赴各區，抽查所填各節，有無不符。

第八條：調查時，凡不合選民資格。如自治章程所載第十七條各項者，須注意於另冊登記。

第九條：調查時，一切方法遵照部頒調查戶口章程第八章調查要則。

第十條：調查員如有不遵定章等事，及居民不受調查，報稱不實，妨害調查，均遵照部頒調查戶口章程第九章罰則處罰。

第十一條：調查畢。按戶給授調查證一紙，由戶主存執。

第十二條：調查時間，每日自辰八時起，至午後五時止，不得提早改遲。

第十三條：調查前，自治監督須將本章程及各項與本章程有關係之法令，分別張貼，並令各區圖扇董等，先期分赴所管各處，明白曉諭，俾調查時不生疑阻。

第十四條：調查戶口總數後，即可分割自治區域，規定自治職員額。凡屬居民，不得漏填一人，表冊條目亦不得漏填一項。

第十五條：本簡則未盡事宜得由自治監督各按地方情形，自定

調查細則，報處核辦。〔註36〕

　　根據簡則規定，各地相繼開展調查。以嘉定縣為例，經過調查，人口總計為「二十二萬零六百三十二人」，按照清政府章程所定，於定額二十名外應增設一名，共應出議員二十一名。按照各鄉區人口多寡及道里遠近酌量分配，嘉定縣定選舉區九，每區出議員二名至五名不等，後再由議員互選產生參事，而根據民政部覆甘督電「議員被選為參事所遺缺額即以本區原選得票次多數者遞補之規定，於當選參事之第八第六第一第二各區，遞補議員各一名」。〔註37〕川沙縣「先以調查戶口為入手辦法，依進行程序，先城治，次及鎮鄉，川沙地方偏小，除城區外，只劃分長人，高昌，八團，九團，橫沙為五鄉，區域既定，乃改正插花地址，分別調查戶口，編造選舉名冊，擬定各項規則，並資送自治研究所學員，皆籌備期內所有事也」。〔註38〕

　　3. 自治經費。由於自治事項繁多，興辦學務、衛生、善舉、公共事業等各方面無不需要經費支持。因此，經費來源、籌集和使用成為首要之措。從當時情形看，地方自治經費來源主要有二：一為地方公款公產，一為附捐特捐。地方公款公產為「舊有之地方經費如積穀賓興及各項善舉」。〔註39〕所用經費由地方士紳管理監督，預算決算由城鎮鄉議事會決定。附捐特捐又稱公益捐，附捐為正稅附加之稅，特捐則為正稅之外別開稅目所徵之稅。對於附捐、特捐兩項公益捐，寧屬規定「每地丁銀一兩帶徵自治經費錢二十文，漕米一石帶徵自治經費錢四十文」，以作為地方自治專款〔註40〕。蘇屬各廳州縣也仿照寧屬成案，撥作各該城鎮鄉地方自治經費。在寧蘇各屬田房契稅向有

〔註36〕江蘇蘇屬地方自治籌辦處編，《江蘇自治公報類編》（宣統三年）卷四至卷六，近代中國史料叢刊三編第五十三輯，文海出版社，1989 年，第 3～6頁。

〔註37〕陳傳德、黃世祚，《嘉定縣續志》卷 6，1930 年鉛印本，第 11～12 頁。

〔註38〕方鴻鎧、黃炎培，《川沙縣志》卷 18，上海國光書局，1937 年鉛印本，第 2頁。

〔註39〕《論地方自治經費宜速明定權限》，《申報》1909 年 10 月 12 日。

〔註40〕注：當時寧屬規定大縣每年籌足洋銀一千元，作為地方自治籌辦經費，成立之後，即作為自治專款，如收不足數，則於別項公款勻撥濟用。嗣據徐州府沛縣以帶收之數，不敷原派之數，稟請加收，復經批由司府議定，就該局各州縣忙漕微數並計，一律每銀一兩，帶收錢六十文，每米一石，帶收錢八十文。由各州縣照額徵收造報，由該府統提分撥，報司查核，寧屬各府有情形相似者，均准其仿照辦理。江蘇蘇屬地方自治籌辦處編，《江蘇自治公報類編》（宣統三年）卷一至卷三，《近代中國史料叢刊》三編第五十三輯，文海出版社，1989 年，第 12 頁。

帶收地方公益捐，規定「每契價銀一兩扣收公益捐三分，即在正稅九分內扣除作為本地方自治經費」。另外，江寧提學使詳定抽收錫箔捐成案，規定「每錫箔售價百文抽收錢一文，以一半歸學堂經費，一半歸地方自治經費」，蘇屬各廳州縣亦有通飭抽收箔捐之案。由於此項特捐徵為迷信之品，後改為「每售價百文抽收公益捐五文」，〔註41〕以增加地方自治經費之用。不過，由於附捐特捐並不屬於正稅之項，且有額外徵稅之嫌，其本意是為籌集經費以推動地方自治各項事業，但在無形中卻加重了民眾負擔。

對於籌集自治經費而徵附捐特捐做法，當時蘇屬長元兩縣士紳皆認為「此舉類於加捐，自應從長計議，況現在自治公所尚未成立，須經紳民妥議尤洽，方可實行」。吳縣自治籌備公所所長潘尤江也再三函書吳縣令，指出「蘇屬各縣長元吳自治範圍內歷辦教育慈善各部分向與常昭江震等邑性質及方法不一，即公款公產盈絀，亦未能相等第等，明知每石僅收錢四十文，固屬輕而易舉，惟自治關係，城鄉與共創一新捐名目必須人盡皆知，眾情允洽，庶於自治進行不至有所妨礙」，且「本年秋收歉薄，帶徵積穀業蒙詳請展緩，此項附徵公益捐事屬創始民情易起猜疑」，請求「緩至明年上忙為始」。〔註42〕然而，對於潘所長所請，吳縣令回函稱「敝三縣一再籌商，本應從緩，嗣因外府暨同屬均已帶徵，三縣未便獨異，受人指謫，日昨又奉潘憲通飭各屬，從本年冬漕起一律帶徵，並奉府憲函諭前因各在案，敝三縣輾轉思維，此乃地方之款，還之地方，與尋常帶徵性質不同，諮議局議決於前，奉潘憲通飭於後，紳民當不致反對」。並以「僅緩數月，無關初日，惟業已示諭，似雖反汗奈何千祈諒之」〔註43〕為由，回拒士紳所請。從當時情形看，清政府推行地方自治，面臨最大問題就是經費匱乏。由於地方自治不僅牽涉面廣，涉及內容多，而且關係到基層社會的控制問題。因此，為保證地方自治經費的充裕又不得不增添稅項，以確保地方自治正常推行。然而，由於在經費的籌措及徵收上並未嚴格清晰劃定正稅與其他稅項的界限，又使得江蘇省在推行地方自治過程中，各級劣紳蠹官又借地方自治名義濫徵苛捐雜稅，損害民眾利益，以致又成為在地方自治初始階段中引發官紳民衝突的重要誘因之一。

〔註41〕 江蘇蘇屬地方自治籌辦處編，《江蘇自治公報類編》（宣統三年）卷四至卷六，近代中國史料叢刊三編第五十三輯，文海出版社，1989年，第11～13頁。
〔註42〕 《紳商議帶徵自治經費問題》，《申報》1910年1月22日。
〔註43〕 《蘇屬帶徵自治經費問題已決》，《申報》1910年1月25日。

三、地方自治中的「官－紳－民」衝突

地方自治中的官民衝突是指官紳在推行地方自治過程中由於措施不當並損害民眾利益所引發各種官紳民之間的矛盾和衝突。這些矛盾和衝突所引發的原因各不相同，有官員擅加苛捐雜稅激起民眾的反抗，也有民眾不解，反對戶口調查引起官民之間的衝突，還有暴民鄉匪借推行地方自治之際挑唆民眾衝擊自治公所，以達洩憤目的。儘管引發原因不同，衝突規模也有大小之分，但最根本原因在於清政府試圖控制和整合基層社會的過程中，不可避免的與基層民眾產生衝突，使得基層社會權力平衡被打破，在這種失衡的狀態下，江蘇省地方自治推行一波三折，風波迭起，呈現出複雜的面相。

首先，因抽收捐稅而導致衝突。以蘇州香山為例。在自治籌備公所成立之後，由於經費缺乏，本鎮士紳擬定「就各鄉民家，按照財產多寡，抽捐錢文」，但由於事先未解釋清楚，以致「各鄉民誤會抽收人丁捐之事」，遂將「時局艱難，百物昂貴等語，駁覆該局」，希望能從緩辦理。但鄉董並未允從，仍定向每戶「捐錢一二十文」。結果，當調查員在實地調查過程中，鄉民與之發生衝突。鄉民「聚眾五六百人，蜂擁至局，一言不合，舉手便擊，竟將局中所有器具，一切盡行搗毀一空，且有毆傷調查員之事」。隨後，該局士紳飛書該縣縣令，請求處置辦法，該縣令認為「現因創辦憲政之始，關係地方安危匪細」，並親自前往彈壓。不意當該縣令到該鄉之後，鄉民又聚眾千餘人，「欲與官長為難」，「幸經某紳耆從中一再竭力喝阻，大令始保無虞」，不過由於當時群情激憤，鄉人又「哄至某區董家，即將該董住宅庫門樓，盡行拆毀」。〔註44〕從該事件中不難看出，在費無所出的情況下，鄉紳不得不向各戶攤派捐稅，以確保自治推行。但問題關鍵在於，民眾長期負擔各項苛捐雜稅本已十分沉重，現又將自治經費轉嫁於民，使得民眾將長期壓抑已久的不滿情緒激發出來，並釀成暴力事件。而經費的匱乏也成為官、紳、民之間衝突頻發的導火索。其時，包括震澤、吳縣、鎮江、嘉定等縣也多爆發類似風潮。

其次，因戶口調查，民眾誤信謠言所引發衝突。限於傳統觀念束縛，民眾不解自治為何事，且「一聞須調查丁口若干，家資產業若干，群生疑慮，以為此必要抽人頭稅」，並群起發難，故「調查員刻聞此信均不敢下鄉，而於自治上因之橫生阻力」。〔註45〕如當時宜荊縣調查戶口多係辦學人員，「頗欲

〔註44〕《蘇州香山鄉民搗毀自治分局詳志》，上海《時報》1910 年 4 月 13 日。
〔註45〕《南京近信》，《民吁日報》1909 年 11 月 12 日。

實事求是」，而「鄉民狃於保甲門牌，向來敷衍」，不知調查戶口為何事，於是「謠諑紛起，莠民又從而煽惑之」，遂將「和橋、高勝、蜀山及各處小學堂同時釀成毀學之禍，一切調查表冊悉付之破毀」，「鎮鄉籌備自治乃不得不中途停輟」。〔註46〕而江寧縣南門外鐵山橋鄉民誤聽謠言，「謂調查戶口，不利於居民，遽於是日將調查員鍾國政及董事仇炳南毆傷，又拆毀董事司文成家」，並於當日將「鄉董居宅，及所開店鋪，累及學堂，毆傷調查員徐秀章」〔註47〕。武進、陽湖兩縣「近城西門外，及小南門外，均有索還原簿之舉」。縣豐南鄉四圖同受謠言影響，鄉民「與調查員為難始而爭辯繼而用武」，而「六圖竟有婦女扭毆調查員一圖，並將調查員毆傷」，〔註48〕以致釀成衝突。由於當時調查戶口多涉及個人生辰時月，而鄉民又囿於迷信陋俗不願輕易透漏生辰八字，遂謠傳要將個人生辰八字彙定成冊，以供造橋打樁之用，死亡在即。因此，在謠言的蠱惑之下，鄉民多與調查員發生衝突。此類衝突的主要原因在於民智未開，鄉民多受煽動所致。當然，也與調查員個人有關，如若能在調查過程中及時將謠言澄清，並懲辦造謠之人，以安民心，此類衝突應當可以避免。

第三，自治公所的設立與當地民眾的衝突。此類衝突屬國家政權在基層權力擴張所致。最典型莫過於川沙自治風潮。此次風潮也是江蘇省數次爆發風潮中規模最大、參與人數最多、破壞性最強的一次風潮，頗具典型意義。川沙自治風潮爆發的直接原因是由於自治公所為節省經費，希望能將自治公所設於本地廟宇內。而川沙長人鄉俞公廟位於全區適中之地，因此，鄉董借用廟宇西側廳餘屋以作為辦事之地。當時在公所成立之後，「禁賭禁煙較為嚴厲，下流社會之抱怨」。〔註49〕適值該廟有女巫丁費氏，「向以吃素糾黨惑眾斂錢為事」，因此極為反對將自治公所設於此。並糾集黨徒將自治公所門牌搗毀。鄉董隨即呈文縣令，要求緝拿丁費氏。而「成丞當即下鄉察勘，笞責地保曹阿四，拘丁費氏回署」。〔註50〕後丁費氏買通獄卒，逃獄出去糾集匪黨，相約起事。並在隨後數日中，將鄉董「吳大本之住宅，全行拆毀，器具什物

〔註46〕徐保慶、周志靖，《光宣宜荊續志》卷5，1921年刻本，第10頁。
〔註47〕中華民國史實紀要編輯委員會，《中華民國史事紀要——民國紀元前七年(1910年)》(初稿)，正中書局，1977年，165頁。
〔註48〕《武陽調查之風潮》，上海《時報》1910年4月20日。
〔註49〕《川沙大鬧自治之真相》，上海《時報》1911年3月5日。
〔註50〕方鴻鎧、黃炎培，《川沙縣志》卷23，上海國光書局，1937年鉛印本，第8～9頁。

盡搗無遺」，又將「議員孫伯勳家，打毀一光，並傷及伯勳夫人」，連日「燒毀各鄉區學堂，議紳住房都已片瓦無存」。而此次暴動，「五日之內焚拆士紳住宅學堂公所七八十起，損失三四十萬金」。〔註51〕隨著事態擴大，風潮漸有愈行擴散之勢。在這種情況下，松江府太守戚揚率一千一百名士兵開赴川沙境內鎮壓，江蘇巡撫程德全也出動六艘炮艦予以配合。在官廳的打壓之下，此次風潮才逐漸平息。由於此次風潮牽涉面廣，衝突劇烈，所涉及官紳民之間矛盾也格外尖銳。從風潮起因來看，包括官紳在內本是依自治章程而行，並無溢出行為。但由於國家借地方自治延伸權力的做法損害了基層利益，以致遭到民眾的暴力回應。正如當時申報記者所言「觀川沙自治風潮，禍作於長人鄉俞公廟，而波累及於各學校，其起因雖伏於嚴禁煙賭，而發之如爆烈者，則實為崇信佛教之鄉愚，其緣由可知矣。吾非敢為擔任自治職者加貶詞焉，欲將來自治之進行，必以一地文化之程度，與夫民智開塞，先覺者宜先觀察之，若徒憤氣，悻悻然曰，是亂民也，非藉官力以壓抑之，自治其終不能辦吁，是何言。自治者，寧非地方士紳之責任乎，吾不能獎掖人民，而俾之咸趨於自治之域，以期於必至，吾恐於憲政之進步，所障實多矣」。〔註52〕

由於各地方自治風潮頻發，不僅阻礙了地方自治的進一步施行，而且出現了某種倒退的跡象，比如在川沙風潮發生之後，南匯及丹陽也發生類似反對地方自治的暴力事件。而針對各地方出現的風潮，江南籌辦地方自治總局不得不制定相應對策，制定五條辦法，以避免因調查過程所產生的矛盾紛爭，內容主要為：

　　一、派出之調查員，必須攜帶簡明白話告示，說明調查戶口，係遵旨辦理，專為保衛百姓起見，一不抽捐，二不抽丁，使大眾放心，如調查員之跟隨人役，有需索情事，查出嚴辦，並准隨時告發云云，示文只此數語，切勿詞費，調查員所到之處，縣須廣為張貼，於貼示七日後，始准開查。

　　二、張貼告示後，即擇人煙較盛之地，或茶肆或廟集，邀同本處鄉董，或一鄉信仰之人，登臺演說，其演說宗旨，專注重於此次調查，不抽丁，不抽捐，不需索三層，如告示之意而止，萬不可枝牽蔓引，凡納稅當兵之套話，以及緝奸查匪之危言，皆屏絕勿談，以杜疑懼，

〔註51〕《川沙大鬧自治之真相二》，上海《時報》1911年3月8日。
〔註52〕《自治風潮慨言》，《申報》1911年3月8日。

演說與貼示，應同時並行，每到一處，皆如此辦理，不得憚煩。

　　三、調查員應選擇素性和平，舉止謹慎之人，出發之先，該地方官尤應諄諄告誡，凡鄉民不服詢問者，皆由愚魯無知，本極可憫，應和婉開導，誘之使言，不得大聲呵斥，致啟衝突，隨從人役應發工食，必須先期支給，嚴加約束，萬萬不准有絲毫擾累民間。

　　四、各鄉董擇其平日公正曉事者，或令會同調查員辦理，或即專委調查，由地方官察酌就地情形，分別委任，其大要先以聯絡本地人為主，萬不可以情形生疏之人，貿然前往。

　　五、地方官本應勤於下鄉，即催糧勘案之便，亦時時有之，調查員出發之後，地方官擔此重任，與其安坐衙署，為事後焦頭爛額，不如抽查數次，謀事前之突徒，但能遇事懲治一二，風潮所樹，使造謠之頑民，與辦事之隨徒。皆有所警惕，自能大事化小，弭於無形。〔註53〕

　　從制定辦法中可以看出，官廳對於風潮爆發的主要原因有著清醒認識，因此強調調查員每到一處必先宣講調查內容，打消民眾疑慮，並希望借助本地鄉紳熟悉民情的優勢融洽與民眾的關係，使自治調查能順利進行。應該說，官廳所制定的這些措施是具有針對性的，也抓住了問題的關鍵所在。不過，受形勢所迫，即便出臺了相應對策，卻仍難遏制此起彼伏的風潮。雖然江蘇在此後又制定和頒布了廳州縣自治章程，〔註54〕但卻未來得及施行。而連綿

〔註53〕《中國大事記》，《東方雜誌》1910年第4期，第61～62頁。

〔註54〕蘇屬地方自治籌辦處擬定廳州縣自治章程施行細則：第一條　各廳州縣長官，各設立本廳州縣自治籌辦公所一處。其應合併設置者，照章程第五條辦理。第二條　籌備廳州縣自治，應以該廳州縣所轄城鎮鄉自治公所為根據。縣蘇屬四府一州，各廳州縣城廂自治公所，除武陽外，已一律成立。應從籌備鎮鄉自治入手，特分期規定廳州縣自治籌備公所之成績如下：甲、以鎮鄉自治公所一律成立為第一期成績。（武陽兼籌城鎮鄉）乙：以廳州縣自治公所一律成立為第二期成績。第三條　籌備日期另定詳表，通行各廳州縣遵照辦理。第四條　籌備公所各設所長一人，副所長二人，參議無定額。（每城鎮鄉至少各一人）第五條　前條各職員，均由本廳州縣長官遴選公正明達士紳任之。第六條　各廳州縣如有區劃不便之處，應行整理者，各該廳州縣得繪具圖說，聲明理由，呈侯督撫奏交民政部議定施行。第七條　各廳州縣鎮鄉區域各以固有之境界為準。第八條　籌備經費，由各該廳州縣長官籌集之。第九條　籌備公所，應各擬定辦事細則，呈由本廳州縣長官，申報蘇屬地方自治籌辦處核定。《憲政篇》，《東方雜誌》1910年第5期，第169～170頁。

起伏的自治風潮又不斷消解著地方自治的內驅力，使其無法向縱深推行。伴隨著清朝統治的結束，江蘇地方自治沒有完成預定目標，但這並不意味著自治就此中斷。隨著辛亥革命的爆發，清政府統治宣告結束。時任江蘇巡撫程德全於 1911 年 11 月 5 日宣布江蘇獨立，但江蘇地方自治並未隨著清朝的崩塌而中斷，仍延續了清末的發展態勢，並在前清基礎上繼續向縣級層面推進。不過，由於袁世凱復辟帝制，使江蘇地方自治出現停滯不前甚至倒退的局面。在袁世凱復辟帝制失敗之後，包括中央及江蘇省都有恢復地方自治的要求和意願，但基於各自立場，地方自治政策與實施始終難以推進，致使江蘇省地方自治處於停滯狀態，直至 1923 年才予以完全恢復。然而，迫於局勢動盪，戰爭不斷，在當時惡劣的政治環境下，江蘇省地方自治基本上名存實亡。直至北伐戰爭興起，國民黨成立國民政府之後，江蘇省地方自治方又重回政府視線並予以恢復，但此時的地方自治卻已帶上了濃厚的黨化色彩而失去其本源意義了。

表 4-2-3：清末江蘇地方自治風潮表

縣別	風潮事件
常熟	常熟縣西鄉翁家莊鎮董事朱惠周，練塘鎮董事金某，均被人窘辱。 常熟縣屬羊尖地方，於鎮董為難，經知縣曉諭解散，其鄰鎮湖蕩灘，亦大起謠言。
吳縣	吳縣香山鄉，於二月三十日，聚眾五六百人，到會自治分局，拆毀辦事人喻人傑房屋，毆傷調查員
震澤	震澤縣屬，震澤湖等鎮，鄉民於十三日糾合各村莊，聚眾千餘人，與調查之紳士為難，拆毀紳董房屋，傷害多人，大廟港地方，拆毀調查員住宅二所。
吳江	梅塘地方，鄉人毀劫某紳董家，搗毀學堂一所。 平望、黎里，盧墟等鎮及太湖邊各鄉村，均向調查局為難。 吳江縣同里鎮，三月末將自治局拆毀，並毆打調查員。
武進、陽湖	兩縣鄉民，頗與調查員為難，豐南鄉並毀損房屋毆傷調查員。
丹徒縣	南門外西石陳村，聚集數百人，毆傷調查員。
太平洲	搗毀紳董房屋，並圍困廳署。
金壇縣	鄉人衝打自治公所，與調查各員董為難。
高郵州	搗毀董事屈姓馬姓房屋二家。

泰州	鄉人糾合六七千人，搗毀調查員房屋一百六十餘家，受傷者無數，王家樓鄉董王錫光房屋被毀，損失至八萬餘金，姜堰鎮董事紀某房屋亦被拆毀，城內巨紳儲某，在離城十餘里之暴家壩，被鄉民弔打，又用火烙之，暈死數次，把總某率兵救之，把總之家亦被燒毀。
東臺	鄉人搗毀啟秀小學堂，校長蔡映辰房屋，啟秀學堂稍受損傷。 梁垛場於初六日，搗毀小學校一所，紳董房屋二所。 張家莊、青墩、陸江、白甸、馮家莊、甸張莊於二月末及三月初各毀紳董房屋一所。
江都縣	嘶馬鎮焚毀初等小學堂一所，堂長及庶務員，均被毆辱，楊家橋地方，於十七日，搗毀蒙學一所，毆傷教員兩人，則緣抽取學捐，鄉民積忿而起，梁垛場西堤，於初八日拆毀高等小學堂一所，則緣改佛寺為學堂，鄉民不悅而起，適遇毀學風潮極烈之時，遂乘機暴動。
通州	東北鄉元垛局，與泰州毗連，鄉民聚眾與董事為難，校西門外，亦於初八日，聚眾百餘人，將調查冊址毀。
太倉州	東北鄉時思鎮，鄉人於四月初七日將公立小學堂搗毀。
鎮洋縣	瀏河鎮，鄉人於十七日將調查員王子封，陳月賢，及鄉董陳某家房屋搗毀，又搗毀官立小學堂，分會商立小學校各一所。
嘉定	城北陸渡橋，鄉民搗毀橋廠董事及經董住宅七家，越二日，城北婁唐鎮為捕鹽事，兵民互哄，鄉民傷五六人，死二人，兵四一人。
儀徵	鄉民於四月十四日，捆送調查之坊保到縣署，經知縣笞責坊保，向眾勸諭，始散，十六日，新城鎮亦聚眾數百人至鄉董家滋事。
興化	東圩地方，鄉人連毀莊董兩家。 安豐場大尖小尖地方，於三月十三日，打毀高等小學堂一所。 草堰場於三月十五日搗毀大東河董保家。
鹽城	鄉人於三月十六七日，連毀辦事員三四家，二十二三日，捆打調查員董多人，並毀其房屋，二十五日入城，先毀正調查員李保堂家，並毀勸學所及附設之成達高等小學堂，質義初等小學堂，女子初等小學堂教育會事務所，又王西門外毀官立高等小學堂一所，損失甚巨，二十六日，西鄉鄉董二家被毀滅，二十七日，又毀西南鄉鄉董數家。

資料來源：《中國大事記》，《東方雜誌》1910 年 4 期，第 58～62 頁；《江蘇鄉民滋事餘聞》，《東方雜誌》1910 年第 5 期，第 24～27 頁。

第三節　民初江蘇地方自治的曲折發展

一、辛亥革命後地方自治的延續

　　1910 年，清政府曾頒布廳州縣自治章程，規令以 1911 年為府廳州縣自

治成立期，以繼續推動自治發展。江蘇省部分縣也隨即進行了廳州縣議會選舉。川沙廳「在清宣統三年正月舉行，將當選員名電達蘇撫及自治籌辦處」，並「開會選舉議長副議長及參事會參事員」。〔註55〕寶山縣則「以宣統三年為府廳州縣自治成立期，是年六月本縣各區議員即依法選出，九月初一日正式開會」。〔註56〕不過，由於當時已到統治末期，清政府已無暇顧及廳州縣地方自治的推行。而江蘇廳州縣層面自治也並未全面實施。當辛亥革命起，江蘇宣布獨立之後，程德全即「通令各縣早日組成縣市鄉自治各職」，以便繼續推行自治。但限於民國初建，江蘇省各縣議事會、參事會及市鄉各職「正式成立者，尚屬無多」。〔註57〕南京「城自治公所遽行召集舊有縣自治城鎮鄉自治各議員於十月初三日開會選舉」，布告成立，繼續進行，命名曰「臨時州議會」。〔註58〕而蘇州在清末成立縣議會未遂情況下，在光復後也成立了臨時州議會。但臨時州議會畢竟屬過渡時期自治機構，並未得到政府認可，蘇州隨後也「自行呈請撤銷」〔註59〕州議會。

光復之後，由於局勢不穩，江蘇省並無統一法規章程對地方自治予以規範。因此，各地方自治機構組織形式也各有不同，影響地方自治進一步發展。在這種情況下，江蘇省臨時議會及都督府制定了暫行縣制和縣市鄉各級議員選舉日程表，以推動自治向前發展。

表 4-3-1：蘇省縣市鄉辦理選舉事宜表

縣		市鄉	
1912年4月26日	民政長出選舉告示申報各選舉區應選議員額數	1912年5月16日	選舉人名冊告成
1912年6月8日	選舉人名冊告成	1912年5月17日	宣示人名冊並發選舉傳單
1912年6月10日	宣示人名冊	1912年6月6日	本人聲明錯誤並請求更正
1912年6月29日	本人聲明錯誤遺漏及請更正	1912年7月14日	乙級投票

〔註55〕方鴻鎧、黃炎培，《川沙縣志》卷18，上海國光書局，1937年鉛印本，第8頁。

〔註56〕吳葭、王鍾琦，《寶山縣續志》卷13，1921年鉛印本，第12頁。

〔註57〕《蘇都督催辦自治機關之通令》，《申報》1912年10月8日。

〔註58〕《蘇臺新記事》，《申報》1911年11月22日。

〔註59〕《蘇州縣議會之遷延》，《申報》1912年7月8日。

1912 年 7 月 28 日	投票	1912 年 7 月 15 日	乙級開票檢票
1912 年 7 月 29 日	開票	1912 年 7 月 16 日	甲級投票
1912 年 7 月 30 日	榜示的當選人姓名並呈送民政長	1912 年 7 月 17 日	甲級開票檢票
1912 年 7 月 31 日	民政長發通知書	1912 年 7 月 18 日	榜示當選人姓名及發知會書
1912 年 8 月 5 日	當選人答覆應選	1912 年 7 月 23 日	當選人呈明情願應選或答覆應何級之選
1912 年 8 月 8 日	發給當選執照	1912 年 7 月 28 日	民政長給選執照並報都督
1912 年 8 月 15 日	議事會互選議長副議長及參事員	1912 年 8 月 3 日	議員會集互選議長副議長並總董董事及名譽董事或鄉董鄉佐
1912 年 9 月 11 日	議事會開會	1912 年 8 月 7 日	議長將議事會選舉總董姓名履歷及得票數目冊呈民政長申請都督任用，並請民政長核准任用董事，並由民政長申請都督存案，或呈請民政長任用鄉董鄉佐並給予執照由民政長申請都督存案
		1912 年 8 月 22 日	民政長給予總董董事及名譽董事或鄉董鄉佐執照
		1912 年 9 月 11 日	議事會開會

注：表中甲級、乙級選舉人，仍是根據清政府制定的城鎮鄉地方自治選舉章程第五條規定「選舉人分為兩級，就選舉人內擇其年納正稅或公益捐較多者若干名計，其所納之額足當選舉人全數所納總額之半者為甲級，其餘選舉人為乙級」。資料來源：江蘇省行政公署內務司，《江蘇省內務行政報告書》上編，1914 年，第 136～137、226～227 頁。

　　1912 年，江蘇省臨時省議會先後制定了省暫行縣制和市鄉制及選舉章程，其中對縣市鄉制組織形式，選舉方式及包括議事會、參事會、縣知事、縣經費及縣監督等方面內容進行了諸多規定。1913 年，江蘇省議會又對章程進行了修訂，主要從兩方面進行了變更：一、將以納稅多少改為按人口多少為標準，並對議員名額進行分配。二、將縣民政長稱呼改為縣知事。其他並無太大變動。縣市鄉制主要內容為：

縣制：

第一條：本制所稱為縣者，從本省之地方制而言。

第二條：區縣域以新定之各該縣行政區域為準。

第三條：各縣所辦事宜以地方事務關於全縣或為市鄉所不能擔任者為限。惟本省法律另有規定時不在此例。

議事會：

第五條：〔修正〕縣議事會議員員額，以所屬地方人口之總數為標準，人口總數在三十萬以下者，以二十五名為定額，自此以上，每加人口三萬，得增設議員一名，至多以六十五名為限。第七條：各縣所屬市鄉公民除左列各項外，均有選舉縣議員之權（按本條現准民政長照交覆議）一現任本地方官吏者。二現充軍人或巡警者。三現為僧道及其他宗教師者。凡居民合市鄉制第十六條第一第二及第四款之資格而在本縣接續居住至三年以上者亦同。〔註60〕

第九條：議員之選舉照訂選舉章程辦理。縣議會議員不得兼任佐治參事會參事員及省議會議員市鄉制職員。父子兄弟不得同時任縣議事會議員。

第十八條：縣議事會之職任權限如左：一、議決關於權限應興應革事件。二、議決本縣歲出入預算及決算事件。三、議決本縣經費籌集及處理方法。四、公斷和解市鄉爭執事件。五、其餘依據法令屬於議事會權限內之事件。

參事會：

第三十三條：縣參事會由民政長及議事會互選之，參事員組織

〔註60〕議事會選舉資格的認定按市鄉制第十六條之規定：1、具有本國國籍者。2、年滿二十一歲之男子。3、居本市鄉接續至三年以上者。4、年納直接稅（國稅省稅地方稅）二元以上者。5、雖不具第三、第四兩項規定，但素具眾望者亦可作為選民。6、對納正稅或公益捐較本地選民內納捐最多之人所納尤多者，雖不具第二、第三項規定，亦可當選。對不具選民資格的規定：1、品行悖謬營私武斷確有實據者。2、曾處監禁以上之刑者（政治犯不在此例）3、營業不正者其範圍以規約定之。4、失財產上之信用被人控實尚未清結者。5、吸食鴉片，不識文字，有心疾者。同時規定下列人員不得選舉及被選舉為自治職員：1、現任本地方官吏者。2、現充軍人者。3、現充本地方巡警者。4、現為僧道及其他宗教師者。5、現充小學教員者。

之以民政長為會長，會長因事缺席時得於佐治職中委任一員為臨時會長。

第三十五條：參事會參事員不得兼任該議事會議員與省議會議員及市鄉制職員或該縣佐治職。

第四十條：縣參事會應辦事件如左：一議決議事會議決事件之執行方法及其次第。二議決議事會委託本會代議事件。三議決民政長交本會代議事會議決之事件。四審查民政長提交議事會之議案。五議決本縣全體訴訟及其和解事件。六公斷和解市鄉之權限爭議事件。七查核各項經費收支帳目。八其餘依據法令屬於參事會權限內之事件。

縣知事：

第四十七條：縣知事代表本縣全體。

第四十八條：縣知事應辦理事件如左：一執行縣議事會或參事會議決之事件。二提交議案於縣議事會或參事會。三掌管一切公牘文件。四其餘依據法令屬於該縣民政長職權內之事件。第四十九條：議事會或參事會之議決案如民政長認為妨害公益或違背法令者得說明原委事由交令覆議，若議事會或參事會仍執前議者由民政長請省議會公斷。

第五十一條：縣知事提交議案於議事會時，應先將議案交參事會審查，若參事會與縣知事意見不同，應將其意見附列議案之後提交議事會。

第五十二條：縣知事得將其職權內事務之一部委任市董事會或鄉董鄉佐代行。

縣行政監督：

第七十七條：縣行政由民政長監督之，除由縣知事按季呈報辦事情形外得隨時調閱其公牘文件，檢查收支帳目。

第七十八條：監督事項照本制所定各條辦理。

第七十九條：民政長得依本省法律解散縣議事會。議事會解散後應於三個月以內改選重行召集。

第八十條：凡應經民政長核准之事件以本省法律定之。

市鄉制：

第一條：市鄉以專辦地方公益事宜為主，按照定章由地方公選職員辦理，仍受本管縣知事監督。

第五條：市鄉行政事宜以左列各款為限：一本市鄉之學務、小學堂、蒙養院、各種補修學塾、圖書館及閱報社、保存古蹟、其他關於市鄉學務及開導感化之事。二、本市鄉之衛生、清潔道路、辟除污穢、施送醫藥、防救時疫、建設公園、修自來水、勸導戒煙、其他關於本市鄉衛生之事。三、本市鄉之工程、改正或修繕道路、修建橋樑、疏通溝渠、建築公用房屋、路燈、其他關於本市鄉工程之事。四、本市鄉之農工商務、改良種種牧畜及漁業、工藝廠、勸工廠、改良工藝講習會、防護青苗、籌辦水利、整理田地、其他關於本市鄉農工商之事。五、本市鄉之義舉、救貧實業、恤嫠、育嬰、義倉積穀、貧民工藝、救生會、救荒、義棺義冢、其他關於本市鄉善舉之事。六、本市鄉之公共營業、電車鐵道、電燈煤氣燈、其他關於本市鄉公共營業之事。七、因辦理本條各款籌集款項等事。八、其他因本地方習慣向歸紳董辦理之各事。

市鄉議事會：

第三十五條：市鄉議事會，應行議決事件如左：一、本市鄉行政範圍內，應興應革整理事宜。二、本市鄉規約。三、本市鄉經費歲出入預算，及預算正額外預備費之支出。四、市鄉經費歲出入決算報告。五、本市鄉經費籌集及處理方法。六、本市鄉選舉上爭議。七、本市鄉職員辦事過失之懲戒，懲戒細則，以規約定之。八、關涉市鄉全體訴訟及其和解之事。

第三十八條：議事會於市董事會或鄉董所定執行方法，視為違背法令或妨礙公益者，得聲明緣由，止其執行，若市董會或鄉董堅持不改，得移交縣議事會公斷，若於縣議事會之公斷，有不服時，得呈由本管縣知事請省議會公斷。

市董事會：

第六十五條：市董事應辦事件如左：一、議事會議員選舉及其

議事之準備。二、議事會議決各事之執行。三、以法令委定辦理各
事之執行。四、執行方法之議決。

　　第六十六條：董事會於議事會議決事視有違背法令或妨礙公益
者，得聲明緣由，交議事會覆議，若議事會堅持不改，得移交縣議
事會公斷，不服者照三十八條第二項辦理。

　　第六十七條：總董總理專事會一切事件，凡董事會公文函件，
均以總董之名行之。

市鄉行政監督：

　　第一百零一條：〔修正〕市鄉職員，以本省民政長及本管縣知
事監督之，縣知事應按照本制，查其有無違背之處而糾正之，並令
其報告辦理成績，徵其預算決算，表冊，隨時親往監察，將辦理情
形，按期申報民政長，其分屬二縣以上者，各該縣知事會同行使其
監督權，關於市鄉行政事件，縣知事之處分或裁決有不服時，得援
用省議會暫行法第十六條第八款，提出行政請願，在省議會閉會
時，得訴願於民政長。

　　第一百零二條：縣知事有按照法律，申請省行政公署解散，由
鄉議會，市董事會及撤銷職員之權，解散或撤銷後，應分別按章改
選，市鄉議事會，應於解散後兩個月以內，市董事會，應於解散後
十五日以內，重行成立。鄉董應於撤消後十五日以內，重行選定，
若市議事會董事會同時解散，或鄉議事會鄉董同時解散撤銷者，應
於兩個月以內，先行招集議事會，所有選舉及開會事宜，由縣參事
會代辦，其市董事會及鄉董，應於議事會成立後十五日以內重行成
立。〔註61〕

　　從制訂暫行縣市鄉制內容來看，基本上仍參照清末頒布的城鎮鄉、廳州
縣自治章程而訂，內容中對議事會、參事會、縣知事、縣市鄉監督及職能權
限的規定也並未溢出其清政府章程範圍，仍保留了自治的主要內容，並將地
方自治向縣級層面推進。不過，對比江蘇省民初暫行縣市鄉制與清末自治章
程內容，區別主要體現在縣議員名額分配所依據的標準上。前清廳州縣議員

〔註61〕《江蘇暫行市鄉縣制並選舉章程（續）》，《申報》1923 年 7 月 21、24、25、
　　　　27 日；江蘇省行政公署內務司，《江蘇省內務行政報告書》上編，1914 年，
　　　　第 136〜137、226〜227 頁。

名額按規定以人口總數選舉，上限以一百名為止，而新定暫行縣制以六十五名為止，除此之外，並無太大異同。民初之後，城鎮改稱為市，鄉一仍其舊。議員名額分配仍照清舊制，並無變化。同縣制相比，鄉制主要變化在於，縣議事會參事會與縣行政長官處於對等的地位，比如縣行政長官解散議事會、參事會，得呈請省行政長予以解散。而市鄉議事會，市董事會及鄉董鄉佐，縣行政長官有權直接解散及撤銷之權。

此次修正之後的縣市鄉制也成為民初時期江蘇推行地方自治的主要法理依據。不過由於此後袁世凱復辟，江蘇省地方自治被迫停辦。而在停辦期間，此制一度被擱置，並未發揮作用。復辟失敗之後，江蘇省同北洋政府圍繞沿用舊章還是制定新制展開了論爭與博弈，使得本已應於 1916 年之後便應恢復的自治竟然拖延至 1923 年才予以恢復。這對江蘇省地方自治發展而言無疑是一次不小的挫折。

二、袁世凱復辟與地方自治的挫折

就在江蘇省各縣市鄉相繼成立各級地方自治機構，繼續向前推動之際。卻在 1914 年遭遇袁世凱復辟帝制。使得剛有起色的江蘇省地方自治陷入到停滯的狀態中。

1914 年 2 月 3 日，江蘇省內務司接大總統停辦各級自治機關令。2 月 9 日，省長韓國鈞通令各縣知事「本省各地方現設之各級自治機關應即遵令停辦」〔註62〕的函令，並強調「業經通限至遲三月三十一日以前完全結束在案，所有結束限期以前，改選一律停止，其有選舉爭議，尚未解決及訴訟尚未提起各案，一併免議，統由現任職員辦理，一應結束事項不得藉端卸責，仰即分行遵照」。〔註63〕至此，江蘇省推行不到兩年的地方自治宣告停止。

在發布停辦自治令之後，省長韓國鈞即訓令「各該縣知事迅即參酌習慣，慎選本縣市鄉公正士紳，分別委任，接受保管地方財產款項，並責成維持現狀，保留舊有精神，以為將來設施基礎」。從省長韓國鈞的訓令中可以看出，對於袁世凱停辦自治的這一做法並不認同。因此，在接受袁世凱停辦自治令的同時，又飭令各縣知事保管好舊有地方財產，以便為將來恢復地方自治做準備。之後，江蘇省署頒布停辦自治執行細則九條，主要內容為：

〔註62〕《蘇省停辦自治之執行細則》，《申報》1914 年 2 月 14 日。
〔註63〕《南京政聞錄》，《申報》1914 年 2 月 19 日。

　　第一條：本省各級自治機關應遵令一律停辦，所有各該機關經理事項及所管財物限三月三十一日以前完全結束，悉數移交，並將鈐記圖記繳銷，勿得逾限。第二條：縣議事會參事會所有文卷房屋文件及用餘銀款，由各該主管人造冊移交，縣知事點收保管之。第三條：凡縣公署有之公款公產及其收入款項，現由地方士紳以自治委員名義經理者，改由縣知事委任經理之，前項經理士紳受縣知事之委任，須將不動產或存典公款生息之收入及開支各款細數按月造具，四柱清冊呈請縣知事查核。第四條：凡向為市鄉不能擔任經費，認歸縣辦之，學務公益各項事宜由縣知事委任，本縣士紳分別繼續辦理。第五條：凡各市鄉自治公所所有文卷房屋對象及用餘銀數，由各該主管人造冊呈送縣知事驗收，由縣知事委任本市鄉士紳保管之。第六條：市鄉公款公產及其收入款項，現由市總董或鄉董經理者改由縣知事委任，各該市鄉士紳經理之前項，經理士紳按月造報准第三條第二項辦理。第七條：市鄉現已舉辦至各項公益事宜，由縣知事委任各該市鄉士紳繼續辦理，委任員數得由縣知事酌量事務繁簡委任之。第八條：凡現充自治委員或市董事會職員暨鄉董鄉佐管理公款公產，而未得縣知事繼續委任經管者，非交代清楚不可，擅離職守如有侵蝕情事，即予按律追辦。第九條：全縣地方現設之自治機關一律停辦後，由縣知事將接受日期彙報省公署查考。〔註64〕

　　在停辦自治通令下達之後，江蘇省各地相繼取消地方自治機關。蘇州吳縣縣知事宗加彌接省令後，命「所有吳縣所屬市鄉自治局所，應遵照中央命令，歸該管地方官接受，故奉文後，即轉知各市鄉董遵照辦理」。〔註65〕而後，蘇州城市公所將「歷年經辦一切文牘卷宗及收支款項帳目，均由市總董潘若梁君督飭會計等員，結帳清楚，一體移交吳縣知事宗加開君」。〔註66〕無錫縣在接各自治機關停辦令後，市鄉總董及縣知事商討接收辦法，並擬定方法七條，規定「一、各市鄉自治職自接到本公署結束方法後，即按照本方法趕速結束，造冊二份呈報本公署備案，一份交收委員接受。二、各市鄉應造具清

〔註64〕《蘇省停辦自治之執行細則》，《申報》1914年2月14日。
〔註65〕《蘇州解散自治機關》，上海《時報》1914年2月8日。
〔註66〕《蘇州地方自治改為官督紳辦之新局面》，上海《時報》1914年4月3日。

冊四種如左。1. 器物用具編號清冊。2. 文牘案卷編號清冊。3. 公款公產基本金及關於款產各重要證據清冊。4. 按照年及二年七月至三年二月二十八號止，經費收支四柱清冊。三、前條第四項除已辦決算曾經呈報本公署核銷，應另行造報外，凡未辦決算者，均須分別年度造報。四、造報之冊式照本公署規定之式樣填造。五、凡辦事員薪水均支至三年二月為止，責成協助辦理交代，不得殆於職守。六、各市鄉辦理交代以二月底為期，至遲不得逾三月十五日。七、各市鄉自治職結束自清冊造就呈報本公署後，由本公署派委接收，現該邑新知事已令行各市鄉遵照辦理矣」。〔註67〕丹徒縣縣知事接省令後「將徒邑所屬市鄉自治局所遵照中央命令收回管理」，〔註68〕而寶山縣市鄉與「縣會同時停頓，各市鄉董佐一律改稱」，經董「由官廳委任，無復有民選制度矣」。〔註69〕

在各地相繼取消地方自治後，原有縣市鄉公款公產均轉歸縣署保管或由縣知事委任地方士紳加以經理。這意味著用於地方自治經費被收歸官有的同時，地方自治無法再繼續施行。無錫在地方自治停辦之後，「市鄉除按月領出教育費外，其餘自治經費經省留存縣公署」，而「縣公署具此種餘款於正稅之外，附加並不列入報效，省中亦無從稽核，歷任知事難免無移挪侵蝕之弊，現地方人士有提議清算者，然市鄉董事恐取怨於官廳，均置之不問，將來此項自治經費所存之鉅款，恐散失無有」。〔註70〕在各市鄉董被取消後，改由縣知事委任代表與本地鄉紳共同治理地方，但所有關於地方自治問題，仍仰賴於縣知事。因此，江蘇省地方自治在很大程度上蛻變為官督紳辦的形式，自治色彩的暗淡與官治色彩的濃重又形成鮮明對比。

1914 年 12 月 29 日，在江蘇省自治停辦近一年之後，袁政府為順輿情，又姍姍來遲的頒布了《地方自治試行條例》，內容為：

（一）總綱：地方自治依本條例之規定，由地方公選合格紳民承知事之監督辦理地方公益事宜。一縣之自治區域得設四區至六區，其二縣以上合併之縣得增至八區，前項之自治區得分為合議制與單獨制之二種。合議制之自治區以該地方管縣之數除該地方戶口總額為一縣戶口之平均額，再以六區除一縣戶口之平均額為一區戶

〔註67〕《無錫接取自治機關方法》，上海《時報》1914 年 2 月 23 日。

〔註68〕《鎮江解散自治機關》，上海《時報》1914 年 2 月 12 日。

〔註69〕張允高、錢淦，《寶山縣續志》卷 13，1921 年鉛印本，第 14 頁。

〔註70〕《無錫自治停辦後之概況》，上海《時報》1916 年 10 月 2 日。

口之平均額戶口，滿一區平均額以上者為合議制，自治區其不滿一
區之平均額者為單獨制自治區。（二）自治事宜。（甲）本區衛生慈
善教育交通及農工商事項但屬於國家行政範圍者不在此限。（乙）
依法令及監督官署委任辦理事項。（三）自治職員。合議制一級自
治區自治員定額十名，二級自治區八名，三級自治區六名，由本自
治區選民公選區董，由本自治區選民中選出三人，由縣知事委任
之，選舉規則以教令定之。單獨制自治區設區董一人，依前條之規
定選任之。（四）自治會議應由議決事項。一、第四條所定事項。
二、自治規約。三、自治經費歲出入預算既預算正額外預備之支出。
四、自治經費歲出入之決算報告。五、自治區經費籌集方法。六、
自治經費及財產處理方法。七、關於本地方公共利害關係之訴訟及
和解事項。（五）自治區董應行事項。一、提案之準備。二、縣知
事核准之議決事項。三、依法令或縣知事委託辦理事項之執行。四、
自治會議議決事件執行方法之決定。（六）自治經費。一、本地原
有公款公產。二、地方公益捐。（七）自治監督。自治職員由縣知
事監督，其有逾越權限違反法令妨害公益者知事得撤退之。〔註71〕

　　袁政府頒布的自治條例與之前江蘇暫行縣市鄉制相比，重點突出了縣行
政長官在地方自治中的主導作用，無論是對區董的任命還是對自治經費的審
核，縣行政長官都具有相當大的權力。相比於 1913 年江蘇省暫行縣市鄉制中
所制訂的議事會、參事會與縣行政官處對等地位的監督作用有了明顯弱化。
正如時人對此條例所評「自治性質之捐稅各縣無論，一律改為縣收入，即省
城之各種捐稅，原屬於市自治者，亦移轉於別官署，故他日自治成立，原有
之經費自不能歸附，即欲新增稅項，而凡有稅目，幾為行政界所壟斷，江蘇
自治前途之荊棘莫大於斯。單獨制之區董儼然為縣佐之雛形，合議制之區董，
則縣知事之參政也，江蘇設縣佐，地點大致已調查決定，因財政緊編之影響，
不能如清制巡檢典吏之龐雜，其設置數目正侯內務部核准施行，自治進行時
縣佐與區董較為親密，兩者之體制頗具相似之點，縣知事之積威更為增大
矣」。〔註72〕由於形勢所迫，袁氏政府新頒自治條例並未進入實質性的操作階
段，依舊多停留於紙面上成為一紙空文。此後，袁世凱政府在全國反對聲中

〔註71〕《地方自治施行條例揭要》，《申報》1914 年 12 月 21 日。
〔註72〕《江蘇之新政（自治）》，《申報》1915 年 1 月 11 日。

倒臺，此制也隨之廢棄。但由於袁世凱復辟帝制的影響，江蘇省地方自治停滯了近兩年，這對江蘇省的自治發展無疑是一重大打擊。

三、復辟失敗後地方自治的停滯不前

1916 年，江蘇省停辦兩年的地方自治漸有恢復跡象。江蘇省被壓抑許久的自治熱情又被重新喚起，包括江蘇省上下都強烈要求恢復縣制，重新推動地方自治的開展。但受時局影響，北洋政府對於恢復地方自治的意願並不強烈，藉口恢復縣制需諸多步驟和時日遷延拖沓。江蘇省要求恢復地方自治的要求並未得到積極回應。從當時情形來看，自袁世凱倒臺之後，北洋政府便接連陷入臨時約法之爭，黎、段「府院之爭」，張勳復辟及軍閥混戰的局面而無暇顧及地方事務。而中央政權的頻繁交替更迭又極大影響了政策的連續性，地方自治基本上處於半癱瘓狀態，難以發揮效果。面對這種形勢，江蘇省官紳並未消極以待，而是積極應對，以圖恢復地方自治之法。而在此過程中又充滿中央與地方的鬥爭與博弈，凸顯出近代江蘇政治現代化的艱難與曲折。

袁世凱倒臺之後，中央相繼恢復了國會及各省議會，對恢復地方自治也有動議。江蘇省內官紳多認為恢復地方自治乃大勢所趨，皆翹首以盼恢復。時任江蘇省省長齊耀琳也認為應做好先期預備，以「恐臨時措辦不及」，並通飭各縣知縣查明停辦自治期間「每年收入自治經費若干，支用於地方公益事宜者若干，抵作他用者若干，現有存款若干」，「餘款如何支銷，曾否撥充他項用途，亟應切實調查」，並要求限「十日內分別詳列細冊報明核辦」。〔註73〕然而，儘管江蘇省做好了恢復自治的準備工作，但中央對恢復地方自治卻又遲遲不見動靜，「國會省會先後召集，惟此國會省會基礎之縣會尚在遲遲，其行未免輕重倒置，緩急失宜」。〔註74〕

在這種情況下，江蘇省各縣議員倡議成立江蘇省縣議員聯合會，以便群策群力敦促政府盡快恢復自治。1916 年 8 月 26 日，江蘇省議員聯合會在上海也是園召開成立大會，制定臨時會規，「一、定名：江蘇縣議員聯合會，以江蘇各縣縣議員代表組織之。二、宗旨：聯絡感情，交換意見，取共同促進，恢復縣會之志願；三、職員：選舉幹事員若干人主持會務。四、權限：幹事員權限於促進恢復縣會範圍以內之事件，得有完全行使之職權。五、經費：

〔註73〕《蘇省地方自治之籌備》，《申報》1916 年 7 月 30 日。
〔註74〕《恢復地方自治之好模範》，《申報》1916 年 9 月 26 日。

由承認各縣先行籌墊，俟縣會恢復後，平均攤還等」。〔註75〕在成立之後，江蘇省縣議員聯合會先後函電省議會，稱「本省之縣市鄉制，實產出於臨時省議會，而臨時省議會之議決，實根據於中央政府認為有傚之前清府廳州縣及城鎮鄉地方自治章程，是此項縣市鄉制，實為江蘇省實行辦法之一種。在中央政府未以法定手續制定地方制以前，當然有效，無自治不成為立憲國家，中央政府應以訓令回覆，而是制既具有省單行法之性質，在本省省長亦負有明令回覆之責任。且民國成立，全國自治，以吾蘇為最完全，袁氏弄權，百事摧殘，亦以吾蘇為最凋弊，現共和復活雖已有日，而萬象待興，迫於饑渴，是則吾蘇之應回覆自治機關，理由固較他省為強，情形亦較他省為急，而有待於貴會之促進者，尤與他省為多用，特具陳緣由，敬請以早復一日為早舒蘇民一日之困苦」〔註76〕，強烈要求恢復 1913 年江蘇省暫行縣市鄉制。

　　隨後，縣議員聯合會推定代表方家珍、邵玉銓赴南京晉謁省長和省議會議長，希望能盡快「回覆縣會及各級自治情形」。〔註77〕與此同時，縣議員聯合會派代表楊靜山謁見內務部總長孫伯蘭，探詢中央對於地方自治的意思。對於楊的詢問，孫認為應暫「照清制先恢復自治機關，再議自治新條例全國統一辦法」，並主張由「內務部在半月內將新自治章程草案提出，議會通過，一二月即可明令發表」。對於孫的這一表態，楊認為「辦法雖善，奈近數年來各縣知事蹂躪民權侵佔公款，指不勝屈，急待縣議會成立，以維持之，早恢復一日，即人民少一日困苦，若俟新自治章程頒布及改選，又需數月，殊不足慰人民渴望自治之意」。對於孫的答覆，楊顯然不甚滿意，認為再重新制定新制又需數月，「殊不足慰人民渴望自治之意」。對於楊的這一表態，孫又稱「各省地方自治章程只浙江、江蘇兩省有單行法規，現浙江各級自治機關，政府並未過問」。〔註78〕言下之意江蘇省可按浙江成例，按先前所定單行法規執行，待新制制出臺之後，再行更改。對於孫的授意，楊隨即回函縣議員聯合會，稱「現浙江已依法進行，蘇省即可仿辦，中央亦不加以干涉」〔註79〕而後，省長齊耀琳也電函內務部，請示「究竟適用何種章制，方無抵制」。而內務部在與齊的函覆中稱「以恢復地方自治案業經諮呈國務院提交國會議

〔註75〕《縣議員聯合大會旁聽錄》，《申報》1916 年 8 月 27 日。
〔註76〕《請求恢復自治之函稿》，上海《時報》1916 年 8 月 28 日。
〔註77〕《江蘇縣議員幹事會常會紀》，《申報》1916 年 9 月 18 日。
〔註78〕《恢復各級自治之好音》，《申報》1916 年 9 月 28 日。
〔註79〕《回覆地方自治之希望》，上海《時報》1916 年 10 月 7 日。

決。元年十月一日以前所訂之試行條例有效，至三年十二月二十九日與四年四月先後公布之法律教令，均歸無效云」。〔註80〕內務部的回覆表明仍支持沿用民國初年時制定的暫行縣制。

在江蘇省縣議員聯合會奔走各方，函電交弛的籲請之下，江蘇省議會也諮請省長恢復自治，稱「暫行縣市鄉制，前由臨時省議會議決，本會修正，均經公署核准公布，在案前大總統非法解散國會，遂牽連於省會，並波及於縣市鄉自治，憲政基礎蕩焉無存。今者國會省會次第依法召集開會，而地方自治機關尚未奉明文回覆，群情惶惑函電紛弛，本會迭據各縣代表請願，前來經於本月二日開會議決，僉主應即依法一律回覆，以植立憲之基礎，而策政治之進行」。〔註81〕並隨後在 1916 年 10 月 2 日通過恢復民元暫行縣市鄉制議決案。在省會通過恢復暫行縣制決議之後，眾議院也於 10 月 12 日通過速恢復各省地方自治原狀決議。然而，在省議會與眾議院先後通過恢復地方自治議決後，中央政府並未立即執行。究其原因在於：一、與當時「政爭」有關。1916 到 1917 年間，總統黎元洪與總理段祺瑞在參加一戰問題上意見相左，以致釀成「府院之爭」。而兩者在對地方自治問題的態度上也不一致。黎元洪在自治問題主張盡快推行，而段則主張予以緩辦，兩人態度的差異顯然與政治鬥爭有較大關聯，以致影響到自治的恢復。二、與經費用途有關。從當時看，由於段政府堅持參戰，勢必要籌集軍費以供戰爭需求。如若再由中央政府推行自治，又必然擠佔軍費，這對段政府是難於接受的。因此，在這種情勢下，寄望於中央政府恢復地方自治，無異於望梅止渴。

對於中央政府遷延拖沓之舉，無疑激起江蘇省縣議員聯合會的不滿，並當即發函參眾兩院，希望國會敦促政府盡快「從速回覆自治原狀，若再遷延，有乖法治」。〔註82〕並派代表直接面見黎、段二人，希望能予以解決。然而，對於代表的請求，總理段祺瑞反應冷淡，以「財政困難，各省人材不齊為慮」理由，推脫敷衍了事。而總統黎元洪雖同意「自治早日回覆」，但強調「自治新制未經編定，尚無把握回覆一事，恐難即速辦到」。〔註83〕在無形之中也回拒了江蘇省代表所請。面對這一情況，江蘇省縣議員聯合會不得不先後函電各省議會，稱「地方自治實為法治國精神所繫，省議會既經回覆各級自治自

〔註80〕 《蘇省政聞》，《申報》1916 年 9 月 10 日。
〔註81〕 《江蘇省議會諮請省長回覆自治文》，《申報》1916 年 10 月 9 日。
〔註82〕 《回覆地方自治之二次請願》，《申報》1916 年 11 月 2 日。
〔註83〕 《回覆自治之虛與委蛇》，《申報》1917 年 2 月 22 日。

應有聯帶之關係，況參院已於九月一日議決中原亦於十月十二日議決，而政府遲遲未頒明令，實不足以饜人民之望，一轉瞬間國會省會行將閉幕回覆之期更難希望，除由玄輯等請願參眾兩院迅催政府回覆自治外，合行函請貴省議會協力進行電達國會催促政府遵照約法執行議決法案，以伸民意而尊法治」。〔註84〕希望能共同對政府施加壓力，盡快恢復地方自治。

對於江蘇省議員聯合會的這一請求，各省很快予以響應。並紛紛發函電聲援。江西吉安縣議會函電稱「共和國家三權鼎立，國會省會為立法機關，而地方自治實為基礎，今國會省會賡續進行各級自治，當然回覆，乃既經各省會之請願，國會亦已通過，而院議則藉詞修正章程迄今數月之久，尚無確實表示，貴會籌議積極進行，舉定代表赴京請求，速頒明令，閿猷識深表贊同，至舉代表赴申協商一節，現已函致敝縣省議員諸君會商，敝省公推一二人總取一致行動，舉定後當即函告至時，希與接洽為盼，敝縣前經召集舊有參事員組織縣自治籌備處，於十月一號成立，順以奉聞專此，敬請籌安」；安徽渦縣議會函電稱「敬覆者共和再造自治機關，自應一律回覆，今國會省會次第開幕，獨於下級自治，蹂躪已極，貴會念切法治，迭電中央，未收圓滿效果，而奔走號呼，頗為國人所欽佩，茲又函示敝縣聯絡，一致進行，既蒙推愛，何敢自棄，業已函知六十縣，極力阻止團體，俟機關完全成立，定舉代表到滬協商一切，特此布復藉釋遠懷，並侯公安」；陝西西安縣議會函電稱「敬覆者頃奉瑤函及電稿備悉貴會聯合請願回覆民權，鼓吹進行，不遺餘力，聞命之下，無任贊同，敝省前於省城已設有自治進行籌備處，貴省既公推代表赴京請願，共望早拔前茅，敝會長亦主函請敝省籌備處速舉代表，繼踵而起，以為再接再厲之後勁，專此特覆拱侯佳音」；湖北孝感縣議會函電稱「奉電敬悉刻即派敝會同人赴湖北自治聯合會公推代表來滬商同赴京請願矣，惟代表抵滬日期應俟多數推定妥員後另行弛報，知關廑注，特此先行奉覆專此順頌諸君子籌安」。〔註85〕

從回函的內容看，各省其對江蘇省請願活動持同情支持的態度，凸顯出全國對恢復地方自治的訴求也相當迫切。不過，由於中央堅持制定新制，因此對各省的聯名請願並未予回應，仍強調由內務部重新改訂章程，以示統一。北洋政府之所以對地方自治猶疑不決，一方面在於中央政府對於國會恢復縣

〔註84〕《回覆地方自治之催促》，《申報》1916 年 11 月 3 日。
〔註85〕《請願速復自治之贊同》，《申報》1916 年 12 月 27 日。

制決議顯然不甚贊同，「國會主張以恢復縣會為前提，政府以恢復縣之一級而確」，另一方面，政府內部各方對於地方自治恢復意見也多不統一，「政府初由法制局起草，係分道制、縣制兩級，內務總長主張先訂縣制，而財政總長又提起抗議，僅主繁盛之縣先行釐訂，漸次普及」，由於各部意見紛歧，因此「閣議未定，故此項自治新制尚在擱置之中」。而政府不願執行國會決議，根源仍在於經費匱乏所致，正如政府中人所言「觀政府意，並非絕對不可恢復，惟以財政狀況艱窘已極，一時恢復，恐更紊亂，故不敢貿然行之」。不過，對政府面臨經費短缺而難以恢復地方自治的問題，江蘇省代表並不為其所動，認為經費短缺「以恢復無關影響」，指出「地方費現仍留地方，以各省言或於參議會費之一部稍有挪移，其餘概無變動」。〔註86〕強調經費並非阻止恢復地方自治的主要原因，要求按照江蘇省先前制定的單行條例恢復自治即可。

其後，參議院將恢復自治案重新提交覆議，希望中央政府能予以執行。但政府方面經由國務會議討論之後，仍令由內務部將自治章程重新釐訂修正，以期統一。實際上是回拒了江蘇省代表所請。對於這種結果，江蘇省各界頗感失望，「國務會議，退回內部修正，即使內部迅速辦理，而修正後之程序既須經過國務會議，提出兩院，而議決，而公布，而著手籌備，其施行之期，正不知何日，而況內務部之修正尚未聞有所進行事」。並以清末推行自治相對比，稱「吾國地方自治，肇自前清，當時之人材財政，夫豈遠勝於今日，乃前清許之。而今政府獨禁之，吾不意政府之待國民，反視前清為不若，政府須知吾人對於自治案之交覆議，未有異詞者，以清制之不適用，各省單行章程之不統一，政府尚能自圓其說也，若今茲所云，則試問人材何時充足，財政何時展舒，抑不充足不展舒，自治可以永無實行之日乎」，〔註87〕對政府的不滿之情溢於言表。之後，內務部雖有擬定新制之舉，並將自治調查分為三期，〔註88〕以作為制定新制之準備。但此舉並未使江蘇省再抱有過高期望，「吾江蘇之縣自治繼省自治而組織通訊處，而成立聯合會茲一年於茲矣。其

〔註86〕《請願回覆自治之消息》，《申報》1917年2月12日。
〔註87〕《自治延宕之真因》，《申報》1917年2月22日。
〔註88〕內政部將自治調查分為三期：第一期內地方原有公益事業辦理情形及公款公產之管理方法如何。第二期內自治事業，因革興廢及自治經費之籌辦方法並收入成數如何。第三期內自治事業停止繼續及自治經費保存移撥如何，應按上開各節，分別款目附加說明，並將利弊得失之所在，比較指陳造具清冊，隨時承轉諮部以資考鏡。《內部分期調查各省自治》，《申報》1917年3月29日。

間請願於省會，省會非不介紹也，而省長則以未奉命令為辭，請願於國會，國會非不建議也，而開議又以重行組織為辭，千呼萬喚，尚未產出」〔註89〕江蘇省要求恢復自治的努力至此告一段落。

自此之後，江蘇省縣議員聯合會在無形中解散，受迫於北洋政府壓制，江蘇省恢復自治的熱情也歸於沈寂。直至中央政府於 1919 年頒布縣市鄉制之後，江蘇省地方自治的熱情才又被重新喚起。縱觀此段時期，可以看出，對於恢復地方自治，江蘇省一度抱有極高熱情。於縣議員聯合會而言，為恢復江蘇省縣制先後請願省議會和省署，並派代表直接進京謁見總統和總理，並在請願未果的情形下仍不斷籲求，反映出恢復地方自治的決心和毅力。於省議會而言，對恢復自治的熱情也顯而易見，不僅通過了恢復地方自治的決議，並且以諮請的方式要求省長予以支持，凸顯出其強烈訴求和決心。於省長而言，對恢復地方自治也曾寄予厚望，並數次上書北洋政府，希望能盡快恢復自治以順民意。但受職權所限，對中央法令又不得不予以執行，表現出一定的消極性。不過，總體而言，在恢復地方自治的初始階段，儘管面臨北洋政府的打壓，但江蘇省上下多能齊心協力，要求恢復地方自治，體現出江蘇省為爭取自身權利而不惜對抗中央的一面。

四、軍閥混戰時期恢復地方自治的最後努力及失敗

1919 年，內務部制定並頒布了新的縣市鄉制，沈寂近兩年的全國地方自治漸有恢復態勢。在這種形勢下，江蘇省地方自治的熱情又被重新點燃。不過，對於新縣市鄉制內容，江蘇省並不接受，認為新制並未通過國會議決，只是由內務部召開各省地方行政會議所定，缺乏法理性與正當性。因此，江蘇省堅不執行，強烈要求恢復 1913 年暫行縣制。

當時，中央政府令內務部制定新制被認為是恢復地方自治的重要一步。隨後，內務部又呈請總統，擬於「京師設立地方自治模範講習所，諮取各地方具有法政知識及自治經驗人員入所肄業」。對於內務部所提，總統徐世昌認為「各省區選送學員對於各縣自治人才及籌備施行事宜實負有教養倡導之責，關係自治前途至為重要，自宜甄選英才，宏其造就，以植實行自治之基」，〔註90〕批

〔註89〕《費鴻聲之縣自治感言》，《申報》1917 年 5 月 15 日。
〔註90〕《內務部諮各省區請飭屬選送地方自治模範講習》，《政府公報》1919 年 1338 期。

准了內務部所請。對於內務部的這一做法，江蘇省各界人士認為內務部實為
「藉以遷延施行自治之時日」之舉。而江蘇省議員盧瀚蔭當即提出「江蘇六
十縣自行組織地方自治講習所，無俟中央之代謀」。議員高元陞也認為「吾蘇
夙號開通發達，先於他省尤不能與邊遠諸省視同一例」，〔註91〕主張由江蘇省
自行組織自治講習所，加速恢復自治步伐。省議會也不斷函電中央，希望「宜
從速恢復縣市鄉自治，以符共和之實」。〔註92〕對於江蘇省所請，北洋政府漠
然視之，仍堅持各省組織自治講習所，以示統一。對於江蘇省而言，儘管在
此問題上遭遇挫折，但卻體現出江蘇省在恢復地方自治上強烈的自主意識。
而在反對北洋政府新制的過程中，這種自主意識又不斷被放大，並轉化為對
法理的認同與堅持。

　　江蘇省與北洋政府在自治問題上雖有摩擦，但矛盾並未激化。但這並不
意味著事情就此結束。1921 年 6 月，內務部召集由各省代表參與的地方行政
會議，修正縣自治施行細則。對於內務部的這一做法，江蘇省認為內務部所
訂新縣市鄉制未經國會提交審議，產自非法，不符法理，遂撤回代表，以示
抗議。1922 年 1 月，總統徐世昌頒布法令，明令恢復地方自治。然而，對於
這一法令，江蘇省議會明確反對，「我蘇對於中央公布之地方法案，早已表示
不能承認，且地方自治，係以人民為主體，當視民意為從違，與其強制更張，
轉為省憲期成之口實，孰若一仍久貫，且免另案籌備之紛紜，況停辦與恢復，
本為對待，理有固然，毋庸別尋解釋」〔註93〕強烈要求恢復舊制，以符法理。

　　對於省議會的這一表態，嘉定縣議會正副議長毛經學、陳慶容致電省議會
予以呼應，稱「自治停辦，於今八年，非法摧殘，同深憤慨，縣自治法未經正
式國會議決，依法公布以前，本省暫行縣制，當然繼續有效……新制未行，舊
會亟宜恢復，茲常貴會臨時開會之期，請提吾蘇回覆縣會之議」。〔註94〕江蘇
省各縣相繼發電，要求恢復舊制。松江、青浦、泰縣、金山四縣聯合發電，
稱「吾蘇自治，經袁政府非法解散，於茲八載，國會省會，先後恢復，而縣
議會前雖經同人聯合請願，終歸無效，今政府既命令於四月一日為自治成立
期，對於行政會議，所議決之自治條例，業經第二屆省議會議決否認，撤回

〔註91〕　《蘇議會對地方自治之提議》，《申報》1919 年 12 月 13 日。
〔註92〕　《蘇省議員之四主張》，《申報》1920 年 8 月 8 日。
〔註93〕　《電爭恢復縣自治之繼起（江督與溧水）》，《申報》1922 年 4 月 4 日。
〔註94〕　《主張恢復自治之電音》，《申報》1922 年 3 月 28 日。

代表,當然不能適用,仍應恢復民國元二年之縣議會」。〔註95〕其後,吳江縣、泰興、丹徒、寶應、金壇、上海縣、太倉縣、溧水等縣也相繼發電呼應,要求恢復舊制。

在各縣強烈要求恢復舊縣制之際,於1917年解散的縣議員聯合會在1922年4月又重新成立。聲明「本會主張恢復,不是反對中央命令,只因中央所布之令,不適用於現在,故主張恢復舊會,本會不是命令取消的,是無形解散的,最要之點,在主張恢復自治之決心,積極進行」。〔註96〕並函電江蘇省教育會、省農會、上海南京總商會及六十縣教育會、農會、商會、公款公產處,希望能聯合呼籲省長及各縣知事盡快推行地方自治,「考新自治制,未經國會通過,僅產生於地方行政會議所議決,其中官治太重,民治太輕,先經大總統認為不完備,並未增訂修改,我江蘇省議會電部否認,撤回代表,是蘇省之對於現行實制,無民意公認之理由,況國會省會,同遭非法解散,均已先後回復,而縣自治只有停辦命令,無解散明文,群繹解散與停辦字樣,又大有區別,豈解散者尚可回復,而停辦者反不能繼續耶,此真大惑不解者矣,現同人所爭者,非必主張復舊縣會,或有擁護私權利之心,只須主張定新縣制,能達純粹合法而後已,否則非驢非馬,名為自治,實則專借自治以阻塞自治之機,有自治不如無自治,尚何有自治之可言」。〔註97〕

從函電的內容來看,對於新制,一方面,認為賦予官員權力較大,難以彰顯自治內涵;另一方面,又表明制度不在於新舊,而在於是否合法。在上內務部電文中,縣議員聯合會強調「新自治尚未正式國會議決,當然失其效力,根本剷除,人民本無公認之理由,政府亦無奉行之價值」,〔註98〕聲稱對此新制誓難認同。而在上新任省長韓國鈞書中,更是強調「徐大總統以其產生於安福國會為不合法,致有退職之舉,是縣自治法,人民更無公認之理由,況元年國會,遠在十年,一再解散,一再恢復,以彼例此,似不應令縣會向隅,可知恢復縣會,揆諸情勢,並無窒礙難行,按之法理,尤屬名正言順」。〔註99〕在縣議員聯合會恢復之後,蘇省自治會、蘇民自治會、自治協進會等相繼成立,也多要求盡快恢復地方自治。

〔註95〕《又有四縣主張恢復縣自治》,《申報》1922年4月6日。
〔註96〕《江蘇縣議員聯合開會紀》,《申報》1922年4月21日。
〔註97〕《蘇縣聯合會對於自治之主張》,《申報》1922年5月7日。
〔註98〕《縣議會聯合會催復自治之近電》,《申報》1923年3月1日。
〔註99〕《請求恢復縣議會之新進行》,《申報》1922年7月24日。

　　面對省議會及社會各界團體組織籲請，本應於 1922 年 4 月 1 日起應恢復的地方自治並未如期實現。究其原因，仍是省署在此問題上遲疑猶豫有關。一方面，省署要求恢復舊制的請求並未得到北洋政府的同意。因此，在恢復舊制問題上顯得頗為躊躇猶豫。另一方面，迫於省議會及各組織的輿論壓力，又不得不考慮民意所在。為此，省長韓國鈞急電中央，希望能恢復舊制，以順江蘇民意，內稱：「北京大總統國務院均鑒，內務部鑒：蘇省縣議會自民國三年停辦以來，民意久遏，群深渴望，民國八年頒布縣自治法後，雖經王前省長諮請分期施行，迄未辦理，國鈞受事之初，正在籌議舉辦，以期自治事業積極進行，適省議會以請求恢復元年舊縣議會，建議前來，地方公意所在未敢漠視，惟與八年縣自治法有所牴觸，事關變更法令，不得不請示中央乃諮部已逾三月，迭催未准，復現在各舊縣議會自行集合，已有二十四縣並接蘇籍國會議員來電請求，民意所趨於此，可見近聞國會提議對於八年公布之縣自治法諮請交會審查，則施行新制尚復需時，與其懸案待決，久抑民情，何如順應潮流，暫准恢復，仍俟國會議決再行改組，以重自治而順輿情，是否有當，敬乞電示，只遵臨電無任迫切待命之至」。〔註100〕

　　從省長韓國鈞呈請中央的函電中不難看出，省署希望能在修訂新制完成之前，仍暫行蘇省舊制。然而，對於省長韓國鈞之請，國務院僅以寥寥數字予以回覆「恢復自治案，已交部核辦矣，特覆，院簡印」。〔註101〕實際上是拒絕了韓國鈞所請，堅持由內務部修正後執行新制。而總統府的回電中則稱，「所陳地方自治暫照本省單行法辦理一節，自係為順洽輿情起見，應請俟院部核覆」。而這一含糊其詞，模棱兩可的答覆實際上也是回絕了韓本人的請求。對於府院之間相互推諉之辭，省長韓國鈞自然不滿。於是又接發第二電，「北京國務院均鑒，內務部鑒：江蘇地方自治，亟待實行，在通行法令未經修正公布以前，不得不先照本省單行辦法辦理，業於巧日詳切，分別電陳在案，頃奉大總統電，開巧電悉，所陳地方自治，暫照本省單行法辦理，自係為順洽輿情起見，應請俟院部核覆等因，奉此理應遵俟，惟現在施行自治，地方盼望甚急，揆情度勢，實難稍緩須臾，謹再電請迅予核准前電，以便即

〔註100〕天津市歷史博物館，《北洋軍閥史料》黎元洪卷 5，天津古籍出版社，1996年，第 803～805 頁。
〔註101〕《蘇省恢復縣制之波摺》，《申報》1923 年 4 月 24 日。

日施行，不勝迫切待命之至」。〔註102〕希望中央勿要再遷延，以負民意。之後，韓國鈞又數次函催中央，請求恢復舊制，但北洋政府卻再無回應。

面對北洋政府消極態度，江蘇省各界極為不滿，縣議員聯合會聲稱「我蘇原有之自治制度，最為完善，絕無窒難行之處……蓋我蘇恢復自治，省會既議有具體之計劃，省長又屢有贊成之文電，各縣議會復根據縣制，多已自行召集，時機純熟，設備完全，所殷殷期望者，一公布之手續耳，此時而猶存猶豫之念，則是漠視民意，而非順應潮流矣」。〔註103〕而參眾兩院蘇籍議員沈惟賢等十六人，也聯名致電韓國鈞，稱「恢復舊縣會為全省民意所趨，公以蘇人長蘇，提倡自治，早表同情，前讀漾電，輿望翕然，自不至以院電稽延，久遏民氣，內部修訂縣自治法，尚未提交國會，則本省單行法當然有效，回復舊會，所以順應潮流，基礎既立，俟新制經法定公布，即可改組，民品可念，易躡望而為謳歌，在公一舉手耳，尚希裁察，迅予施行，蘇民幸甚」〔註104〕希望韓國鈞能果斷行事，勿要被北洋政府法令所牽掣。而江蘇省輿論對北洋政府也頗為失望，「韓省長為恢復縣自治問題，已連電中央催請核准」，但中央之態度猶固然，並決定「擬不俟中央覆准，先將應行商榷修改之處，諮詢省議會，一俟議決，即行公布」。〔註105〕

對於省長韓國鈞所請及各界士的強烈呼籲。內務部卻函電韓國鈞要求其明令江蘇省應靜待內務部修訂，以行新制，「江蘇所屬江寧等縣施行縣自治法日期及區域，前於十一年三月二十八日，奉教令公布，來電擬請按照本省單行法組織縣議會，顯與相牴觸，礙難照准。至恢復元年縣議會，暨各級自治一節，前准眾議員丁善慶提議，經國務院函交到部，當經本部提出國務會議議決，由本部會同財政教育農商各部從速修訂縣議會法，現在本部業經著手辦理修訂事宜，在修訂尚未完竣以前，所有業經奉令將縣自治法施行日期及區域公布之各省區，自應仍遵明令辦理」。〔註106〕明確拒絕蘇省恢復舊制的請求。

對於內務部的強硬態度，韓國鈞隨即諮函省議會，希望省議會能有所行

〔註102〕《蘇省長電催核准自治》，《申報》1923 年 4 月 27 日。
〔註103〕《縣議員聯會請求恢復自治電》，《申報》1923 年 3 月 13 日。
〔註104〕《蘇籍國會議員電催恢復縣會》，《申報》1923 年 4 月 8 日。
〔註105〕《蘇省恢復縣自治之動機》，《申報》1923 年 5 月 1 日。
〔註106〕《省長請復縣自治之部覆（以與教令牴觸不准）》，《申報》1923 年 5 月 15 日。

動和表示。並函詢稱「查恢復舊縣議會，業經查照貴會建議案，將籌備恢復各節，備文諮詢在案，茲准前因，究應如何辦理之處，相應備諮詢貴會，請煩查議見復」。〔註107〕對於省長的諮詢函，議會隨即表示「省長因與中央往返磋商，致遲遲尚未公布，查我蘇各級自治之亟宜恢復，理由具載去年建議書中，現在六十縣人民望治情殷，奔走呼號，不可終日，自宜順應潮流，根據去年建議案，將各縣市鄉議會先以省令克期恢復，俾臻自治之盛軌，而奠法統之始基，至恢復後對於法令上或程序上有發生礙難之處，盡可隨時呈請貴省長諮詢本會」。之後，江蘇省議會根據江蘇縣議會聯合會請議催請公布恢復縣市鄉自治議案與其他關於自治議案併案討論，於 1923 年 6 月 12 日議決通過恢復江蘇省舊制議案，並由省長韓國鈞發布訓令「查上年十一月十一日，准省議會諮送恢復舊縣市鄉議會建議案一件，當以事關變更法令，諮請內務部查核見示，嗣經文電諮催，僅於本年二月呈准國務院勘電覆稱，關於縣議會事件，現經提出國務會議議決，縣議會法由內部速行修訂，諮國會議決施行等因到署，而修訂又復無期，又於四月巧日分電大總統國務院暨內務部，請准在縣自治制通行法令尚未修正公布之前，暫由本省署修正舊法，諮請省會議決施行，旋奉大總統暨國務院覆電，已交內務部核覆，延侯經月，仍未得請，而全省紳民及各團體請求恢復各級自治，函電交馳，積牘盈尺，本省長為尊重民意起見，爰即查照省議會建議案，籌備恢復，將所有中華民國元二年間全省縣市鄉各級自治議會關於法令牴觸及組織程序應行商榷之點，於五月八日備文諮詢省會核議去後乃准」，飭令江蘇六十縣知事，「照將民國元二年間全省縣市鄉各級自治一律恢復，除關於本案法令上及程序上亟應解決各問題，仍另備文諮請省會查明前次諮詢案，逐款答覆，以免臨時發生礙難，並諮請內務部查照備案外，合亟通令各該縣知事遵照辦理。〔註108〕

至此，自1914年被袁世凱停辦的地方自治，經過近十年時間，江蘇省才正式宣告恢復。在省長韓國鈞宣布恢復舊制後，各縣隨即著手恢復舊制，並將1919年中央新制要求成立地方自治籌備處一併裁撤。至1924年5月，江蘇省「金陵道屬句容丹徒等十六縣，滬海道屬上海嘉定等十二縣，蘇常道署吳縣無錫等十縣，淮揚道署淮陰江都等十一縣，徐海道署銅山東海第十一縣，共有五十縣」恢復自治，而「南通靖江高淳睢寧……江寧六合江浦淮安高郵

〔註107〕《省長對於恢復縣議會之再詢》，《申報》1923 年 5 月 20 日。
〔註108〕《蘇省恢復各級自治》，《申報》1923 年 6 月 26 日。

揚中」〔註109〕等十縣則因知縣遷延拖宕並未及時恢復。不過，從總體上看，江蘇省大部分縣都已恢復自治，並走上自治發展的正軌，如果正常推進，由縣自治擴展到道自治乃至省自治都是有可能的。

然而，在江蘇省恢復自治後不久，卻爆發了江浙戰爭。此次戰爭對江蘇地方自治不啻一次致命打擊，使得江蘇為恢復地方自治十年心血頃刻間毀於一旦。而戰爭對江蘇省所造成的影響，可在江蘇省農會致國務院電函中窺探一二，「江浙戰事，軍隊所過，村鎮為墟，人民奔走遷移，顛連失業，富而貧、貧而死者，不知凡幾，而江南戰區如宜興、崑山、嘉定、太倉、松江、青浦等縣則尤甚」。〔註110〕而作為受災最重的瀏河和嘉定，兵災善後會這樣描述道「本省兵事經過之地，被災之重，以一地方論，當以瀏河為最重，以全邑普遍論，當以嘉定為首，因兩軍相持之地，以嘉境為最廣，戰線最長，歷時最久，劇戰最多，房屋之毀損，物品之劫掠，逃亡之眾多，調查所及傷心慘目，有不忍言者」。〔註111〕由戰爭而引發的戰禍，使得江蘇省地方自治名存實亡，再無復興之可能。直至1927年北伐興起，國民黨推翻北京政權後，才又重新改訂地方自治。但此時，無論是在形態上還是功能上已遠非清末民初時期的地方自治了。國民黨將地方自治統一納入到新縣制之中，使之帶有了強烈的黨化色彩，三民主義意識形態也伴隨著新縣制的推行強行植入基層，使得近代地方自治的性質發生了根本性的轉變。

從此次江蘇省堅持恢復舊制的過程來看，主要包括四層因素。首先，舊制（即1913年暫行縣制）的制訂是江蘇省臨時議會與第一屆議會通過的決議，具有法理性與正當性，並得到政府的認可。自袁世凱復辟之後，對於地方自治的態度也只是宣稱停辦，而並未廢除。儘管在袁復辟之後，江蘇省自治處於停滯狀態，但從法理而言，舊制仍具法律效應。而1919年中央頒布的縣市制及1921年頒布的鄉制，卻是由內務部操刀制定，並未經國會正式審議通過。在法理正當性上有相當大的缺失。因此，這也是內務部制定的新制難以被江蘇省接受的重要原因之一。其次，從當時全國範圍而言，只有江蘇省

〔註109〕《請議促進蘇省完全自治》，《申報》1924年5月11日。
〔註110〕1924年10月13日《江蘇省農會等為蘇南遭受江浙戰爭兵災請撥交通附捐賑恤致國務院電》，見中國第二歷史檔案館編，《中華民國史檔案資料彙編》第三輯，軍事（三），江蘇古籍出版社，1991年，第221頁。
〔註111〕江蘇兵災各縣善後聯合會，《江蘇兵災調查紀實》，上海商務印書館，1924年，第1頁。

和浙江省制定了省單行法令，袁世凱復辟失敗後，浙江省便迅速恢復了自治，而江蘇省卻重重受阻，在這種情況下，江蘇省要求恢復自治的訴求也愈發強烈。第三，從新制內容本身而言，與舊制相比，官治意味較重，自治色彩較輕，忽視了江蘇省民眾的訴求，也是其難以接受的原因之一。第四，結合當時全國政治形勢來看，自1920年之後，直皖戰爭、直奉戰爭相繼爆發，中央政權更迭頻繁，無暇過多顧及地方的政治訴求，在中央與地方之間形成了一定的政治真空。為江蘇省恢復地方自治創造了條件。基於以上四點，也就不難理解江蘇省強烈要求恢復舊制而抵制新制的深層次原因。應該說，圍繞江蘇省「新」「舊」之制所展開的較量，一方面，反映出北洋政府在應對政治現代化進程中，並未對地方制度進行有效的整合與重塑，樹立中央權威，反而在同地方博弈過程中將本就脆弱的統治基礎也消耗殆盡。另一方面，在軍閥割據的特定背景下，以地方精英為主導的自治運動雖力圖推動本省縣市鄉制的發展，但仍無法擺脫軍閥政治的裹挾真正推進地方制度現代化進程，這也是為何江蘇省歷經近十年得以恢復的縣市鄉制，卻又在瞬間毀於一旦的主要原因。

縱觀民國初期江蘇省恢復暫行縣市鄉制歷程，可謂一波三折，命運多舛。不過，若是從更深層面予以考察，又不難看出。自清末地方自治思潮傳入中國以來，地方自治就作為憲政之基被清廷寄予厚望。然而在實際操作中，作為舶來品的地方自治在移植到中國傳統社會之後，無論在觀念層面還是在制度層面，都顯示出與中國傳統社會不相適應的一面。地方自治強調分權民治，清廷則希望通過地方自治鞏固集權專制，而這種自相矛盾的舉措，不僅沒有達到鞏固皇權的目的，卻加速了清朝的滅亡。民國肇建後，地方自治雖一度有所發展，但卻被異化為軍閥手中的政治工具。北洋政府試圖通過制定新制對地方進行整合，加強中央集權，而地方卻力主舊章試圖以分權而制衡。雙方的分歧，以對地方制度論爭的形式凸顯出來。其實，地方之所以敢於挑戰中央，其根源在於辛亥革命之後，封建專制集權崩潰，中央權力失墜，邊緣勢力崛起，尤其是在北洋政府時期，地方軍閥往往以地方自治為名，行地方割據之實，結果形成「有政府無權威，有官治無民治」的政治亂象。

結　語

　　美國學者艾森斯塔特曾提出「現代化的挫折」這一概念，它是指一個國家的現代化啟動並取得相當發展之後又中斷的過程。主要表現為社會內部原有的傳統秩序被瓦解；各階層逐漸喪失了對正統權威的信任；執政者與社會精英在政治理念、道路發展、國家目標等方面上出現嚴重分歧；社會不同階層因各自利益訴求差異與文化價值認同斷裂而存在著尖銳矛盾，並難以找到調和的方式。而伴隨著社會動盪、政治混亂及戰爭衝突等各種外部因素的推波助瀾，又不斷惡化著社會的政治經濟生態環境，結果，這種因現代化失控而引起的內憂外患對國家社會發展產生了持續的負面影響。

　　自十九世紀中後期以後，近代中國就持續遭到西方列強的侵略，始終面臨著嚴重的民族危機。在這種嚴切峻急的形勢逼迫之下，清政府不得不進行憲政改革以挽救自身統治。然而，新政的制定與推行並未在實踐中驗證其效果如何就匆忙推向全國，結果卻加速了統治的崩潰。反思清末新政，儘管這些改革措施相較於中國傳統政治制度更具有「現代性」色彩，但以當時的形勢與條件而言，清政府並不具備將這種「現代性」轉化為「現代化」的條件與能力。而在 1905 年開始的憲政改革更是如此，與其預期的目標可以說是失之毫釐，謬之千里。

　　作為清末新政的重頭戲，憲政改革直接決定了清政府能否挽救危亡，穩定自身統治成敗的重要環節。然而，憲政改革對於清政府又是一個兩難選擇。統治者本意是通過外在的立憲方式來維護封建王權，即，通過現代化的政治方式來加強集權，延續傳統的統治模式。然而，立憲的內在本質則要求分散集權和弱化君權。即：瓦解傳統政治制度來實現民主分權。正是由於清政府

對立憲缺乏深刻的理解與認知，只採其表，弗用其裏，僅將其視為維護自身統治的工具與手段，結果在實施踐過程中出現了諸多問題與矛盾，開始朝著失控的方向加速前進。與此同時，地方上的革命派與立憲派，正是抓住立憲必先分權這一關鍵問題，趁機向清政府發出越來嚴重的挑戰，要求賦予其更多權力，而這無疑意味著封建集權將難以為繼。正是在這樣進退維谷，前後失據的狀態中，清政府的憲政改革非但沒有起到鞏固集權的作用，反而與其目標背道而馳，漸行漸遠。而隨著政治參與急劇擴大化，越來越多的地方精英對既有的政治價值體系產生信任危機並難以達成共識，以致清政府統治基礎迅速的坍塌潰縮。結果，在體制內與體制外精英分子的輪番衝擊之下，清政府再也無力重塑自身權威，憲政改革非但沒有通過立憲達到凝聚共識與人心的目的，反而使自身陷入到四面楚歌的境地。

辛亥革命之後，晚清政府在憲政改革期間推行的各項制度措施雖然在中央層面戛然而止，但地方層面的實踐卻在巨大歷史慣性的推動下依然向前發展，並在某種程度上延續了清末開啟的政治現代化的進程。至民國肇建初期，彼時中國處於時代轉型與社會制度更替激烈交匯的階段，在傳統政治重心失墜，新的政治權威尚未確立的形勢下，為清末憲政改革中各項措施向地方縱深發展創造了有利契機。而當時為爭取政治上的最高權力，各方勢力相互角逐博弈，都將目光聚焦於中央，無暇顧及對地方各省的控制。這使得地方各省在晚清憲政改革基礎上有了相對充裕的時間來調適自身的政治制度，並逐漸形成了一套具有現代化性質的政治體系。同時，自晚清統治結束以來，民國時期中央政府並未有效填補晚清政府留下的權力真空，儘管在形式上建立了政府和國會，但走馬燈式的權力更迭不但削弱了中央對地方的鎮制性力量，而且造成政策缺乏連貫性，法令朝令夕改，難以通過中央權威將政策法令推行至地方。結果導致中央層面權威資源不斷流失，逐漸喪失了中央對地方的影響力，而地方的崛起與中央的勢衰形成了鮮明對比。這也為晚清憲政改革以後各項措施在地方的發展留下了巨大空間。

具體到本文研究對象——江蘇，就是在這樣的背景下拉開了地方政治現代化的序幕。江蘇作為近代中國最先受到歐風美雨浸染的區域之一，無論是思想開化，還是觀念更新，亦或是制度變革，都領先於其他省份。因此，在清末憲政改革中被清政府立為典型，向全國推廣。而江蘇也借清政府推行憲政之機，迅速革新傳統制度，尤其是在地方制度發展過程中體現出較為明顯

的三權分立傾向，並在此基礎上擴大了政治參與的深度和廣度。辛亥革命之後，江蘇地方政制在清末憲政改革的基礎上繼續向前推進，議會、司法、行政、地方自治都有不同程度的發展。不過，受政局混亂的影響，江蘇政治現代化進程又面臨諸多困境，呈現出反現代化的趨勢，使江蘇省政治現代化進程出現階段性的波動與反覆，凸顯出政治現代化的艱難歷程。

　　首先，議會的成立，意味著近代民主政治制度在江蘇省得到初步踐行。相對於傳統的政治制度，議會的出現不僅突破了傳統「官權」的壟斷，而且敢於對其進行監督和鬥爭，權力制衡意識較為突出，彰顯出色彩鮮明的民主思想。而作為議員本身，多具有傳統功名的士紳和具有留學背景的知識分子，因此，當中國傳統儒家道德觀念與西方議會精神結合之後，衍生出頗具近代化氣息的民主精神，呈現出蓬勃向上的勢頭。然而，發軔於清末的議會精神並未就此延續下去。民初之後，由於社會轉型劇烈，時局動盪不安，議會民主精神雖一度有所發揚，但受軍閥政治和黨派利益的影響，民主精神日漸消退，反映出議會政治在近代江蘇省發展的困境。

　　其次，司法體系的創設為江蘇司法現代化奠定了基礎。清末江蘇省司法改革最重要的一點就是將司法從傳統的行政體系中分立出來，並進一步將司法行政與司法審判相分離，明確各自的職責與範圍，體現出司法獨立的趨勢，奠定了近代江蘇省司法體系的形成和發展。民初之後，江蘇司法體系呈現出快速發展的趨勢，不僅審檢廳設立數量增多，而且司法獨立性顯著增強。不過，受袁世凱復辟帝制影響，使得江蘇司法又重歸行政藩籬之中。這一方面與當時政治生態複雜，難以消除司法獨立的障礙性因素有關，另一方面，與民眾固有的傳統訴訟觀念又密不可分。因此，江蘇省施行的縣知事兼理司法制度雖在一定程度上符合了當時社會發展的需要，從司法現代化的進程而言，卻反映出司法權被行政權侵蝕而失去司法獨立性的態勢，這也成為阻礙近代江蘇司法現代化重要因素。

　　第三，清末民初，江蘇省行政制度體現出較為鮮明的傳承關係。清末江蘇省行政機構改革一方面來自中央官制改革的推動，另一方面緣於自身發展的需求。從官制的變革到新機構的設立在很大程度上適應了新政的需求。行政機構的職能也朝著專門化、細緻化的方向發展。表現在行政與司法逐漸分立，行政機構各司其職，職責權限分明等方面，在形式和內容上都體現出了現代化因素。民初之後，江蘇省將寧、蘇兩個行政系統合二為一，在行政系

統進行統一設置。一方面沿襲了清末時期的行政框架，另一方面行政職能又有所發展。推動了民初時期江蘇行政體系現代化的進程。不過，由於受軍閥政治等因素影響，江蘇省行政體系發展始終缺乏穩定的政治社會環境，從省級到縣級的行政機構變動頻繁，難以維持一個穩定而有序的行政體系，這也對江蘇行政體系的現代化進程形成較大的阻力。

第四，清末民初江蘇省推行地方自治不僅賦予基層更大自主權，同時也擴大了民眾的政治參與。清末，江蘇省推行地方自治不僅將官、紳、民納入到一整體之中，其基層的統治方式也發生了變化，地方議事會和參事會的成立不僅改變了傳統的「官治」模式，「民治」色彩也大大加深。由於晚清政府推行地方自治的嘗試最終止步於城鎮鄉這一層面，廳州縣層面自治還沒來得及實施便轟然倒塌。辛亥革命之後，江蘇省延續了清末地方自治政策，繼續向縣級層面延伸，並制定了江蘇省單行法令，以保證地方自治的向前推進。然而，在經歷了袁氏復辟及地方自治停辦打擊之後，江蘇省地方自治雖一度有所沈寂，但並未放棄對自治的恢復和推動，同中央政府就地方自治問題上展開激烈的博弈。應該說，清末民初江蘇省地方自治的實踐，將國家權力縱向延伸至社會基層，並在基層橫向拓展，使固化的傳統社會結構開始鬆動，不僅對傳統「官治」造成衝擊，而且也擴大了「民治」的廣度和深度，推動了近代江蘇政治民主化進程。

清末民初，江蘇地方政制發展既有一脈相承的歷史性，又有處於轉型期的特殊性。而從前後兩個時期的發展趨勢來看，一方面，江蘇省地方政制的發展在朝著現代化方向邁進的同時，也將傳統固化的政治制度予以瓦解，逐步走上現代化軌道。另一方面，這種現代化實踐又並未讓近代江蘇就此走上政治現代化之路，個中原因有內在的也有外在的，而其根本原因則在於傳統固化的政治觀念和動盪多變的時局不斷影響著走向現代化的步伐，最終使江蘇省地方政治制度改革呈現出弱化的趨勢，使政治現代化進程顯得步履維艱。不過，儘管在政治現代化進程中遭遇諸多挫折，但仍在一定程度上對江蘇地方政制產生了積極影響。

第一、江蘇省地方政制的發展，突破了傳統政治制度的束縛，將傳統的「官」「民」對立的形式轉向現代化的「三權分立」政治模式，立法、行政、司法開始出現多頭並進的形態。在此過程中，立法權與官權的衝突與矛盾，行政權與司法權的分離與調適、地方自治中民權的伸張與官權的收縮都體現

的較為明顯。因此，當江蘇將現代化的政治理念植入傳統政治土壤時，又出現了進步與倒退並存的局面。當然，這也反映出在傳統與現代之間，「人治」與「法治」，「官權」與「民權」，「公權」與「私權」之間仍存在政治利益上的衝突與博弈。但毫無疑問，清末民初江蘇地方制度的轉型與發展，對於推動近代江蘇政治現代化，具有毋庸置疑的進步意義。

　　第二、在新舊政制觀念的碰撞中重塑現代化制度理念。近代江蘇政治制度的變革，既是一次政制結構上的變革，又是一場觀念上的變革。從整個過程看，由傳統政治制度向現代政治制度轉型過程中，人們在觀念上逐步適應著這種制度上的變遷，民主意識的勃發，權力制衡思想的形成，均體現出政治觀念的進化與發展。不過，這種觀念的轉型與塑造又多多少少帶有被動的意味。換言之，從實施的過程和結果上來看，制度的確立與觀念的融合並未達到同步的效果，甚至在一定時期內還有所衝突，因而又表現出明顯的滯後性與延時性。比如，在廢除科舉考試之前，江蘇省無錫金匱兩縣曾飭令地方紳董興辦學堂，並計劃抽收部分廟捐、米捐以充辦學之資，結果激起廟董及米商的強烈抵制，將主辦此事之紳董房屋盡行燒毀，並釀成極大之風潮。〔註1〕應該說，民眾的私利性和保守性又是政治改革的滯礙性因素。同樣，在推行地方自治過程中引發的紳民衝突和矛盾，民眾對新式司法機構的排斥與不予認可，雖有客觀因素影響，但其制度與觀念的兩分卻是不可忽視的重要因素。正如亨廷頓所言「持傳統觀念的人期待自然和社會的連續性，他們不相信人有改變和控制兩者的能力。相反，持現代化觀念的人則承認變化的可能性，並且相信變化的可取性」。〔註2〕

　　第三、擴大政治參與，推動民主化進程。在從傳統制度向現代制度的轉型過程中，無論從制度的設計亦或是政策的施行，其前提都是以擴大政治參與為條件，進而取得體制的穩固與合法化。當然，在不同的體制內，政治參與擴大化所產生的結果也不盡相同，「廣泛的參政可以提高政府對人民的控

〔註1〕當時廟捐之用除用作賽會外，所餘數額均飽廟董之私囊。而米商因擔心抽米捐損害自身利益，也不願出錢興辦學堂。由於興辦學堂之事均涉及兩者利益，因此，廟董挑唆米商予以抵制，並造謠紛傳主辦學堂紳董將抽收稅捐攫為己有。在這種情況下，引發了罷市毀學風潮。參見《記無錫匪徒毀學始末》,《大陸》1904 年第 7 期、8 期。

〔註2〕塞繆爾‧亨廷頓，《變化社會中的政治秩序》，上海世紀出版集團，2008 年，第 25 頁。

制，如在集權國家那樣；或者可以提高人民對政府的控制，如在許多民主國家那樣」。〔註3〕而處於時代轉型劇烈的江蘇省，政治制度的演變一方面呈現出新舊交替，傳統與現代並立的特點。另一方面體現出開放性與包容性的特質。議會的設立與地方自治的踐行正是其生動體現。當然，政治參與擴大化所產生的另一結果，就是催生了中間階層的產生和發展。近代以來，隨著資本主義生產方式在中國的快速發展，以紳商為代表的新興階層隨之崛起。但其經濟上的強勢又與政治上的地位並不相稱，因此又表現出強烈的政治參與意願。江蘇省也同樣如此，由於其中間階層的發展壯大，以紳商為代表的中間階層不僅要求在政治上取得參政權，而且要求掌握更多的話語權。而這種政治上的訴求，又不斷破除著傳統「官」，「民」之間二元對立的狀態，並呈現出與「官權」競爭的局面。而這种競爭又無疑成為推動民主化進程的重要動力。

1927 年，隨著北伐戰爭的逐步勝利，國民黨政府成立，結束了北洋政府的統治。國民黨隨即建立起了以「五權憲法」為原則的政治體系，改變了清末民初以來「三權分立」的政治模式，「三民主義」意識形態貫穿於政治體制內，黨權代替立法權、司法權、行政權，並將其納入到黨化的範圍之內。在這種轉型過程中，江蘇省自清末民初以來確立的政治結構又被國民黨體制異化，並納入到新的政治體制中，迎來了近代江蘇政治體系的又一次重要轉型。

清末民初江蘇省地方政治制度的演變發展作為近代中國政治轉型的集中縮影和展現，呈現出曲折發展的一幕。透過此幕，可以認識，政治體制的變革，並非一蹴而就所能達到，其間不僅要經歷緩慢漸變的過程，而且要面臨諸多障礙和挫折。因此，在通往政治現代化道路過程中，無論在改革時機的把握上，還是在改革力度的控制上或是在改革目標的整合上，均需要執政者具備敏銳的觀察力和執行力，制定切合實際的政策，將政治改革最大程度的合理化、效率化、連續化，進而達到社會平穩有序的轉型目標。這也為當下國家政治現代化建設提供參考和借鑒意義。

〔註3〕塞繆爾・亨廷頓，《變化社會中的政治秩序》，上海世紀出版集團，2008 年，第 27 頁。

附表 1：江蘇省四屆議會議員姓名籍貫表

	議員姓名	籍貫
江蘇省臨時議會	仇繼恒、龔肇新、陶保晉、孫啟椿	江寧縣
	吳鴻基、黃應中、儲南強、謝保衡	宜興縣
	趙衡、于定一、屠寬、朱溥恩	武進縣
	王楚書、吳增元、蔣鏞、章際治	江陰縣
	錢淦	寶山縣
	陳義、陳慶年、吳佐卿	丹徒縣
	黃端履	金山縣
	譚慶藻、吳郁堂	高郵縣
	金祖澤、劉永昌、丁祖蔭	常熟縣
	史耀堂、陳允中	金壇縣
	周樹年、凌鴻壽	江都縣
	朱祥紱、顧忠宣	南匯縣
	狄葆賢、馬敬培	溧陽縣
	孫靖圻、蔣士松、蘇高鼎、胡麗榮、秦瑞玠、俞復、顧鳴岡	無錫縣
	凌文淵、周紱順	泰縣
	張謇、張蔭穀	南通
	顧瑞、夏日琦	嘉定縣
	潘承鍔、蔣炳章、陶惟坻、費樹達、龔傑	吳縣
	林懿鈞、姜光輔、馬良	丹陽縣

	陳官彥	清河縣
	姚文栩、謝源深、顧言、朱開甲	上海縣
	黃炎培	川沙縣
	蘇雲章、嚴師孟、林可培	崇明縣
	盛之驥、張開圻	華亭縣
	陸祖馨、洪錫範	太倉縣
	劉廷熾、黃錦中	靖江縣
	汪秉忠、鮑貴藻	儀徵縣
	蔡璜	崑山縣
	金詠榴、張家鎮	青浦縣
	沈臧壽	海門縣
	王嘉實	高淳縣
江蘇省第一屆議會	馬駿、李國銓	江寧縣
	郭定森、俞仁愈、屠宜厚	句容縣
	無	溧水縣
	施文熙	高淳縣
	詹其桂	江浦縣
	張嘉行	六合縣
	沈廷銘、鄭斗南、姜克岐、任桂森、王仕良、陳廷翰、朱德恒、徐延潤、丁文瑩	江都縣
	劉榮椿	儀徵縣
	趙鉦樹、朱景星、高鑾、陳康、孟鐸、周嘉詠	東臺縣
	趙應榆、趙銘傳、石鳴鏞	興化縣
	朱甲昌、周綏順	泰縣
	朱百通、沈熙照	寶應縣
	吳輔勳、吳濬	高郵縣
	袁秋生、潘承鍔	吳縣
	周書、沈朱軾、曾樸、季通	常熟縣
	蔡璜	崑山縣
	錢崇固、鄭慈谷、仲頤、唐昌言	吳江縣
	周鉞、沈維賢、李維翰、閔璩	華亭縣
	秦錫田、黃申錫、顧鏡清、沈周	上海縣
	朱祥紱	南匯縣

議員姓名	籍貫
朱實綏、黃如驥、陳世垣	青浦縣
范鎔、陸渠	奉賢縣
沈嘉樹、姚天一	金山縣
莊以蒞	川沙縣
胡福元、朱增元、唐人傑	太倉縣
戴思恭、許蘇民	嘉定縣
王樹榛、沈世楷	寶山縣
顧南庸、陸家鼎	崇明縣
江上悟、馬其驤、劉垣、陳大猷、史成、奚九如、何少敏	武進縣
孫肇圻、華闌、高瑩、唐圻琛、楊道樞	無錫縣
潘寶坤、朱文潤、吳鴻基	宜興縣
孫璋、張毓瑞	江陰縣
袁國藻、范漢光、張援	靖江縣
蔣士傑、張鹿鳴、朱翼雲、殷宗渠	丹徒縣
姜光輔	丹陽縣
王貫、王景常	金壇縣
馬敬培、王撰曾	溧陽縣
無	太平縣
孫儆、張謇、習良樞、劉桂馨	南通
沈素生、姜青照、龔其偉、陳國榮、施漢愚、黃祖溫	海門
張相、沙元炳、潘恩元、盧森	如皋縣
蔡賓善、張倚、曹國楠、楊體仁、陳國霖	泰興縣
陶鍾篪、郝崇壽	山陽縣
李荃、孫照寰、朱紹文、王寶槐	清河縣
陳裕仁	桃源縣
李壎	安東縣
解樹強、王鳳誥、徐鳳苞、董永成	阜寧縣
郝儒林、陳宗諟	鹽城縣
李敬修、沙希純、張從仁	銅山縣
劉坤元	豐縣
封緒昕	沛縣
張慈明、王秀山、朱子愚	蕭縣

	劉穩元	碭山縣
	馮士奇、莊增藩	邳縣
	陸文椿	宿遷縣
	王玉樹、王壽喬	睢寧縣
	葛錦城、馮弼仁、楊石、沈濟安、戚麟祚	東海縣
	朱鏡明、許鼎霖	贛榆縣
	程肇湜	沐陽縣
	武同舉、陳錫朋	灌雲縣
江蘇省第二屆省議會	朱積祺、龐振乾、徐塈錫、郗大純	江寧縣
	顧希曾、屠宜厚	句容縣
	鄭巽	溧水縣
	張存英、張小宋、張肇炘	六合縣
	錢崇固	吳江縣
	朱毓賢	崑山縣
	馮世德、宋銘勳、周積偉、金樹芳、孔昭晉、錢鼎	吳縣
	徐宗鑑、王鴻飛、屈嗣奎、邵王銓、揚彥、徐鳳標、龐志芸	常熟縣
	鮑貴藻、于樹深	儀徵縣
	羅毓桐、于殖、田震東、凌木生、謝請榮	泰縣
	袁駿勤、孟鈞、周嘉詠	東臺縣
	顏作賓、劉文輅、居保第	寶應縣
	張書紳、徐乃佐、王贊臣、朱德恒、任桂森、陳大中、王紹鶴、徐庭啟、錢善道、張念劬、劉長春	江都縣
	王鴻藻、吳鴻勳	高郵縣
	薛鈞培、成啟昌	興化縣
	章紀綱	青浦縣
	黃譜薌	上海縣
	黃炎培	川沙縣
	朱祥綏、徐承禧、陸以鈞	南匯縣
	錢銘銓、盛元音、葉理封、沈維賢、閔瓛、朱世瑾	松江縣
	金其源、錢淦	寶山縣
	龔廷鶚、龔滌瑕	崇明縣
	戴思恭、趙文郁、黃守孚	嘉定縣
	鄭立三、華鼐	江陰縣

吳福康、徐瀛、儲南強	宜興縣
謝芝光、奚九如、江湛、胡紹瑗、陳大猷	武進縣
袁國藻、張援	靖江縣
吳棣、錢鼎奎、榮棣輝、楊霖、蔡君植、薛學潛、榮宗銓、華彥銓、周承基	無錫縣
王詠梅	金壇縣
朱翼雲、胡允恭、黃江、梁鴻卓、戴鐵齡	丹徒縣
周昶、王撰曾	溧陽縣
霍仁泰	丹徒縣
施以成	揚中縣
姜光輔	丹陽縣
瞿名川、孫儆	南通
沈貞壽、龔翼之	海門
周家俊、楊體仁、張達材、王達、黃其彥、蔡鈞樞	泰興縣
沈紹光	松江縣
祝光樾、高元陞	如皋縣
朱際雲	漣水縣
陳為軒、陳伯盟、王大鼇、孫劍虹、王鳳誥	阜寧縣
陶鍾篪、江祖照、張福增、郝應泰	淮安縣
朱紹文	淮陰縣
陳錫榮	泗陽縣
劉啟祐、胡毓彬、夏嵩、孫翰宗、薛文奎	鹽城縣
王師曾、劉春生	碭山縣
趙品成、黃次山、張仁普	銅山縣
李廷鵃、趙錫棻	沛縣
夏宗翰	睢寧縣
馮士奇、張宏業、蔣培元	邳縣
張慈明、朱子愚	蕭縣
孫紹祖、董仙衢	豐縣
盧瀚蔭、羅會莊、劉伯昌	宿遷縣
秦炳章、程肇湜	沭陽縣
王發蒙、楊東嚴、武同桀	灌雲縣
沈藩、葛錦城、劉振殿	東海縣

江蘇省第三屆省議會	陶保晉、孫煥春、楊成龍、龐振乾、朱積祺、劉昌威、王綱	江寧縣
	董潚、張肇炘	六合縣
	屠宜厚	句容縣
	吳鶴亭	江浦縣
	宋銘勳、錢鼎、潘承曜、張一麐、陳大啟、馮世德、姚元桂	吳縣
	曹纘安、錢名琛、楊同時、狄梁孫、季通、顧寶瑛、邵玉銓	常熟縣
	朱元直、周積偉	吳江縣
	蔡璜	崑山縣
	方小亭、束曰琯、王彭年、胡震、朱嘉楨、任桂森、楊士香、朱德恒	江都縣
	鮑貴藻	儀徵縣
	鮑友恪、劉文輅、顏作賓、葛潚	寶應縣
	賈先甲、董增傳、吳輔勳、張才魯、左保南	高郵縣
	羅毓桐、凌木生、王國謨、陳謨、李郁文	泰縣
	張葆培、閔巘、謝同福、葉理封、朱世瑾、盛元音	松江縣
	陳梅心	奉賢縣
	黃芳墅	金山縣
	陸以均、楊爾墨	南匯縣
	俞慧殊	青浦縣
	穆湘瑤、黃申錫	上海縣
	周徵莘、鮑駒昂、周乃文、蔣丙華	宜興縣
	華堂、楊景煥、錢厚基	無錫縣
	徐果人、許仲祥、周仁泳、胡紹瑗、奚九如、屠方、	武進縣
	盛守珏、華彥銓、張援、黃人式	靖江縣
	王廷眙、章崇治、吳廷良	江陰縣
	楊集華、袁鐸、仲洲、朱翼雲、俞若會、戴谷壚、康靖、	丹徒縣
	眭國襄、胡元恭	丹陽縣
	王詠梅、陳允元、王景常	金壇縣
	張孝若、瞿名川、費師洪	南通
	蔡鈞樞、黃其德、陳琛、陳端、張望明、張樹典	泰興縣
	丁建垚、高孟啟	如皋縣
	李運	海門縣
	江祖照、張福增	淮安縣

董仙衢	豐縣
王師曾	碭山縣
趙品成	銅山縣
夏宗翰	睢寧縣

注：筆者受資料所限，無法確定第四屆議會中以下議員具體籍貫為何縣，只能暫將以下議員姓名列於後，以便日後繼續查詢。議員：戴海齡、喬國楨、李昂軒、熊鍾麟、周向亭、沈士翹、陶達、馬甲東、郝崇璟、唐穀源、張宏業、卜廣海、閻漢亭、楊懋卿、姚元桂、劉夢鴻、丁作則、王慶瀾、周穀陳、趙雪、陳亞軒、吳有齡、王綱、方慶綱、崔榮申、杜廷鶯、楊毓藻、王惠軒、吳鴻璧、楊成、李中一、周凱、陸元萃、陳同倫。本屆議員總數仍為 160 人，有姓名可稽的議員總共 151 人，仍有 9 人未能查到其姓名。

資料來源：中國第二歷史檔案館編，《北洋政府檔案》第三冊，中國檔案出版社，377～398 頁；江蘇省行政公署內務司，《江蘇省內務行政報告書》下編，1914 年，61～65 頁；《申報》1921 年 8 月 3 號、《申報》1921 年 8 月 4 號、《申報》1921 年 8 月 5 號、《申報》1921 年 8 月 7 號。

附表 2-1：清末江蘇省級職官表

官職	姓名	籍貫	出身	任職時間
兩江總督	鹿傳霖	直隸定興	進士	1899 年 12 月任，1900 年卸
	李有棻	江西萍鄉	拔貢	1902 年 9 月任，10 月卸
	張之洞	直隸南皮	進士	1902 年署，1903 年 2 月入覲
	魏光燾	湖南邵陽	文童	1903 年 2 月任，1904 年 7 月調閩浙
	李興銳	湖南瀏陽	附生	1904 年 8 月任，9 月卒
	端方	滿洲正白	舉人	1904 年 9 月自江蘇巡撫署
	周馥	安徽建德	附生	1904 年 9 月署，1907 年 9 月調署兩廣
	端方	滿洲正白	舉人	1906 年 7 月授，9 月任，1909 年 5 月調直隸
	樊增祥	湖北恩施	進士	1909 年 5 月任，6 月 24 日卸
	張人駿	直隸豐潤	進士	1909 年 5 月調授，1911 年 10 月去職
江蘇巡撫	鹿傳霖	直隸定興	進士	1899 年 6 月自廣東調，8 月任，12 月署兩江，1899 年 4 月回任
	陸元鼎	浙江錢塘	進士	1899 年 12 月自江蘇布政使護，1900 年 4 月卸
	鹿傳霖	直隸定興	進士	1900 年 4 月回任，8 月遷兩廣總督
	聶緝槼	籍貫不詳	不詳	1900 年 6 月護，1901 年 1 月調江蘇
	恩壽	籍貫不詳	不詳	1901 年 10 月自漕運總督調，1905 年 4 月調署漕督，6 月卸
	端方	滿洲正白	舉人	1904 年 6 月自湖北調江蘇，9 月暫署兩江總督
	效曾	籍貫不詳	不詳	1904 年 9 月自布政使，1905 年 3 月卸
	陸元鼎	浙江錢塘	進士	1904 年 12 月自湖南調授，1905 年 3 月任
	濮子潼	浙江錢塘	進士	1906 年 2 月自布政使護

	陳夔龍	貴州貴陽	進士	1906 年 1 月自漕督調授，3 月任，1907 年 7 月遷四川總督
	陳啟泰	湖南長沙	進士	1907 年 7 月自布政使護，9 月任，12 月實授
	瑞澂	滿洲正黃	貢生	1909 年 5 月授布政使，10 月署湖廣總督
	寶棻	滿洲正黃	不詳	1909 年 10 月山西調，1910 年 3 月調河南
	陸鍾琦	浙江蕭山	進士	1909 年 10 月自布政使護，1910 年 3 月護
	程德全	四川雲陽	廩貢生	1909 年 3 月自奉天巡撫調授，1911 年 8 月降留，9 月改稱都督
江寧布政使	吳重熹	山東海豐	舉人	1901 年 9 月自福建按察使授
	李有棻	江西萍鄉	拔貢	1902 年 4 月授，9 月護兩江總督，1904 年 5 月開缺
	黃建筦	不詳	不詳	1903 年 5 月自湖南按察使授，1904 年 7 月調山東
	胡廷乾	不詳	不詳	1904 年 7 月自山東布政使調授，9 月署山東巡撫，12 月遷江西巡撫
	黃建筦	不詳	不詳	1904 年 12 月自山東調授，1905 年 8 開缺
	恩銘	滿洲鑲黃	舉人	1905 年 8 月自兩淮鹽運使授，1906 年 2 月遷安徽巡撫
	繼昌	不詳	不詳	1906 年 10 月自湖南按察使授，1908 年 6 月調甘肅
	朱恩紱	湖南長沙	舉人	1906 年 3 月自鹽道署，代恩銘
	樊增祥	湖北恩施	進士	1908 年 6 月授，1909 年 5 月護兩江總督，6 月回任，1911 年 10 月去職
江蘇布政使	吳重熹	山東海豐	舉人	1899 年 12 月自江安糧道署
	陸元鼎	浙江錢塘	進士	1899 年 8 月自按察使署，1901 年 12 月自江蘇按察使授，1903 年 11 月遷漕運總督
	效曾	籍貫不詳	不詳	1903 年 11 月自江蘇按察使授，1905 年 8 月開缺
	濮子潼	浙江錢塘	進士	1905 年 8 月安徽按察使授，1906 年 8 月病免
	朱家寶	雲南寧州	進士	1906 年 8 月署
	陳啟泰	湖南長沙	進士	1906 年 4 月自安徽按察使授，1907 年 7 月護巡撫，12 月補
	瑞澂	滿洲正黃	貢生	1907 年 12 月自按察使授，1909 年 5 月遷江蘇巡撫
	樊恭煦	不詳	進士	
	陸鍾琦	浙江蕭山	進士	1909 年 5 月自湖南按察使授，1911 年 6 月遷山西巡撫

	左孝同	不詳	不詳	1910 年 7 月以提法使兼署
	應德閎	不詳	不詳	1911 年 6 月署 7 月卸
	齊耀琳	山東省昌邑	舉人	1911 年 6 月授，10 月調河南
江蘇按察使	誠勳	不詳	不詳	1901 年 12 月授，1902 年遷
	效曾	蒙古正白	貢生	1901 年 10 月自蘇松糧道授，1903 年 11 月遷布政
	恩銘	滿洲鑲黃	舉人	1903 年 11 月自兩淮運使授，1905 年 8 月遷江寧布政
	袁樹勳	湖南湘潭	文童	1905 年 8 月授自蘇松太道，1906 年 1 月遷順天府尹
	朱家寶	雲南寧州	進士	1906 年 1 月授，10 月任，1907 年 3 月署黑龍江巡撫
	陸鍾琦	浙江蕭山	進士	1907 年 3 月自江蘇糧道授，11 月調江西
	瑞澂	滿洲正黃	貢生	1907 年 11 月自蘇松太道授，12 月遷布政
	李經邁	安徽合肥	蔭生	1907 年 12 月授，1908 年 2 月調
	左孝同	湖南湘陰	舉人	1908 年 2 月自河南調，1910 年 7 月改授提法使，1911 年署布政 9 月去職
江寧提學使	陳伯陶	廣東東莞	進士	1909 年 11 月補，1910 年 2 月
	勞乃宣	浙江桐鄉	進士	1910 年 6 月授
	李瑞清	江西臨川	進士	任職時間不詳
江蘇提學使	周樹模	湖北天門	進士	1906 年 4 月自御史署，10 月任，1907 年 4 月署奉天左參贊
	毛慶蕃	江西	進士	1907 年 4 月授，1908 年 7 月遷甘肅布政使
	樊恭煦	浙江仁和	進士	1907 年 7 月授
江蘇交涉使	汪嘉棠	安徽歙縣	拔貢	1910 年 7 月署，張人駿先赴任
江寧巡警道員	汪瑞闓	不詳	不詳	1910 年 4 月試署
江蘇巡警道員	吳肇邦	廣西臨桂	舉人	1911 年 4 月任
江寧勸業道員	李哲濬	浙江定海	附貢	1910 年 3 月試署
江蘇勸業道員	李哲濬	浙江定海	附貢	1910 年 3 月試署

蘇松太道員（分巡蘇松兵備）兼管水利）	程儀洛	不詳	不詳	1900 年 9 月授，9 月遷兩淮鹽運使
	袁樹勳	湖南湘潭	文童	1900 年 9 月自荊宜施道調
	瑞澂	滿洲正黃	貢生	1904 年任，1907 年 8 月遷江西按察
	梁如浩	廣東香山	監生	1907 年 8 月授，1908 年 1 月遷外務部右參議
	蔡乃煌	廣東番禺	舉人	1908 年 1 月授，1910 年 8 月因度支部劾革
	劉燕翼	不詳	不詳	1910 年 8 月自常鎮道調
常鎮通海道員	郭道直	安徽合肥	監生	1903 年 4 月授
	陶森甲	不詳	不詳	1906 年署
	劉若曾	不詳	不詳	任職時間不詳
	朱恩紱	湖南長沙	舉人	1906 年 7 月授，1907 年調奉天錦州海道
	劉燕翼	不詳	不詳	1907 年 8 月授，1910 年 9 月調蘇松太道
	林景賢	福建閩縣	拔貢	自度支員外郎授
	榮恒	不詳	不詳	1906 年 7 月調署
	陳桂森	不詳	不詳	1910 年署
淮揚道員	吳重熹	山東海豐	舉人	1900 年自江安糧道調署
	沈瑜慶	福建	舉人	1901 年 4 月補，1903 年 7 月遷湖南按察
	楊鴻度	湖南湘鄉	附貢	1903 年請補，1904 年 12 月調鹽巡道
	徐樹鈞	不詳	不詳	1904 年 12 月調
	蒯光典	安徽合肥	進士	1906 年 6 月准補赴任，1907 年出洋
	楊文鼎	不詳	不詳	1907 年署
	朱之榛	浙江平湖	廩生	1907 年 6 月補，1909 年 4 月卒
	吳學濂	不詳	不詳	1908 年署
	寶良	不詳	不詳	1908 年 9 月署，1910 年請補
徐州道員	桂嵩慶	不詳	不詳	1897 年 4 月補，10 月任，1903 年 5 月送部引見
	穆克登布	不詳	不詳	1903 年 6 月補
	李經楚	安徽合肥	貢生	1903 年 9 月請補，1904 年 12 月調興泉永道
	袁大化	安徽渦陽	廩生	1904 年 12 月調，1906 年 4 月遷山東按察
	韓慶雲	安徽壽州	監生	1906 年 4 月 11 月授，11 月革
	袁世廉	河南項城	附貢	1907 年 2 月補，1909 年 9 月病免
	丁葆元	浙江歸安	世職	1909 年 12 月請補
	張庭傑	不詳	不詳	1909 年 10 月署，1911 年 3 月卸

江寧府知府	王毓萃	廣西臨桂	不詳	1900 年 3 月代理
	沈錫晉	廣東番禺	進士	1901 年 4 月任，1902 年赴部送引
	朱其昌	不詳	不詳	1902 年署
	羅璋	四川華陽	監生	1902 年調，1905 年 3 月保卓異，1906 年署鹽道
	彭文明	不詳	不詳	1906 年 4 月署代
	許星璧	湖南善化	監生	1906 年 12 月署任自候補知府
	楊鍾義	漢軍正黃	進士	1908 年 12 月調自淮安府
	羅章	不詳	不詳	1908 年任
蘇州府知府	濮子潼	浙江人	進士	1900 年 5 月調松江，3 月先署
	王仁東	福建閩縣	舉人	任職時間不詳
	向萬鎔	湖南善化	優貢	1902 年 3 月自鎮江府調
	田庚	安徽人	進士	任職時間不詳
	許祐身	浙江仁和	舉人	1903 年 10 月調，1905 年仍見，1906 年 4 月迴避
	孫毓驥	直隸鹽山	不詳	任職時間不詳
	查恩綏	宛平人	舉人	1906 年年 5 月調
	何剛德	福建閩縣	進士	1906 年 11 月補
松江府知府	舒體元	浙江仁和	不詳	1900 年 3 月署，自候補府
	張預	浙江仁和	進士	1898 年署，5 月任，11 月卸，1900 年 4 月以候補府又署
	余九穀	江西奉新	進士	1900 年 5 月授，1902 年調揚州
	許祐身	浙江仁和縣	舉人	1902 年 6 月授揚州
	丁之杖	順天武清	拔貢	1903 年 1 月選，1904 年 3 月撤，1905 年 6 月開缺
	田庚	安徽懷遠	進士	1904 年 3 月署
	戚揚	浙江山陰	進士	1905 年 6 月補，1908 年仍見
常州府知府	舒體元	浙江仁和	不詳	1900 年署
	張預	不詳	不詳	1900 年 4 月自候補知府署
	許星璧	不詳	不詳	1905 年署
	陳懋勳	不詳	不詳	1906 年 4 月署
	王步瀛	山西人	進士	1907 年 4 月授

鎮江府知府	向萬鎔	湖南善化	優貢	1899 年 9 月授，1901 年 5 月調署徐州
	許星璧	不詳	不詳	1901 年 5 月署
	祥福	漢軍鑲黃	貢生	1902 年 3 月授
	承璋	滿洲鑲藍	不詳	1904 年 11 月補，1908 年 5 月署淮安
鎮江府太平洲撫民同知	錢錫麟	浙江	不詳	1898 年 1 大計劾
	倪維城	浙江	進士	任職時間不詳
	李約禮	漢軍	不詳	任職時間不詳
	李前晉	湖南	廩生	任職時間不詳
	蔣育棻	浙江	不詳	任職時間不詳
	傅振海	諸暨	拔貢	任職時間不詳
	高繼昌	山東歷城	舉人	1909 年任
淮安府知府	應德閎	浙江	舉人	1908 年署
	許星璧	湖南善化	監生	1907 年 1 月補，1908 年優免
	楊鍾義	不詳	不詳	1908 年 7 月補
	劉名譽	不詳	不詳	1908 年 12 月補
揚州府知府	石作楨	不詳	不詳	1902 年 2 月署，8 月革
	許祐身	浙江仁和縣	舉人	1902 年 1 月授，6 月調松江
	余九穀	江西奉新	進士	1902 年 6 月調，1903 年仍任
	吳炳仁	不詳	不詳	1902 年 7 月署，代石作楨
	張慶勳	湖南善化	監生	1905 年署
	榮普	滿洲正藍	不詳	1905 年 4 月補，代余九穀，1907 年調寧國府
	嵩峋	滿洲鑲紅	舉人	1907 年 3 月調，1910 年 1 月明保
	羅章	不詳	不詳	1907 年江寧府調署，1908 年 5 月署鎮江
	桂殿華	不詳	不詳	1907 年 6 月署
徐州府知府	羅章	四川華陽	不詳	1900 年 3 月以候補府署
	張預	浙江錢塘	進士	1900 年補充，1901 年 27 年 2 月任
	向萬鎔	湖南善化	優貢	署，田庚代理
	羅章	四川華陽	監生	1902 年 3 月補，尋調江寧，1903 年 1 月赴任
	汪雲龍	安徽合肥	進士	1903 年 1 月署
	齊蘭	滿洲正白	監生	1902 年 10 月調，1903 年 6 月優免
	張慶勳	湖南善化	不詳	任職時間不詳
	朱其昌	江西浮梁	不詳	任職時間不詳
	田庚	安徽懷遠	進士	1903 年 12 月補，1910 年 1 月明保

通州直隸州知州	汪樹棠	浙江餘杭	廩生	1903 年 10 月魏光燾奏在通十年輿情愛戴，1907 年 9 月保工賑，1908 年年 1 月保準開缺
	王仁東	福建閩縣	不詳	以候補知府署，1903 年明保嘉獎
	恩芳	旗籍	舉人	任職時間不詳
	何慶澂	湖南道州	不詳	任職時間不詳
	程遵道	安徽績溪	附貢	任職時間不詳
	陳謨	福建侯官	不詳	任職時間不詳
	關炯	湖北漢陽	舉人	1908 年署
	張有埰	浙江覲縣	廕生	1908 年 6 月補
	琦珊	旗籍	不詳	宣統元年任
	田寶榮	不詳	不詳	任職時間不詳
海州直隸州知州	劉雲吉	湖南湘卿	監生	1900 年 3 月補
	傅昀章	湖北崇陽	進士	1901 年 12 月補，1903 年 9 月另補
	恩芳	滿洲鑲藍	不詳	1902 年 8 月補，1908 年 2 月參革
	王茂中	廣西	舉人	1904 年署，1905 年參革
	王曜	安徽六安	不詳	1904 年署
	張景祐	安徽桐城	不詳	1906 年署，11 月以辦賑不力革
	汪樹堂	浙江餘杭	不詳	1907 年署
	謝元洪	浙江山陰	進士	1908 年 8 月升，1909 年 11 月開缺另補
	施煥	四川	不詳	1909 年署，1910 年 9 月革
	陳崇雍	福建	不詳	1909 年署
太倉直隸州知州	蔣體梅	江西鉛山	廕生	1896 年 10 月補，1901 年 4 月疏防議處，1902 年 11 月優免
	趙毓忠	河南獲嘉	不詳	1897 年任
	吳其昌	安徽歙縣	不詳	1898 年署
	何希曾	雲南昆明	不詳	1898 年署
	程良馭	浙江錢塘	舉人	1900 年任
	吳熙	雲南保山	舉人	1902 年 11 月蔣體梅丁憂，由鎮洋縣兼理
	謝謙	福建霞浦	文童	1902 年 12 月署
	謝陶	湖南湘鄉	監生	1903 年 10 月補，1905 年 12 月開缺
	蘇品仁	雲南昆明	進士	1905 年 11 月代理
	姚炳熊	浙江烏城	京師	1907 年 1 月補，1908 年 12 月明保嘉獎
	吳琪	浙江錢塘	監生	1907 年 10 月署，1908 年任
	湯在衡	浙江蕭山	附貢	1909 年任
	趙景琪	湖南武陵	監生	1909 年任

海門直隸廳同知	王賓	安徽	拔貢	1892 年 12 月補，1903 年 6 月開缺，1901 年撤任
	宋振麟	不詳	不詳	1901 年 6 月自江防同知調署
	唐爾錕	福建閩縣	舉人	1905 年 2 月補
	梁熊	福建閩縣	舉人	1904 年 3 月補
	章維鈞	不詳	不詳	1907 年署，1908 年 12 月調省
	呂道象	不詳	不詳	1908 年 12 月自鹽城縣署

附表 2-2：清末江蘇省各縣知縣出身履歷表

官職	姓名	籍貫	出身	任職時間
上元縣知縣	戴光	四川合州	不詳	1899 年 2 月補
	張壯彩	山東嶧縣	不詳	1904 年 8 月補
	袁國鈞	湖南湘潭	監生	1896 署，1908 年 3 補，1903 先署，9 月明保，1910 年 8 月捐升
	陳兆槐	湖南新化	進士	1911 年 1 月請補
江寧縣知縣	盧維雍	湖北漢川	進士	1900 年 1 月調，1904 年 1 月勤休
	朱枚	不詳	不詳	1906 年 12 月任
	龍璋	不詳	不詳	1906 年署
	葉保慶	四川華陽	監生	1907 年 2 月調
	酈兆雷	廣東新會	進士	1909 年 4 月請補
句容縣知縣	黃傅祁	湖南長沙	不詳	1899 年 5 月補
	龍曜樞	安徽壽州	舉人	1903 年 6 月補 1905 年 6 月保海運 1906 出洋遊歷
	張恭彝	不詳	不詳	1906 年 4 月自瀏陽調署
	許文濬	浙江歸安	舉人	1907 年 9 月補充
	姚祖義	不詳	不詳	1910 年開缺
溧水縣知縣	王廷年	湖北應城	增貢	1901 年 8 月補
	陳鳳蔚	浙江鄞縣	舉人	1903 年 5 月補
	姚金培	浙江會稽	監生	1910 年 7 月補

江浦縣知縣	林鈞澤	福建	舉人	1901 年 8 月補
	熊兆姜	河南光山	進士	1903 年 5 月補
	酈兆雷	廣東新會	進士	1904 年 5 月補，1906 年 5 月任，1908 年明保，1909 年 5 月調江寧
	趙興	湖南湘鄉	附生	1910 年 11 月補
六合縣知縣	吳大照	浙江山陰	監生	1899 年年 11 月任
	張樞	直隸南皮	監生	1901 年 5 月署縣事
	愃齡	正藍旗	廩生	1902 年 1 月署理
	張鎔萬	湖南長沙	監生	1903 年 7 月署縣事
	施煒	湖北江夏	舉人	1903 年 10 月署縣事
	汪寶增	湖北江夏	舉人	1904 年 8 月代理縣事
	李明墉	江西德化	廩貢生	1905 年 1 月任事
	趙興霙	不詳	不詳	1906 年 8 月再署縣事
	李樂善	山西咸寧	進士	1907 年 6 月任縣事
	翁延年	湖南湘潭	監生	1908 年 4 月署縣市
	陶鑄堯	湖南寧鄉	附貢生	1909 年 3 月署縣事
	季逢辛	山東福山	附貢	1909 年 11 月代理縣事
	孫筠	福建連江	廩貢	1910 年 8 月任縣事
	劉繼昌	湖北大冶	附貢生	1911 年署理縣事
	酈兆雷	廣東	進士	1911 年 8 月署理縣事
高淳縣知縣	姚德鈞	安徽壽州	監生	1901 年任
	李普潤	安徽阜陽	監生	1894 年任，1901 年再任
	徐樹鍔	湖南長沙	舉人	1905 年任
	馬枚	浙江海寧	舉人	1907 年任
	聶培新	四川屏山	舉人	1910 年任
	胡文驤	安徽績溪	世襲雲騎尉	1911 年任
吳縣知縣	田寶榮	浙江上虞	供事	1899 年 10 月署，1901 年任
	汪瑞曾	安徽盱眙	不詳	1901 年 10 月自青浦調
	林炳修	浙江黃岩	進士	1902 年 4 月補，1903 年任
	汪懋琨	山東歷城	進士	1903 年任
	李超瓊	四川合江	舉人	1904 年任
	張瀛	雲南人	進士	1905 年署
	金元烺	浙江嘉善	監生	1906 年任，1907 年調，1908 年充自治局參事，1909 年勒休

	王士暄	安徽	不詳	1907 年代理，旋即署任
	陳其壽	浙江海寧	附貢	1907 年代理
	吳熙	雲南保山	舉人	1909 年 9 月調，7 月請補
長洲知縣	汪懋琨	山東歷城	進士	1899 年署
	蘇品仁	雲南昆明	進士	1899 年 11 月任
	宗能述	浙江會稽	監生	1904 年署
	李超瓊	四川合江	舉人	1907 年 11 月任
	趙夢泰	安徽人	不詳	1909 年署
	張鵬翔	浙江海寧	進士	1911 年署
元和縣知縣	施霈霖	不詳	進士	1899 年署
	吳鏡沆	河南光州	舉人	1899 年 12 月由鎮洋縣知縣調補，未到任
	王得庚	浙江仁和	進士	1900 年署
	金元烺	浙江嘉善	監生	1902 年署
	孫友蕚	山東郯城	進士	1904 年署
	郭曾程	福建	進士	1904 年署
	寶鎮山	河南	附生	1905 年署
	張玿	安徽	監生	1907 年署
	魏詩銓	湖南衡陽	優貢	1907 年署
	王念祖	太湖	進士	1908 年 9 月補，未到任
	吳熙	雲南保山	舉人	1908 年由鎮洋知縣調署
	張鎔萬	湖南長沙	監生	1910 年 11 月署
崑山縣	諸可寶	浙江錢塘	舉人	1895 年 6 月選，10 月任，1903 年 1 月因病開缺
	張紹棠	安徽桐城	附生	1903 年 10 月補
	劉有光	不詳	不詳	1903 年署，12 月優免
	吳熙	雲南保山	舉人	1907 年署自鎮洋，1908 年 9 月准調武進
	陳鎮	不詳	不詳	1910 年署，1911 年 2 月革
新陽縣知縣	陳紹唐	浙江鎮海	附生	1902 年 4 月補
	王熙宇	山東淄川	供事	1905 年 11 月補，1908 年 2 月降補
	徐之槭	浙江建德	監生	1908 年 11 月補，1910 年 10 月實授
常熟縣知縣	楊家原	浙江慈谿	優貢	1899 年 8 月補
	楊炳震	河南光山	進士	任職時間不詳
	鄭鍾祥	浙江鎮海	舉人	1903 年 3 月補，1906 年 7 月保海運
	金元烺	浙江嘉善	監生	任職時間不詳

	左年慈	湖南湘陰	監生	任職時間不詳
	顏緝斯	陝西華陽	監生	任職時間不詳
	孫回瀾	貴州清平	不詳	1909 年 3 月補，1910 年 6 月告養
	畢培先	不詳	不詳	1909 年 9 月
	方時聚	安徽桐城	增貢	任職時間不詳
	翁有成	浙江仁和	進士	1910 年 12 月補
昭文縣知縣	張瀛	雲南石屏	進士	1899 年 5 月補，1900 年 2 月任，1905 年 4 月撤任，1907 年保升
	許湝祥	浙江海寧	舉人	任職時間不詳
	翁有成	浙江仁和	進士	1905 年 4 月，自金壇調署
	孫回瀾	清平	進士	任職時間不詳
	張紹	安徽廣德	不詳	任職時間不詳
	賴家祥	福建	不詳	1908 年 4 月任
	文魁	不詳	監生	1908 年 1 月選
	魁福	不詳	監生	1909 年 1 月補
吳江縣知縣	朱秉成	不詳	不詳	1899 年 6 月署，1903 年 5 月奏海運政獎
	陳守晟	不詳	不詳	1906 年署，疏防摘頂
	劉有光	雲南寧州	不詳	1907 年 2 月補
	李國瓊	不詳	不詳	1908 年署
震澤縣知縣	夏輔咸	順天	舉人	1901 年 10 月補，
	張寶泉	直隸滄州	副貢	1904 年 5 月請補
	張湝	雲南石屏	舉人	1906 年 12 月選，1910 年因案摘印
	米仁粟	不詳	不詳	1910 年署
華亭縣知縣	王得庚	浙江仁和	進士	1898 年 9 月調，1899 年 8 月任
	林炳修	浙江黃岩	不詳	任職時間不詳
	陳鎬	河南人	不詳	任職時間不詳
	孫友蕚	山東郊城	不詳	任職時間不詳
	趙夢泰	安徽涇縣	不詳	1906 年任，1909 年又任
	程鵬	浙江	不詳	任職時間不詳
	張鵬祥	浙江海寧	舉人	1907 年 6 月補 1909 年保
	沈唐	浙江歸安	不詳	1909 年任
婁縣知縣	屈奉清	浙江平湖	廩生	1896 年 12 月補，1906 年 7 月休致
	黎耀森	不詳	不詳	任職時間不詳
	何榮烈	湖南石門	不詳	任職時間不詳

	劉怡	福建閩縣	舉人	1907 年 3 月補
	李葆鈞	福建侯官	不詳	1909 年任
奉賢知縣	傅鑫	湖南湘鄉	附貢	任職時間不詳
	郭重光	貴州貴陽	舉人	1903 年 6 月補，1905 年 3 月調署丹徒
	陳其壽	浙江海寧	不詳	1905 年 3 月署，12 月革
	王孟	安徽黟縣	舉人	任職時間不詳
	李溁	湖南	舉人	任職時間不詳
	朱賡旦	湖南	不詳	1906 年，1908 年 1 月解
	趙黻鴻	直隸玉田	進士	1907 年 8 月選 1908 年署
金山縣知縣	武麟	不詳	筆帖式	任職時間不詳
	徐景寅	浙江	廩生	任職時間不詳
	趙汝楷	湖南	不詳	任職時間不詳
	蔣清瑞	浙江歸安	舉人	1902 年 1 月選，11 月任，1905 年明保，1909 年 9 月調青浦
	劉怡	福建閩縣	舉人	任職時間不詳
	嚴庚辛	陝西渭南	進士	1909 年任
上海縣知縣	王懋熙	不詳	不詳	1900 年署
	汪懋琨	山東歷城	進士	1900 年任，1904 年調補吳縣留上海，1905 年 12 月保升
	王念祖	安徽合肥	進士	1907 年 12 月補，1908 年 10 保海運
	李超瓊	四川合州	舉人	1907 年署，9 月明保，1908 年 1 月卓異
	田寶榮	浙江上虞	供事	1909 年 4 月調
南匯縣知縣	吳熙	雲南保山	舉人	1900 年署
	汪以誠	浙江錢塘	進士	1901 年任
	戴運寅	河南益陽	監生	1902 年署
	張寶泉	直隸滄州	附生	1903 年署
	陳保頤	浙江餘杭	附監	1904 年署
	李超瓊	四川合江	舉人	1905 年任
	方時裴	安徽桐城	增貢	1907 年代理
	王念祖	安徽太湖	進士	1907 年署
	洪翼昌	安徽祁門	廩貢	1908 年代理
	畢培先	山東淄川	監生	1908 年署
	賴豐熙	福建侯官	舉人	1911 年署

青浦縣知縣	沈唐	浙江烏程	舉人	1901 年任
	錢國選	安徽巢縣	拔貢	1901 年任
	田寶榮	浙江上虞	供事	1903 年任
	張瀛	雲南石屏	進士	1907 年任
	趙夢泰	安徽涇縣	舉人	1907 年任
	陳定遠	浙江海鹽	進士	1909 年任
	劉有光	雲南寧州	進士	1909 年任
	蔣清瑞	浙江歸安	舉人	1910 年任
武進縣知縣	寶鎮山	不詳	不詳	1901 年署，1902 年優解
	芳鎮	滿洲正藍旗	進士	1904 年 2 月補，1908 年 2 月開缺
	吳熙	雲南保山	舉人	任職時間不詳
	徐之楨	不詳	不詳	1908 年署 1909 年 11 月革
	張孚襄	河南南陽	不詳	1910 年 5 月補
陽湖縣知縣	翁延年	湖南湘潭	監生	1900 年 4 月補，1903 年 6 月革
	王念祖	不詳	不詳	1906 年 12 月署
	陸清臣	浙江歸安	監生	1907 年 8 月署
	伊立勳	福建寧化	舉人	1907 年 2 月補，1910 年 12 月參革
	楊士晟	安徽泗州	監生	1907 年 9 月補
	張丙廉	四川射洪	進士	1908 年 6 月選，1911 年 8 月保海運
金匱縣知縣	方臻峻	安徽定遠	增生	1900 年 4 月補，1902 年撤回
	汪鳴鳳	浙江錢塘	監生	1904 年 1 月補，1907 年 4 月卒
	趙謹琪	不詳	不詳	1906 年調署，1908 年議除
	何紹聞	浙江上虞	舉人	1908 年 8 月補，1911 年 8 月保海運
江陰縣知縣	吳鏡沅	河南光州	舉人	1900 年 6 月任鎮洋調署
	郭曾程	福建侯官	進士	1902 年署
	金元烺	浙江嘉善	監生	1901 年 7 月自元和調署，1905 年保卓異
	承厚	滿洲正藍旗	進士	1904 年補，1907 年 1 月開缺
	潘宜經	山西白河	進士	1906 年署 1907 年 5 月革
	馮汝禧	浙江桐鄉	廩貢	1907 年署
	孫友莩	山東郯城	進士	1905 年調，1909 年 3 月另補
	劉敬煥	浙江鎮海	監生	1904 年 6 月

宜興縣知縣	郭曾程	不詳	不詳	1899 年 1 月任
	劉樹仁	雲南保山	監生	1900 年 4 月補，8 月任
	張仲儒	直隸靜海	進士	1903 年 11 月選，1904 年 6 月任
	汪鳳鳴	不詳	監生	1906 年 5 月自金匱調署
	賴豐熙	正黃旗	舉人	1905 年 9 月補，1907 年 4 月任
	汪龍標	不詳	警務畢業	1910 年 3 月任
	梁濬年	不詳	副貢	1911 年 4 月任
荊溪縣知縣	薛葆楹	不詳	拔貢	1901 年 5 月任
	閻嘉祥	雲南昆明	監生	1901 年 6 月選
	劉樹仁	不詳	不詳	1902 年 8 月兼理
	全善	不詳	不詳	1902 年 8 月任
	奇齡	不詳	不詳	1903 年 8 月任
	恩厚	不詳	不詳	1904 年 9 月兼理，1906 年 7 月代理
	翁有成	不詳	不詳	1904 年署
	呂慶堂	不詳	監生	1904 年 11 月任
	查亮采	不詳	不詳	1904 年 3 月任
	顧元亨	廣東新興	附生	1904 年 3 月補，10 月任
	葛恩元	不詳	不詳	1906 年 11 月任，1907 年 9 月保引見
	嚴庚辛	山西渭南	進士	1907 年 3 月補
	謝成泌	不詳	舉人	1910 年 6 月署
	姚昌頤	不詳	不詳	1911 年 7 月任
靖江縣知縣	董觀瀛	山東鄒平	進士	1900 年 4 月補
	馮璋	廣西北流	舉人	1903 年 5 月補
	賴豐熙	江西	舉人	任職時間不詳
	許應奎	浙江	舉人	1905 年任，1911 年 6 月
	陳銳	湖南	舉人	1908 年任，1909 年 9 月再任
	何希曾	河南	舉人	任職時間不詳
	姚恩頤	浙江	附生	任職時間不詳
丹徒縣知縣	莫葆辰	浙江	不詳	1900 年先代後署
	張德迪	河南羅山	進士	1901 年任
	洪爾振	四川華陽	舉人	1901 年署
	楊紹時	湖北襄陽	附貢	1904 年任
	張紹棠	安徽桐城	副貢生	1904 年署

	郭重光	貴州貴築	舉人	1905 年署
	宗能述	浙江會稽	監生	1906 年署
	王得庚	浙江仁和	翰林	1907 年任
	倪曾鋆	浙江平湖	附貢生	1909 年署
	文煥	滿洲正白	舉人	1910 年署
	陳景紹	福建侯官	進士	1910 年任，未到任，仍由文煥署理
丹陽縣知縣	趙以煥	貴州廣順	進士	1894 年 8 月任，調武進，1902 年 8 月調省
	陳際唐	安徽懷寧	不詳	任職時間不詳
	鄭籛	福建閩縣	進士	任職時間不詳
	郭曾程	福建侯官	進士	任職時間不詳
	劉炳青	甘肅隴西	不詳	1898 年 2 月補，代趙以煥，1902 年 8 月調，1903 年 6 月另補
	施沛麟	漢軍鑲黃	進士	1902 年調署，6 月任
	楊紹時	湖北襄陽	不詳	1904 年署
	翁有成	浙江仁和	進士	1904 年 2 月補
	洪爾振	四川華陽	舉人	1905 年署，12 月劾摘頂，1906 年 5 月期滿
	謝元洪	不詳	不詳	1906 年自安東調署
	姚詩聲	湖北江夏	不詳	任職時間不詳
	伍輝裕	四川華陽	舉人	任職時間不詳
	羅良鑒	湖南善化	舉人	1910 年 1 月革
	王得庚	浙江仁和	進士	任職時間不詳
	陳景韶	福建閩縣	進士	1910 年 10 月署
	孫友葶	山東郯縣	進士	1910 年 10 月期滿
	鄒壽祺	浙江仁和	進士	1910 年 7 月補
金壇縣知縣	鄭鍾祥	浙江鎮海	舉人	1896 年 10 月補，1903 年調補常熟
	翁有成	浙江仁和	進士	任職時間不詳
	呂慶望	山東濟寧	監生	1903 年 10 月補
	胡調元	江西瑞安	進士	任職時間不詳
	朱秉成	不詳	不詳	1904 年署
	孫友葶	山東郯城	進士	1906 年 10 月補
	倪曾鋆	浙江平湖	不詳	任職時間不詳
	陳守晟	湖南長沙	進士	1908 年署
	戴運寅	湖南寧鄉	不詳	1910 年署 1911 年參交代
	邵鼎	浙江錢塘	附生	1908 年 8 月補 1909 年任

溧陽縣知縣	盧葆楨	浙江烏程	舉人	1902 年 6 月選，1905 年 12 月革
	宗能述	浙江烏程	舉人	1905 年 12 月選，1908 年 2 月參革
	錢國選	安徽人	不詳	任職時間不詳
	張鎔萬	湖南長沙	監生	1908 年 10 月調，1909 年 4 月任
	恩厚	滿洲鑲藍旗	監生	1909 年任
山陽縣知縣	馬光勳	四川石柱	舉人	1900 年 2 月調，1902 年 10 月休
	李明垣	湖南	不詳	1900 年任
	孫筴齡	安徽天長	副貢	1902 年署，1903 年改教
	汪詠沂	安徽歙縣	不詳	1903 年代理
	葉芸	山東歷城	進士	1903 年補，1905 年 2 月改教
	單琳	安徽無為州	不詳	1905 署，1906 年 7 月革
	胡希林	浙江山陰	監生	1905 年署
	李廷琳	直隸宛平	不詳	1906 年署
	胡維藩	安徽人	不詳	1906 年署
	沈鴻儀	安徽蕪湖	不詳	1907 年署
	恩厚	滿洲鑲藍旗	監生	1907 年 6 月補 1910 年署
	德堪	滿洲人	不詳	1908 年署
	陳維藻	浙江山陰	不詳	1908 年署，1909 年降補
	瑞成	滿洲	不詳	1910 年署
	姚榮澤	安徽桐城	不詳	1911 年署
阜寧縣知縣	王以案	浙江	捐納	1901 年任
	季逢辛	山東福山	附貢生	1902 年 7 月任
	劉德元	山東肥城	進士	1903 年任
	于銘訓	不詳	進士	1905 年任
	史式珍	福建莆田	舉人	1905 年任
	章心培	不詳	不詳	1906 年 4 月任
	季逢辛	山東福山	附貢生	1906 年復任
	陳元鑄	浙江錢塘	不詳	1906 年 6 月任
	路孝思	陝西鰲屋	監生	1907 年 2 月任
	何毓駿	安徽南陵	舉人	1907 年任
	堵煥辰	浙江紹興	舉人	1907 年 3 月任

	朱寶森	籍貫不詳	副榜	1909 年 5 月任
	吳祖恩	浙江歸安	附貢生	1909 年 7 月任
	劉本意	不詳	不詳	1909 年 9 月任
	李紹卿	山東棲霞	附貢生	1910 年 2 月任
	周光熊	湖北省	廩貢生	1910 年 3 月任
	方在鏞	安徽省	不詳	1911 年 2 月任
鹽城縣知縣	王祖蔭	不詳	不詳	1901 年 8 月代理
	王樹涵	不詳	舉人	1901 年 9 月署
	陳光勳	不詳	不詳	1902 年 4 月選
	王以乾	不詳	不詳	1902 年 12 月代理
	戴光	不詳	進士	1903 年 2 月署，1904 年 1 月參
	張祖綸	不詳	舉人	1903 年 12 月補，1904 年 1 月任，1906 年 7 月革
	席伯連	湖南	廕生	1906 年 3 月補，1907 年 3 月任，1908 年參革
	藍鏞	不詳	不詳	1906 年 6 月代理
	孫慶璜	不詳	不詳	1906 年 9 月署，1910 年再署
	王紹曾	直隸豐潤	進士	1908 年 2 月署
	呂道乾	江西德華	進士	1908 年 3 月選
	周光熊	不詳	不詳	1911 年 3 月署
清河縣知縣	侯紹瀛	廣西臨桂	舉人	1895 年 6 月補，1903 年明保
	洪槃	不詳	不詳	1899 年署 1902 年 7 月保
	張壯彩	山東嶧縣	進士	1903 年署 1905 年 3 月任
	李世田	安徽廣德	進士	1905 年 9 月補，1906 年 11 月革
	陳維藻	浙江會稽	監生	1907 年 3 月補
	陳祖雍	不詳	不詳	1909 年署
	陳謨	不詳	不詳	1910 年署
	尚光鉞	安徽蕪湖	不詳	1910 年 11 月補
安東縣知縣	張壯彩	山東嶧縣	進士	1898 年 5 月補，1901 年 6 月迴避
	吳大照	浙江	不詳	1901 年 6 月補 1901 年任
	曾紀寅	湖南	不詳	任職時間不詳
	羅先覺	湖南	不詳	1905 年 12 月革
	謝元洪	浙江山陰	進士	1905 年 3 月補，1907 年 4 月調補甘泉
	褚煥辰	浙江	不詳	1906 年署，11 月革
	張恭彝	不詳	不詳	1907 年 10 月調安東

	章楨	河南	不詳	1907 年署 1908 年 9 月革
	許省詩	浙江	不詳	任職時間不詳
	周光熊	湖北	不詳	1909 年任
	夏啟瑞	浙江鄞縣	進士	1910 年回沭陽
	王寶基	浙江	不詳	1910 年署自試用知縣
	姚體義	浙江	不詳	1909 年任
桃源縣知縣	張鎔萬	湖南長沙	監生	1901 年署 1903 年 5 月保
	武麟	蒙古正紅	不詳	1901 年 6 月任，1902 年 1 月卸
	閻懋曾	不詳	不詳	1904 年署
	孫喬年	不詳	不詳	1906 年署，11 月降
	陳仕楊	廣西北流	不詳	1906 年 4 月補
	劉澤青	不詳	不詳	1906 年署
	張銘應	不詳	不詳	1907 年署
	陳杬	不詳	不詳	1910 年 1 月明保
江都縣知縣	湯曬	雲南昆陽	進士	1900 年 2 月調，1903 年 5 月保升
	劉烽	山東濰縣	監生	任職時間不詳
	吳式晟	安徽涇縣	不詳	1903 年署，9 月革
	盧維雕	湖北漢川	進士	1904 年 1 月勒休
	朱枚	湖南湘陰	不詳	1903 年署，
	陳其璟	浙江歸安	附貢	1904 年任
	烜齡	不詳	不詳	1906 年署
	龔曬樞	安徽壽州	舉人	1907 年 3 月補，1908 年 1 月卓異
	袁國均	湖南長沙	監生	1907 年署，9 月保，1908 年明保
	呂道象	江西德化	進士	1909 年 5 月自鹽城署
	方在鏞	安徽定遠	不詳	1910 年任
	桂聚慶	安徽石埭	附貢	1911 年任
甘泉縣知縣	謝元洪	浙江山陰	進士	1901 年 6 月自興化縣調署，1908 年 1 月保卓異
	張景祐	安徽桐城	監生	1902 年署
	沈兆禔	江西南昌	舉人	1903 年署
	白承頤	山西永和	舉人	1904 年署 1906 年 7 月革
	林士菁	福建	進士	1906 年 9 月請補
	宋康恒	湖北漢陽	監生	1906 年代，7 月摘頂
	震鈞	滿洲鑲黃	舉人	1906 年署

	陳元鑄	浙江錢塘	監生	1906 年署，1908 年 2 月參革
	萬啟型	江西豐城	拔貢	1908 年任
	傅壽慈	安徽貴池	舉人	1910 年署
	禹崧齡	湖南湘潭	不詳	1911 年署
儀徵縣知縣	張樞	直隸南皮	監生	1899 年 11 月補
	張鉽	福建長樂	不詳	1906 年 11 月補，1908 年 2 月改教
	祿德	蒙古鑲黃	進士	1908 年 10 月請補
	劉歌雅	浙江山陰	舉人	1910 年 12 月補
興化縣知縣	謝元洪	浙江山陰	進士	1897 年 4 月選，10 月任，1901 年 6 月調署甘泉
	劉重堪	湖南湘鄉	進士	1901 年任
	盧運昌	福建人	不詳	1902 年任
	王以乾	湖南新化	舉人	1903 年任
	姚崇義	安徽	不詳	1904 年任
	陳樹涵	安徽懷寧	舉人	1904 年 2 月到任
	趙興霙	不詳	不詳	1906 年調省
	張紹棠	安徽桐城	不詳	1906 年到任
	張應銘	不詳	不詳	1907 年到任
	劉澤青	不詳	不詳	1907 年到任
	吳用威	浙江仁和	舉人	1908 年 9 月到任
	呂學正	湖北武昌	不詳	1908 年任
	陳廷英	湖北武昌	舉人	1909 年任，1911 年去官
寶應縣知縣	宋士俊	浙江海寧	舉人	1900 年 4 月選，1903 年 4 月參疏防丁憂
	陳祖懿	福建侯官	進士	1904 年 10 月選，1906 年 7 月革
	楊昌祥	不詳	不詳	1906 年署 1907 年 1 月革
	萬啟型	江西豐城	拔貢	1906 年 8 月選
	陳習謨	不詳	不詳	1908 年 9 月劾疏防
	沈定銑	不詳	不詳	1910 年調省
	杜紹棠	浙江上虞	進士	1910 年 12 月補
	易煥鼎	不詳	不詳	1909 年任
泰州知州	羅允猷	江西豐城	不詳	1901 年任
	侯紹瀛	廣西臨桂	舉人	1902 年任
	張澮	湖北武昌	舉人	1903 年任
	方燕謀	安徽定遠	不詳	1906 年任

	黃仁黼	湖南善化	附貢生	1906 年任
	胡維藩	安徽巢縣	附貢生	1907 年任
	朱枚	湖南湘陰	附貢生	1908 年任
	龍曜樞	安徽壽州	舉人	1909 年 2 月任
	趙興霙	湖南湘鄉	不詳	1909 年 10 月任
	李嶽蘅	湖南湘鄉	不詳	1910 年 11 月任
高郵州知州	李孟康	不詳	不詳	1905 年開缺
	江朝銘	安徽旌德	舉人	1906 年 4 月請補，1908 年 2 月參革
	慶多	漢軍鑲紅	不詳	1907 年署
	姚紀蘅	不詳	不詳	1909 年 2 月請補
	姚崇義	不詳	不詳	1908 年署 1911 年 8 月保
東臺縣知縣	孫寶谷	浙江歸安	貢生	1902 年 4 月補，1903 年 9 月革
	何元泰	浙江會稽	進士	1903 年 10 月選
	馬枚	浙江海寧	不詳	1906 年自准補高淳署，代何元泰，是月出洋遊歷
	沈兆提	不詳	不詳	1907 年署，4 月參革
銅山縣知縣	陶在銘	浙江會稽	舉人	1893 年任 1903 年升邳州
	游毅之	浙江奉新	進士	任職時間不詳
	李普潤	安徽阜陽	監生	1904 年 2 月調，保卓異
	袁國鈞	湖南湘潭	不詳	1905 年 12 月明保
	竇懋森	安徽霍邱	不詳	1906 年署，11 月革
	董繩壽	安徽	進士	任職時間不詳
	藍光策	四川	舉人	任職時間不詳
	朱枚	湖南湘陰	附生	1909 年 3 月任，1911 年 1 月請銷試署
蕭縣知縣	劉本懤	湖南清泉	監生	1896 年 3 月補，1902 年 12 月開缺
	黃在福	湖南善化	不詳	任職時間不詳
	原國鈞	湖南湘潭	不詳	1902 年 2 月署代劉本懤
	張紹棠	安徽桐城	不詳	任職時間不詳
	劉重堪	湖南新寧	舉人	1903 年請補
	顧守銘	湖南桂陽	不詳	任職時間不詳
	李大年	太湖	舉人	任職時間不詳
	李筠	安徽	不詳	1909 年 1 月補
	孫慶璜	湖北安陸	監生	1910 年 6 月補
	恒齡	正藍旗	不詳	1910 年秋調省
	李廷琳	順天宛平	貢生	1910 年秋署試用

碭山縣知縣	陳誠	福建長樂	不詳	1897 年任，1901 年優免
	王之全	安徽鳳陽	不詳	1900 年 4 月署
	邵承瀛	不詳	不詳	任職時間不詳
	秦獻祥	廣西	進士	1902 年 4 月補，1908 年 12 月改教
	左秋周	不詳	不詳	1909 年署，1910 年 1 月明保
	李筠	安徽懷寧	監生	1909 年 12 月補
	汪培棟	不詳	不詳	1910 年稟求交缺
	詹亮疇	不詳	不詳	1910 年署自即用
	劉文煜	不詳	不詳	任職時間不詳
豐縣知縣	吳大照	浙江山陰	監生	1899 年自新選六合署
	冷利南	山東黃縣	不詳	任職時間不詳
	趙興霙	湖南	不詳	任職時間不詳
	許寶良	浙江	不詳	任職時間不詳
	王之全	安徽壽州	監生	1899 年 12 月補，1908 年 12 月革
	張振聲	安徽休寧	不詳	任職時間不詳
	王底績	山東章邱	廩生	1910 年 7 月補
	明善	湖北荊州	不詳	任職時間不詳
	嚴型	浙江紹興	不詳	任職時間不詳
沛縣知縣	周清臻	浙江仁和	舉人	1903 年 4 月補，1904 年 2 月任
	陶瑞澂	安徽	不詳	任職時間不詳
	孟桂庭	直隸遵化	貢生	1907 年 2 月任，5 月優免，1910 年 12 月補
	李寶田	直隸滄州	不詳	任職時間不詳
	李緒田	山東棲霞	附生	1904 年 7 月選
	劉庭舉	湖南	不詳	1910 年任
	朱學煌	浙江	不詳	1910 年署
	戴宗壽	安徽	不詳	任職時間不詳
邳縣知縣	楊增芳	雲南昆明	不詳	1901 年署，1902 年調省
	劉本檍	清泉	不詳	1902 年 2 月自蕭縣署
	陶在銘	不詳	不詳	1903 年 10 月補，1904 年 5 月降
	王彥徵	浙江黃岩	不詳	任職時間不詳
	胡希林	安徽泗州	不詳	1905 年 1 月明保
	應祖錫	浙江永康	舉人	1904 年 11 月補
	李緒田	山東棲霞	不詳	1910 年 1 月任
	左秋周	不詳	不詳	任職時間不詳

宿遷縣知縣	陳守嶷	湖南長沙	進士	1898 年 7 月補，1899 年任，1902 年優免
	羅治霖	湖南寧鄉	不詳	任職時間不詳
	林士菁	福建閩縣	進士	1902 年 11 月補，1905 年 4 月調省
	萬立玨	江西南昌	不詳	任職時間不詳
	黃在福	湖南善化	不詳	1906 年署，1907 年 4 月參革
	愛興阿	滿洲鑲黃	進士	1907 年 6 月補
	汪寶增	湖北江夏	舉人	1909 年署
	陳杭	湖北江夏	舉人	1909 年任
睢寧縣知縣	葉保慶	四川華陽	監生	1899 年 12 月補，1904 年 10 月調江寧
	姚維衡	山東巨野	不詳	任職時間不詳
	沈承德	浙江歸安	不詳	任職時間不詳
	梁繼元	浙江會稽	不詳	1905 年署，1906 年革
	胡保聯	浙江紹興	附生	1905 年 5 月補，1908 年大計劾
	李銓	直隸寶坻	不詳	任職時間不詳
	黃樹臣	漢軍鑲紅	不詳	任職時間不詳
	汪寶增	湖北江夏	舉人	任職時間不詳
	邵式善	浙江鎮海	監生	1908 年 3 月選，1910 年秋請假
	孫傳祝	安徽壽州	拔貢	任職時間不詳
	謝恭懿	浙江會稽	不詳	任職時間不詳
如皋縣知縣	單儒紳	山西臨汾	舉人	1896 年選，1905 年大計劾罷
	胡廷琛	安徽祁門	舉人	1904 年署 1905 年 6 月革
	秦炳禮	湖南湘潭	不詳	任職時間不詳
	張存彝	湖南武岡	附貢	任職時間不詳
	陳崇煌	湖南平江	不詳	1906 年任
	周景濤	福建侯官	進士	1905 年 4 月選，1907 年調阜寧
	郭曾程	福建侯官	進士	1908 年 6 月補
泰興縣知縣	龍璋	湖南攸縣	舉人	1900 年 6 月補，1906 年優免
	王元之	山東萊陽	舉人	1906 年 2 月選
	劉思勰	湖南新寧	附監	任職時間不詳
	張莊彩	山東嶧縣	進士	任職時間不詳
	俞都	順天宛平	監生	1909 年任
贛榆縣知縣	徐樹鍔	湖南長沙	舉人	1898 年 8 月補 1904 年卸
	陳玉斌	不詳	不詳	1905 年署
	劉廷鳳	不詳	不詳	任職時間不詳

	烜齡	不詳	不詳	1906 年以辦賑不力摘頂，1907 年 2 月開復
	袁世猷	不詳	不詳	不詳
	曹運鵬	江西新建	監生	1910 年 6 月補
沭陽縣知縣	高振生	浙江海寧	進士	1898 年 3 月補
	葉元鈞	安徽懷寧	附生	任職時間不詳
	張恭彝	福建侯官	進士	1903 年 12 月補，1904 年 4 月任，1907 年 12 月調補安東
	于銘訓	萊陽	舉人	1906 年署，11 月以辦賑不力改教
	俞都	順天宛平	不詳	任職時間不詳
	夏啟瑞	浙江鄞縣	進士	1908 年 6 月補 1909 年任
	藍光策	四川資陽	舉人	任職時間不詳
	王秉樞	浙江歸安	不詳	任職時間不詳
	劉本檍	不詳	不詳	任職時間不詳
鎮洋縣知縣	吳熙	雲南保山	舉人	1901 年 6 月先任，1902 年 4 月補
	吳其昌	安徽歙縣	監生	任職時間不詳
	葛恩元	浙江慈谿	附貢	任職時間不詳
	胡位周	安徽績溪	拔貢	1909 年 4 月補
崇明縣知縣	查亮采	浙江海寧	不詳	1901 年 3 月任
	陶聯琇	浙江會稽	進士	1902 年 4 月任
	李如松	湖南衡陽	進士	1903 年 4 月任，1903 年 9 月革
	楊炳震	河南光州	進士	1904 年任
	楊士晟	安徽泗州	進士	1904 年 8 月任，1906 年保開缺
	魏詩銓	湖南	優貢	1906 年 6 月任
	陳守晟	湖南長沙	進士	1907 年 3 月任，1908 年 1 月卓異
	何希曾	不詳	不詳	1908 年 7 月任
	沈潮	不詳	不詳	1909 年 8 月任，
	姚詩聲	不詳	不詳	1909 年 8 月到任
	王紹曾	直隸豐潤	進士	1910 年 7 月補，1911 年 7 月任
嘉定縣知縣	章鴻森	浙江歸安	舉人	1896 年 6 月任
	劉麟瑞	山東福山	進士	1902 年代理
	章鴻森	浙江歸安	舉人	1903 年 1 月回任
	吳境沆	河南固始	舉人	1903 年 7 月任，由鎮洋縣調署
	李樂善	陝西	進士	1904 年 8 月署
	熊育銳	江西南昌	不詳	1905 年 10 月署

	張孚襄	河南南陽	進士	1906 年 12 月署
	高燕	福建侯官	舉人	1907 年 9 月署
	楊寶善	浙江鄞縣	不詳	1908 年 6 月署
	邵鼎	浙江仁和	附貢	1909 年 8 月署
	姚守彝	浙江仁和	不詳	1910 年 9 月署，1911 年 9 月光復取消
寶山縣知縣	尹祐湯	廣西臨桂	廩貢	1899 年 8 月署
	金元烺	浙江嘉善	監生	1899 年 10 月調，1900 年 9 月任
	王得庚	不詳	不詳	1902 年 5 月任，1905 年 2 月明保，1907 年回任代理
	竇鎮山	不詳	不詳	1907 年 4 月任
	胡調元	浙江瑞安	進士	1906 年 12 月補，1907 年 7 月任
泗陽縣知縣	武麟	長白旗籍	不詳	1900 年任
	張鎔萬	湖南長沙	不詳	1901 年任
	張景祜	安徽桐城	不詳	1903 年任
	閻懋曾	湖南	不詳	1904 年任
	孫舉璜	湖北	舉人	1905 年任
	孫喬年	浙江	舉人	1906 年任
	劉澤青	湖北江夏	不詳	1907 年 1 月
	李宣龔	福建侯官	舉人	1904 年 11 月任
	藍光策	四川資陽	舉人	1907 年 8 月
	張蔭民	不詳	不詳	1907 年 9 月任
	陳杭	湖北夏口	舉人	1910 年任
	陳世揚	廣西北流	進士	1911 年任，光復時去職
海門直隸廳同知	王賓	安徽	拔貢	1892 年 12 月補，1903 年 6 月開缺，1901 年撤任
	宋振麟	不詳	不詳	1901 年 6 江防同知調署
	唐爾錕	福建閩縣	舉人	1904 年 2 月補
	梁熊	福建閩縣	舉人	1904 年 3 月補
	章維鈞	不詳	不詳	1907 年署，1908 年 12 月調省
	呂道象	江西德化	進士	1908 年 12 月自鹽城署
川沙撫民同知	左念慈	湖南湘陰	監生	1904 年 10 月署
	陳綸	福建閩縣	監生	1907 年 3 月署
	成安	不詳	不詳	1909 年 3 月署
	劉嘉琦	直隸天津	舉人	1911 年 6 月署

淮陰縣知縣	楊保真	安徽	不詳	1900 年代理
	吳子瑞	安徽	不詳	1901 年署
	李廷琳	順天	監生	1903 年代理
	祿德	不詳	進士	1904 年署
	李世由	湖南湘潭	舉人	1905 年署
	章維鈞	安徽合肥	監生	1906 年署
	陳維藻	浙江會稽	監生	1907 年代理
	章心培	江蘇徐州	拔貢	1908 年署
	陳宗雍	福建閩縣	監生	1909 年署
	王秉樞	山西山陰	監生	1910 年代
	陳習謨	湖南湘鄉	監生	1910 年署
	邵承灝	山西山陰	監生	1911 年署

資料來源：秦國經，《清代官員履歷檔案全編》，華東師範大學出版社，1997 年；繆荃孫、馮煦、莊蘊寬、吳廷燮等纂修，江蘇省地方編纂委員會辦公室點校整理，《江蘇省通志稿》第 4 冊，江蘇古籍出版社，1999 年；劉春堂、吳壽寬，《高淳縣志》卷 10，1918 年刻本；張允高、錢淦，《寶山縣續志》，卷 12，1921 年鉛印本；王清穆、曹炳麟，《崇明縣志》卷 10，上海古籍書店，1964 年刻；方鴻鎧、黃炎培，《川沙縣志》卷 17，上海國光書局，1937 年鉛印本；焦忠祖、龐友蘭，《阜寧縣新志。內政志一》第三卷，1934 年，鉛印本；錢祥保、桂邦傑，《甘泉縣續志》卷 16，1937 年刻本；陳傳德、黃世祚，《嘉定縣續志》卷 9，1930 年鉛印本；錢祥保、桂邦傑，《江都縣續志》卷 16，1937 年刻本；陳思、繆荃孫，《江陰縣續志》卷 12，1921 年刻本；陳思、繆荃孫，《江陰近事錄》1 卷，1921 年刻本；鄭耀烈、汪昇遠、王桂馨，《六合縣續志稿》卷 11，1920 年石印本；李佩恩、張相文、王聿望，《民國第一次修泗陽縣志》卷 4，1926 年鉛印本；徐鍾令，《民國淮陰志證訪稿》卷 6，揚州古舊書店，196？年抄本；嚴偉、劉芷芬、秦錫田，《南匯縣續志》卷 10，1928 年刻本；於定、金詠榴，《青浦縣續志》卷 12，1934 年刻本；胡為和、盧鴻鈞、高樹敏，《三續高郵州志》卷 3，1922 年刻本；王元章、金鉽，《泰興縣志續》卷 7，泰州新華書店古舊部，1984 年抄本；曹允源，《吳縣志》卷 3，蘇州文新公司，1933 年鉛印本；張玉藻、翁有成、高覲昌，《續丹徒縣志》卷 10，1930 年刻本；李恭簡、魏雋、任乃賡，《續修興化縣志》卷 11，1943 年鉛印本；邱沅、王元章、段朝端，《續纂山陽縣志》卷 5，1921 年刻本；韓紫石、王笠農，《續纂泰州志》卷 12，泰州市新華書店古舊部，1981 年漢文；林懿均、胡應庚、陳鍾凡，《續修鹽城縣志》卷 11，1936 年鉛印本。

附表 3：1913 年暫行縣制與 1919 年內務部制定縣制比較表

不同點	1913 年由蘇省制定暫行縣制	1919 內務部制定縣制
縣議員選舉資格	1、本國國籍者。2、男子年滿 21 歲。3、居住本地連續三年以上。4、年納直接稅 2 元。5、若有納稅額較本地公民內納稅最多之人所納尤多者，雖不備第二第三款也具選舉資格。6、居民內有素行公正眾望允孚者雖不備前項第四款之資格得以市鄉議事會之議決作為公民之資格。	1、本國國籍者。2、男子年滿 20 歲。3、居住本地連續二年以上 4、年納直接稅 2 元以上者 5、有動產或不動產 500 元以上者 6、曾任或現任公職或教員者，7、曾在高等小學以上學校畢業或與有相當之資格者。
縣議員被選舉資格	與上同。但小學教員具有選舉權但不具有被選舉權。	1、本國國籍。2、年滿 25 歲。3、年納直接稅四元以上者。4、有動產或不動產一千元以上者。5、曾任或現任公職教員一年以上者。6、曾在中學校以上學校畢業，或與有相當之資格者。
不具和停止選舉及被選舉資格者	1、品行悖謬營私武斷確有實據者。2、曾處徒以上之刑者（政治犯不在此例）。3、營業不正者（其範圍以規約定之）。4、失財產上之信用，被人控實尚未清結者。5、吸食鴉片者。6、有心疾者，除此而外，規定現任本地方官吏者、現充軍人或本地方巡警者、現為僧道及其他宗教師者，停止其選舉權和被選舉權。	1、褫奪公權尚未復權者。2、受禁治產禁治產或破產之宣告確定後，尚未撤銷者 3、不識文字者。4、僧道及其他宗教師。5、現役軍人等不具選舉權。 1、現任本縣官吏者。2、現任本縣小學教員者。停止其被選舉權

縣議員名額分配	縣議事會議員員額，以所屬地方人口之總數為標準，人口總數在三十萬以下者，以二十五名為定額。自此以上，每加人口三萬，得增設議員一名，至多以六十五名為限。	縣議會議員員額。在人口未滿十五萬之縣，定為十名，人口滿十五萬以上者，每人口三萬遞增一名，但至多以三十名為限。
議事會召集及會期	縣議事會會議由議長召集之，限期知會民政長。凡召集須於開會十日以前行之，但臨時會不在此限。以八月為會期，每會期一個月。如認為得延長會期，經、臨均延長十日。	縣議會通常會由縣知事召集，臨時會經縣知事認為有必要情事或縣議會議員總額過半數以上之請求，由縣知事召集。通常會、臨時會須在開會期五日以前發布之。通常會可延期十五日，臨時會可延長十日。
縣議會職權	1、議決關於權限應興應革事件。2、議決本縣歲出入預算及決算事件。3、議決本縣經費籌集及處理方法。4、公斷和解市鄉爭執事件。5、其餘依據法令屬於議事會權限內之事件。	1、以縣自治團體之經費籌辦之自治事務。2、縣自治團體之公約。3、縣自治團體之預算及決算。4、縣自治稅規費使用費之徵收。5、縣自治團體不動產之買入及處分。6、縣自治團體財產營造物公共設備之經營及處分。7、其他依法令屬於縣議會權限之事項。
參事會名額	1、參事員以議事會議員十分之二為額。2、議事會選舉前項參事員時應另選候補參事員如參事員之數。3、縣參事會由民政長為會長。	1、會長由縣知事擔任，參事四人至六人。2、參事由縣議會選舉半數，其餘半數，由縣知事委任。
委任職佐	縣參事會設文牘庶務等員由會長遴員派充	除由會長遴選派充職佐外，縣參事會設出納員一人，由會長派充，但須得縣議會之同意。
縣參事會職權	1、議決議事會議決事件之執行方法及其次第。2、議決議事會委託本會代議事件。3、議決縣知事交本會代議事會議決之事件。4、審查縣知事提交議事會之議案。5、議決本縣全體訴訟及其和解事件。6、公斷和解市鄉之權限爭議事件。7、查核各項經費收支帳目。8、其餘依據法令屬於參事會權限內之事件。	1、執行縣議會議決事項。2、辦理縣議會議員選舉事項。3、提出議案於縣議會。4、制定縣自治團體之規則。5、管理或監督縣自治團體之財產營造物或公共之設備。6、管理縣自治團體之收入與支出。7、依法令及縣會之議決，徵收自治稅及規費。
縣自治經費來源	1、縣公款公產。2、縣地方稅。3、公費及使用費。4、因重要事故臨時募集之公債。	1、縣自治團體財產之收入。2、縣自治團體公共營業之收入。3、縣自治稅。4、使用費及規費。5、遇忿金。

縣預算	1、縣知事每年應預計明年出入編成預算於議事會之始提交該會議決。2、縣會計年度暫以省會計年度為準。3、預算議決之後由縣知事申請民政長存案並於本地方榜示公眾。	1、縣參事會於每一會計年度開始前，應預計全年經費出入編制預算，提交縣議會議決。2、預算議決後，應由縣參事會呈報監督官署公告。3、縣參事會於每一會計年度終結後，應將上年度經費出入，編制決算，附具一切證據，提交縣議會議決。4、前項決算議決後，應由縣參事會呈報監督官署並布告之。
縣監督	1、縣行政由民政長監督之，除由縣知事按季呈報辦事情形外得隨時調閱，其公牘文件檢查收支帳目。監督事項照本制所定各條辦理。2、民政長得依本省法律解散縣議事會。3、議事會解散後應於三個月以內改選重行召集。	1、縣自治團體，以道尹為直接監督，其上級監督機關，依現行官制定之。2、道尹認為議會為違法越權或妨害公益時，得呈由上級監督官署核准解散之。3、縣議會解散後，限於三個月內重行選舉召集。4、道尹對於縣參事會參事之懲戒，准用文官懲戒之規定。

資料來源：《江蘇暫行縣制並選舉章程》，《申報》1923 年 7 月 21 日；《縣自治法》，《地方自治》1922 年第 2 期。

附表 4：1913 年暫行市鄉制與 1919 年
內務部制定市、鄉制比較表

不同點	1913 年由蘇省制定暫行市鄉市鄉制	1919 內務部制定縣市鄉制
名額分配	1、市議事會議員，以二十名為定額，市人口滿五萬五千者，得於前項定額外增設議員一名，自此以上，每加人口五千，得增議員一名，至多以六十名為限。2、鄉議事會議員，按照人口之數定之，其比例如左，人口不滿二千五百者，議員六名，人口二千五百以上不滿五千者，議員八名，人口五千以上，不滿一萬者，議員十名，人口一萬以上，不滿二萬者，議員十二名，人口二萬以上，不滿三萬者，議員十四名，人口三萬以上，不滿四萬者，議員十六名，人口四萬以上者，議員十八名。	1、凡市設自治會，其會員名額，在人口未滿五萬之市，定為十名，但特別市至多以三十名為限。普通市至多以二十名為限。2、凡鄉設自治會，由鄉住民選舉之，會員組織之，其名額在人口未滿五千之鄉，定為六名，滿五千以上者，每增三千，遞加會員一名，但至多以十名為限。
選舉資格及被選舉資格	與縣議員選舉及被選舉規則同	市鄉議員選舉資格：具有本國國籍之男子，年滿二十歲，並接續住居室內一年以上者。年納直接稅一元以上者，有動產不動產三百元以上者，曾任或現任公職或教員者。曾在國民學校以上學校畢業，或與有相當之資格者。 被選舉資格：本國國籍，年滿二十五歲，連續住居市鄉內二年以上者。年納直接稅二元以上者，有動產不動產五百元以上者，曾任或現任公職或教員一年以上者。曾在高等小學校以上學校畢業，或與有相當之資格者。

不具和停止選舉及被選舉資格者	上同	1、褫奪公權尚未復權者。2、受禁治產准禁治產，或破產之宣告確定後尚未撤銷者。3、不識文字者。4、僧道及其他宗教師。5、現役軍人。 1、現任本地方之官吏。2、現任警察官司法官徵稅官。停止其被選舉權。
市鄉議事會召集及會期	市鄉議事會會議，每季一次，以二月、五月、八月、十一月為會期，每會期以十五日為限，限滿議未竣者，得由議長宣示展限十日以內，其有臨時應議事宜，經本管縣知事之通知，及市董事會或鄉董之請求或議員全數三分之一以上之請求者，均得隨時開會，每屆會議，應由市董事或鄉董，將本屆應議事件，距開會五日以前，通知議事會議員，其臨時會議，事出倉猝者，不在此限。	市鄉自治會，分通常會與臨時會。通常會每年二次。以四月十月為會期，由市（鄉）長召集。臨時會，經市（鄉）長認為有必要之情事，或經會員半數以上之提議，由市（鄉）長召集之。但涉及市（鄉）長之事項，由會長召集之。
市鄉議事會（自治會）職權	市、鄉議事會，應行議決事件如左：1、本市鄉行政範圍內，應興應革整理事宜。2、本市鄉規約。3、本市鄉經費歲出入預算，及預算正額外預備費之支出。4、市鄉經費歲出入決算報告。5、本市鄉經費籌集及處理方法。6、本市鄉選舉上爭議。7、本市鄉職員辦事過失之懲戒，懲戒細則，以規約定之。8、關涉市鄉全體訴訟及其和解之事。	1、議決市（鄉）公約。2、議決市（鄉）內應興應革及整理事宜。3、議決以市（鄉）經費籌措之自治事務。4、議決市（鄉）經費之預算及決算。5、議決市（鄉）自治稅規費使用費之徵收。6、議決市之募集公債及其他有負擔之契約。7、議決市（鄉）之不動產之買賣及其他處分。8、議決市之財產營造物公共設備之經營及處分。9、議決市自治公所職員保證金事項。10、答覆市自治公所及監督官署之諮詢。11、議決其他依法令屬於市（鄉）自治會權限之事項。其中鄉議事會職權與上述1、2、3、4、5、7、11項同。
市董事會（參事會）、鄉董及鄉自治公所職權	市董事會及鄉董應辦事件如左：1、議事會議員選舉及其議事之準備。2、議事會議決各事之執行。3、以法令委定辦理各事之執行。4、執行方法之議決。	1、議決提出於市自治會之議案。2、議決市自治會所委託之事項。3、議定市規則。4、議決其他依法令屬於市參事會之事項。以上各款事項，在不設市參事會之普通市，由市長決定之。 市設市自治公所，由市長代表之。市長之職權如左：1、執行自治會議決事項。2、辦理市自治會選舉事項。3、提出議案於市自治會，但特別市須先經市參事會之議決。4、管理或監督之市財產營造物及公共設備。5、管理市之收入與支出。6、依法令及市自治會之議決，徵收市自治稅及使用費規費。

		鄉設鄉自治公所，由鄉長代表之。鄉長之職權如左：1、執行鄉自治會議決事項。2、辦理鄉自治會選舉事項。3、提出議案於鄉自治會。4、制定鄉規則。5、管理或監督鄉之財產營造物及公共設備。6、管理鄉之收入與支出。7、依法令及鄉自治會之議決，徵收鄉自治稅及使用費規費。
市鄉自治財政經費	1、本市鄉公款公產。2、本市鄉地方稅。3、本市鄉所徵之公費使用費及按照規約所科之罰金。	市經費：1、本市財產之收入。2、本市治稅。3、本市公共營業之收入。4、規費及使用費。5、遇怠費。 鄉經費：1、本鄉財產之收入。2、依法令作為鄉自治經費之附加稅及各項雜捐。3、本鄉所徵收之規費及使用費。4、本鄉公共營業之收入。
市鄉預算	市董事會或鄉董每年應預計明年經費出入製成預算表，於每年十一月議事會會議期內移交該會議決。議決後應由縣知事申報民政長存案，並於地方榜示公眾。	市自治公所（鄉長），於每一會計年度前，應將本市（鄉）經費之歲出歲入，製成預算表，於每年四月通常會期前，提交市（鄉）自治會。預算提出時，應將事務報告書及財產表一併提出。經市（鄉）自治會承認後，應呈報監督官署，並公布之。如市（鄉）長所發支付命令違背預算時，出納員應拒絕其支出。
市鄉自治監督	1、市鄉職員，以本省民政長及本管縣知事監督之，縣知事應按照本制，查其有無違背之處而糾正之，並令其報告辦理成績，徵其預算決算，表冊，隨時親往監察，將辦理情形，按期申報民政長。 2、縣知事有解散鄉議會，市董事會及撤銷職員之權，解散或撤銷後，應分別按章改選。市鄉議事會，於解散後兩個月以內，市董事會，應於解散後十五日以內，重行成立。鄉董應於撤消後十五日以內，重行選定，若市議事會董事會同時解散，或鄉議事會鄉董同時解散撤銷者，應於兩個月以內，先行招集議事會，所有選舉及開會事宜，由縣參事會代辦，其市董事會及鄉董，應於議事會成立後十五日以內重行成立。	1、凡市（鄉）以縣知事為直接監督，其上級監督機關，依現行官制定之。 2、直接監督官署，因監督之必要，得發□令或處分。不服前項命令或處分時，得依法提起訴願。或陳述於省參事會。請求處理。 3、直接監督官署。如證明市（鄉）自治會有違法越權行為時。得呈經上級監督官署核准解散之。但於直接監督官任內解散，以一次為限，並須令市（鄉）長於解散後三個月內，舉行新選舉並召集之。 4、直接監督官署，因監督之必要。得令市長為事務之報告，並得調取文書簿據，或實地視察檢查其出納。每屆年終。直接監督官署，應將各市辦理情形呈報該管長官轉諮內務部備案。但京都市逕由內務部呈報大總統。

注： 1919 年之後由內務部制定的縣市鄉制和 1913 年蘇省制定的暫行縣市鄉制最大不同是凸顯了官治在自治中的主導作用和控制作用。比如縣議會會議改由縣知事召集；縣參事會出納員由縣知事派充；市、鄉長由縣知事委任等。另外，由於民國之後官制的改革，在省縣之間增設道一級行政單位，因此，和 1913 年暫行縣制中規定縣行政由省民政長監督改為由道尹監督。這也是其最大不同點。當然，官治色彩的加重，也為其後蘇省強烈要求恢復 1913 年暫行縣制埋下了伏筆。資料來源：《江蘇暫行市鄉制並選舉章程》，《申報》1923 年 7 月 24、25、26、27 日；《市自治法》，《地方自治》1922 年第 2 期；《鄉自治法》，《地方自治》1922 年第 2 期。

參考文獻

一、檔案、資料彙編

1. 昆岡、李鴻章等主修,《欽定大清會典事例》,1899 年石印本。

2. 端方,《大清光緒新法令》,上海商務印書館刊本,1910 年。

3. 江蘇省審判廳編,《江蘇各級審判廳試辦章程》,清末鉛印本,1911 年。

4. 江蘇寧屬清理財政局編,《江蘇寧屬財政說明書》,《甲篇》,宣統年間線裝本。

5. 江蘇省行政公署內務司,《江蘇省內務行政報告書》,1914 年。

6. 商務印書館編譯所,《中華民國法令大全》,商務印書館,1915 年。

7. 江蘇兵災各縣善後聯合會,《江蘇兵災調查紀實》,上海商務印書館,1924年。

8. 龐樹森、陳典猷編,《江蘇省單行法令初編》,江蘇省長公署公報處,1924年。

9. 劉錦藻撰,《清朝續文獻通考》,商務印書館,1937 年。

10. 揚州師範學院歷史系,《辛亥革命江蘇地區史料》,江蘇人民出版社,1961年。

11. 端方,《端忠敏公奏稿》,沈雲龍主編《近代中國史料叢刊》正編,第十輯,臺灣文海出版社,1966 年。

12. 韓國鈞,《止叟年譜》,沈雲龍主編《近代中國史料叢刊》第一輯,臺灣

文海出版社，1966 年。

13. 劉壽林，《辛亥以後十七年職官年表》，中華書局，1966 年。

14.（清）北京政學社編，《大清法規大全》，（臺灣）考正出版社，1972 年。

15. 中華民國史事紀要編輯委員會編輯，《中華民國史事紀要：初稿》，（臺北）中華民國史料研究中心，1973 年。

16. 魏秀梅編，《清季職官表》，《中央研究院近代史研究所史料叢刊》（5），1977 年。

17. 故宮博物院明清檔案部，《清末籌備立憲檔案史料》，中華書局，1979 年。

18. 佚名輯，《清末職官表》，沈雲龍主編《近代中國史料叢刊》續編，第六十四輯，臺灣文海出版社，1979 年。

19. 榮孟源、章伯鋒，《近代稗海》，四川人民出版社 1987 年。

20. 江蘇省長公署統計處編，《江蘇省政治年鑒》，沈雲龍主編《近代中國史料叢刊》三編，第五十三輯，臺灣文海出版社，1988 年。

21. 江蘇蘇屬地方自治籌辦處編，《江蘇自治公報類編》，沈雲龍主編《近代中國史料叢刊》三編，第五十三輯，臺灣文海出版社，1988 年。

22. 天津市檔案館編輯，《北洋軍閥天津檔案史料選編》，天津古籍出版社，1990 年。

23. 中國第二歷史檔案館編，《中華民國史檔案資料彙編》，江蘇古籍出版社，1991 年。

24. 錢實甫編著、黃清根整理，《北洋政府職官年表》，華東師範大學出版社，1991 年。

25. 張謇研究中心、南通市圖書館、江蘇古籍出版社編，《張謇全集》，江蘇古籍出版社，1994 年。

26. 劉壽林、萬仁元、王玉文、孔慶泰，《民國職官年表》，中華書局，1995 年。

27. 中國第一歷史檔案館，《宣統朝上諭檔》，廣西師範大學出版社，第 37 冊，1996 年。

28. 天津歷史博物館，《北洋軍閥史料》，天津古籍出版社，1996 年。

29. 秦國經,《清代官員履歷檔案全編》,華東師範大學出版社,1997 年。

30. 蔡鴻源,《民國法規集成》,黃山書社,1999 年。

31. 江蘇省財政志編輯辦公室,《江蘇財政史料叢書》,方志出版社,1999 年。

32. 中國科學院上海歷史研究所、復旦大學歷史研究所編,《民國大事史料長編》,北京圖書館出版社,2008 年。

33. 張研、孫燕京,《江蘇省內務行政報告書》,民國史料叢刊 98 輯,大象出版社,2009 年。

34. 中國第二歷史檔案館編,《北洋政府檔案》,中國檔案出版社,2010 年。

二、報刊雜誌

1. 《東方雜誌》

2. 《地方自治》

3. 《大陸》

4. 《法政雜誌》

5. 《國風報》

6. 《教育雜誌》

7. 《江蘇自治公報》

8. 《江蘇省司法彙報》

9. 《民呼報》

10. 《民吁報》

11. 《申報》

12. 上海《時報》

13. 《司法公報》

14. 《順天時報》

15. 《新教育》

16. 《政府公報》

17. 《政治官報》

三、地方志

1. 蔣啟勳、趙祐宸、汪士鐸，《續纂江寧府志》，1881 年刻本。

2. 劉春堂、吳壽寬，《高淳縣志》，1918 年刻本。

3. 鄭耀烈、汪昇遠、王桂馨著，《六合縣續志稿》，1920 年石印本。

4. 陳思、繆荃孫，《江陰近事錄》，1921 年刻本。

5. 陳思、繆荃孫，《江陰縣續志》，1921 年刻本。

6. 邱沅、王元章、段朝端，《續纂山陽縣志》，1921 年刻本。

7. 徐保慶、周志靖，《光宣宜荊續志》，1921 年刻本。

8. 張允高、錢淦，《寶山縣續志》，1921 年鉛印本。

9. 胡為和、盧鴻鈞、高樹敏，《三續高郵州志》，1922 年刻本。

10. 馮煦，《重修金壇縣志》，上海商務印書館，1926 年鉛印本。

11. 胡為和、孫國鈞，《丹陽縣續志》，1926 年刻本。

12. 李佩恩、張相文、王聿望，《民國第一次修泗陽縣志》，1926 年鉛印本。

13. 李佩恩、張相文、王聿望，《泗陽縣志》，1926 年鉛印本。

14. 嚴偉、劉芷芬、秦錫田，《南匯縣續志》，1928 年刻本。

15. 劉芷芬、秦錫田，《南匯縣續志》，1928 年刻本。

16. 陳傳德、黃世祚，《嘉定縣續志》，1930 年鉛印本。

17. 張玉藻、翁有成、高覲昌，《續丹徒縣志》，1930 年刻本。

18. 曹允源，《吳縣志》，蘇州文新公司，1933 年鉛印本。

19. 于定、金詠榴，《青浦縣續志》，1934 年刻本。

20. 焦忠祖、龐友蘭，《阜寧縣新志》，1934 年鉛印本。

21. 林懿均、胡應庚、陳鍾凡，《續修鹽城縣志》，1936 年鉛印本。

22. 江家璵、姚文枏，《民國上海縣志》，瑞華印務局，1936 年鉛印本。

23. 方鴻鎧、黃炎培，《川沙縣志》，1937 年鉛印本。

24. 錢祥保、桂邦傑，《甘泉縣續志》，1937 年刻本。

25. 李恭簡、魏儁、任乃賡，《續修興化縣志》，1943 年鉛印本。

26. 王清穆、曹炳麟，《崇明縣志》，上海古籍書店，1964 年刻本。

27. 徐鍾令，《民國淮陰志證訪稿》，揚州古舊書店，196？年抄本。

28. 韓紫石、王笠農，《續纂泰州志》，泰州市新華書店古舊部，1981 年抄本。

29. 李長傳編著，《江蘇省地志》，中國方志叢書華中地方第 473 號，臺灣成文出版社有限公司，1983 年。

30. 王元章、金鉽，《泰興縣志續》，泰州新華書店古舊部，1984 年抄本。

31. 王煥鑣，《首都志》，上海書店，1989 年。

32. 繆荃孫、馮煦、莊蘊寬、吳廷燮等纂修，江蘇省地方編纂委員會辦公室點校整理，《江蘇省通志稿》，江蘇古籍出版社，1999 年。

四、專著

1. 王道，《中國選舉史略》，內務部編譯處出版，1917 年。

2. 蔣維喬，《江蘇教育行政概況》，上海商務印書館，1924 年。

3. 胡繩武、金沖及，《論清末的立憲運動》，上海人民出版社，1959 年。

4. 湯志均，《康有為政論集》，中華書局，1981 年。

5. 趙如珩，《江蘇省鑒》，成文出版社，1983 年。

6. 錢實甫，《北洋政府時期的政治制度》，中華書局，1984 年。

7. 王樹槐，《中國現代化的區域研究：江蘇省 1860～1916》，中央研究院近代史研究所，1984 年。

8. 費正清、劉廣京，《晚清劍橋中國史》，中國社會科學出版社，1985 年。

9. 顧敦鍒，《中國議會史》，上海書店，1991 年。

10. 魏秀梅編，《清代之迴避制度》，《中央研究院近代史研究所專刊》（66），1992 年。

11. 丁旭光，《近代中國地方自治研究》，廣州出版社，1993 年。

12. 馬敏、朱英，《傳統與近代的二重變奏──晚清蘇州商會個案研究》，巴蜀書社，1993 年。

13. 羅榮渠，《現代化新論──世界與中國的現代化進程》，北京大學出版社，1993 年。

14. 侯宜傑，《二十世紀初中國政治改革風潮》，人民出版社，1993 年。

15. 韋慶遠、高放、劉文源，《清末憲政史》，中國人民大學出版社，1993 年。

16. 費正清，《晚清中華民國史》，中國社會科學出版社，1994 年。

17. 王韜，《弢園文錄外編》，遼寧人民出版社，1994 年。

18. 鄭觀應，《盛世危言》，遼寧人民出版社，1994 年。

19. 劉子揚，《清代地方官制考》，北京紫禁城出版社，1994 年。

20. 殷嘯虎，《近代中國憲政史》，上海人民出版社，1997 年。

21. 郭世祐，《晚清政治革命新論》，湖南人民出版社，1997 年。

22. 任達，《新政革命與日本》，江蘇人民出版社，1998 年。

23. 費孝通，《鄉土中國生育制度》，北京大學出版社，1998 年。

24. 馮桂芬，《校邠廬抗議》，中州古籍出版社，1998 年。

25. 吳春梅，《一次失控的近代化改革——關於清末新政的理性思考》，安徽大學出版社，1998 年。

26. 張海林，《蘇州早期城市現代化研究》，南京大學出版社，1999 年。

27. 蕭功秦，《危機中的變革：清末現代化進程中的激進與保守》，上海三聯書店，1999 年。

28. 張晉藩、朱勇，《中國法制通史》，法律出版社，1999 年。

29. 梁啟超，《梁啟超全集》，北京出版社，1999 年。

30. 來新夏，《北洋軍閥史》，南開大學出版社，2000 年。

31. 章開沅、馬敏、朱英，《中國近代史上的官紳商學》，湖北人民出版社，2000 年。

32. 馬小泉，《國家與社會：清末地方自治與憲政改革》，河南大學出版社，2001 年。

33. 胡春惠，《民初的地方主義與聯省自治》，中國社會科學出版社，2001 年。

34. 張憲文、方慶秋、黃美真，《中華民國史大辭典》，江蘇古籍出版社，2002 年。

35. 韓秀桃，《司法獨立與近代中國》，清華大學出版社，2003 年。

36. 李細珠，《張之洞與清末新政研究》，上海書店出版社，2003 年。

37. 高旺，《晚清中國的政治轉型：以清末憲政改革為中心》，中國社會科學出版社，2003 年。

38. 李啟成，《晚清各級審判廳研究》，北京大學出版社，2004 年。

39. 魏光奇，《官治與自治：20 世紀上半期的中國縣制》，商務印書館，2004 年。

40. 周松青，《上海地方自治研究：1905～1927》，上海社會科學院出版社，2005 年。

41. 沈曉敏，《處常與求變——清末民初的浙江諮議局和省議會》，三聯書店，2005 年。

42. 張海林，《端方與清末新政》，南京大學出版社，2007 年。

43. 徐建平，《清末直隸憲政改革研究》，中國社會科學出版社，2008 年。

44. 刁振嬌，《清末地方議會制度研究——以江蘇為例》，上海人民出版社 2008。

45. 王人博，《中國近代憲政史上的關鍵詞》，法律出版社，2009 年。

46. 劉建軍，《你所不識的民國面相：直隸地方議會政治 1912～1928》，廣西師範大學出版社，2009 年。

47. 畢連芳，《北京民國政府司法官制度研究》，中國社會科學出版社，2009 年。

48. 朱宗震，《大視野下清末民初變革》，新華出版社，2009 年。

49. 丁德昌，《民初湖南省憲自治研究》，上海人民出版社，2011 年。

50. 李細珠，《地方督撫與清末新政：晚清權力格局再研究》，社會科學文獻出版社，2012 年。

51. 張建軍，《清末民初蒙古議員及其活動研究》，中央民族大學出版社，2012 年。

52. 劉勁松，《民初議會政治研究（1911～1913 年）》，中國社會科學出版社，2014 年。

53. 鄧建鵬，《清末民初法律移植的困境：以訟費法規為視角》，法律出版社，2017 年。

54. 李細珠，《新政、立憲與革命——清末民初政治轉型研究》，北京師範大學出版社，2018 年。

55. 肖傳林，《民初內閣制度研究》，中國社會科學出版社，2018 年。

56. 陳忠雲，《清末民初政治制度改革失敗原因的研究》，中國政法大學出版社，2019 年。

57. 岑紅，《清末民初政府管理模式的現代性流變》，商務印書館，2019 年。

58. 關曉紅，《清末新政制度變革研究》，中華書局，2019 年。

五、期刊論文

1. 呂美頤，《論清末官制改革與國家體制近代化》，《河南大學學報（哲學社會科學版）》，1986 年第 4 期。

2. 鄭大華，《重評〈欽定憲法大綱〉》，《湖南師大社會科學學報》，1987 年第 6 期。

3. 鄭大華，《關於清末預備立憲幾個問題的商榷》，《史學月刊》，1988 年第 1 期。

4. 董方奎，《論清末實行預備立憲的必要性及可能性——兼論中國近代民主化的起點》，《安徽史學》，1990 年第 1 期。

5. 董叢林，《清末籌備立憲期間統治集團內部的思想分化》，《河北學刊》，1990 年第 3 期。

6. 王開璽，《清統治集團的君主立憲論與晚清政局》，《北京師範大學學報（社科版）》，1990 年第 5 期。

7. 侯宜傑，《預備立憲失敗的原因》，《史學月刊》，1991 年第 4 期。

8. 侯宜傑，《預備立憲是中國政治制度近代化的開端》，《歷史檔案》，1991 年第 4 期。

9. 陸建洪，《清末地方自治剖析》，《探索與爭鳴》，1991 年第 6 期。

10. 李育民，《試論清末的憲政改革》，《求索》，1992 年第 4 期。

11. 羅華慶，《略論清末資政院議員》，《歷史研究》，1992 年第 6 期。

12. 蕭功秦，《清末新政與中國現代化研究》，《戰略與管理》，1993 年創刊號。

13. 馬小泉，《清末地方自治運動論綱》，《史學月刊》，1993 年第 5 期。

14. 曹余濂，《清末江蘇的民意機關——江蘇省省諮議局》，《江蘇地方志》，1994 年第 2 期。

15. 朱英，《清末新政與清朝統治的滅亡》，《近代史研究》，1995 年第 2 期。

16. 馬小泉，《晚清政府對地方自治的操縱與控制》，《歷史檔案》，1995 年第 4 期。

17. 楊小川，《掉入陷阱的清末憲政》，《探索與爭鳴》，1996 年第 8 期。

18. 張海林，《清末江蘇「商變」淺論》，《近代史研究》，1998 年第 6 期。

19. 朱英，《清末「新政」與社會動員》，《開放時代》，1999 年第 4 期。

20. 王續添，《論五四運動中的省議會》，《中共黨史研究》，1999 年第 4 期。

21. 夏錦文、秦策：《民國時期司法獨立的矛盾分析》，《南京社會科學》，1999 年第 5 期。

22. 張海林，《晚清蘇州地方自治略論》，《江蘇社會科學》，2000 年第 3 期。

23. 耿雲志，《張謇與江蘇諮議局》，《近代史研究》，2001 年第 1 期。

24. 章惠萍，《清末司法改革述論》，《晉陽學刊》，2004 年第 3 期。

25. 沈曉敏，《民初省議會失敗原因概論》，《政法學刊》，2004 年第 6 期。

26. 徐建平，《論清末東北憲政改革的特點》，《中國邊疆史地研究》，2004 年第 6 期。

27. 沈曉敏，《民初袁世凱政府與各省議會關係述論》，《歷史教學》，2004 年第 10 期。

28. 高健、董繼梅，《民國前期新疆省議會研究》，《西域研究》，2005 年第 3 期。

29. 趙豔玲、冀滿紅，《淺析清末憲政活動中順直諮議局的穩定性》，《歷史教學》，2005 年第 4 期。

30. 張洪林、曾友祥，《論晚清的司法獨立》，《華南理工大學學報（社會科學版）》，2005 年第 5 期。

31. 朱英，《民國時期江蘇鬮行紛爭與省議會被毀案》，《歷史研究》，2005 年第 6 期。

32. 黃燕群，《民國時期「兼理司法制度」組織形式演變探析》，《湘潭師範

學院學報（社會科學版）》，2005 年第 9 期。

33. 俞勇嬪，《戴鴻慈與清末憲政運動的開端》，《歷史教學》，2005 年第 11 期。

34. 姜棟，《清末憲政改革：以清末地方自治為視角》，《法律文化研究》，2006 年第 00 期。

35. 翟俊，《「走向現代」的悖論：論清末江浙地區的諮議局、地方自治選舉》，《史林》，2006 年第 2 期。

36. 田東奎，《滿洲貴族與清末憲政》，《歷史檔案》，2006 年第 3 期。

37. 季金華，《清末憲政運動及其意義》，《江淮論壇》，2006 年第 4 期。

38. 趙豔玲、季鵬，《立憲運動及立憲派與民初議會制的建立》，《社會科學輯刊》，2006 年第 5 期。

39. 葉利軍，《民初〈省議會議員選舉法〉探略》，《求索》，2006 年第 5 期。

40. 朱英，《民國時期省議會與省長之間的衝突：以江蘇省議會彈劾省長案為例》，《社會科學研究》，2007 年第 1 期。

41. 徐建平，《順直諮議局與清末分權制衡體制的產生》，《史學月刊》，2007 年第 4 期。

42. 李學智，《清末政治改革中的滿漢民族因素》，《天津師範大學學報（社會科學版）》，2007 年第 5 期。

43. 張劍，《〈欽定憲法大綱〉與清末政治博弈》，《史學月刊》，2007 年第 6 期。

44. 王國平，《江蘇現代化啟動的歷史特點》，《社會科學》，2007 年第 7 期。

45. 韓傑，《民國時期司法獨立制度形式化過程探析》，《江蘇警官學院學報》，2008 年第 7 期。

46. 李俊，《論晚清〈司法獨立〉原則的引進》，《福建論壇（人文社會科學版）》，2008 年第 8 期。

47. 袁蹄然，《清末新政中江蘇士紳立憲活動述評》，《江蘇警官學院學報》，2009 年第 3 期。

48. 胡凱，《略論清末憲政改革對德國模板的取捨》，《北京大學學報（哲學社會科學版）》，2009 年第 4 期。

49. 劉昕傑，《政治選擇與實踐回應：民國縣級行政兼理司法制度述評》，《西南民族大學學報（人文社科版）》，2009 年第 4 期。

50. 樊翠花、王驊書，《宣統年間江蘇反戶口調查事件探因》，《鹽城師範學院學報（人文社科版）》，2009 年第 8 期。

51. 關曉紅，《清季外官制的「地方困擾」》，《近代史研究》，2010 年第 5 期。

52. 史新恒，《清末官制改革與各省提法使的設立》，《求索》，2010 年第 8 期。

53. 關曉紅，《章程條文與社會常情及其變態：清末政體改制的問題》，《學術研究》，2010 年第 11 期。

54. 趙豔玲、宋頌，《順直省議會民意代表職能的弱化及其原因分析》，《歷史教學》，2010 年第 12 期。

55. 李細珠，《日韓合併與清末憲政改革》，《近代史研究》，2011 年第 4 期。

56. 李細珠，《晚清地方督撫權力問題再研究——兼論清末「內外皆輕」權力格局》，《清史研究》，2012 年第 3 期。

57. 關曉紅，《速成新政與清朝覆亡》，《學術研究》，2012 年第 11 期。

58. 崔志海，《清末十年新政改革與清朝的覆滅》，《社會科學輯刊》，2013 年第 2 期。

59. 邱志紅，《清末法制習慣調查再探討——基於清末新政預備立憲脈絡的歷史梳理》，《中國社會科學院近代史研究所青年學術論壇》，2014 年卷。

60. 李在全，《制度變革與身份轉型——清末新式司法官群體的組合、結構及問題》，《近代史研究》，2015 年第 5 期。

61. 黃珍德，《清末農村新政激變中的官紳民及其互動——以 1910 年萊陽民變為例》，《華南師範大學學報（社會科學版）》，2016 年第 2 期。

62. 吳園林，《1908：清末新政中的議院政治》，《雲南大學學報（法學版）》，2016 年第 5 期。

63. 楊國強，《清末新政與共和困局（上）——民初中國的兩頭不到岸》，《學術月刊》，2018 年第 1 期。

64. 楊國強，《清末新政與共和困局（下）——民初中國的兩頭不到岸》，《學術月刊》，2018 年第 2 期。

六、學位論文

1. 朱雲平，《辛亥革命前後江蘇地區的審判制度研究》，揚州大學 2003 年碩士論文。

2. 樊翠花，《辛亥革命前十年間江蘇民變問題研究》，揚州大學 2004 年碩士論文。

3. 張愛華，《河南省第一屆省議會(1913 年～1918 年)》，華中師範大學 2005 年碩士論文。

4. 崔道峰，《清末江蘇地方自治述論》，揚州大學 2005 年碩士論文。

5. 彭瑞花，《民國初期的司法改革》，山東大學 2006 年碩士論文。

6. 劉超，《清末民初甘肅省議會述論》，蘭州大學 2007 年碩士論文。

7. 閆婷婷，《論民國的地方自治：西北大學 2007 年碩士論文。

8. 郭旗，《民國時期司法獨立的異化》，山東大學 2010 年碩士論文。

9. 李浩賢，《地方自治的主張與實踐：晚清上海和天津的比較研究》，復旦大學 2003 年博士論文。

10. 李超，《清末民初的審判獨立研究：以法院設置與法官選任為中心》，中國政法大學 2004 年博士論文。

11. 葉利軍，《民國北京政府時期選舉制度研究》，湖南師範大學 2004 年博士論文。

12. 張熙照，《傳統審判制度近代化研究》，吉林大學 2007 年博士論文。

13. 吳建銘，《民初（1912～1913）立法與行政關係的論爭》，福建師範大學 2009 年博士論文。

14. 王晨鹿，《山東省第一屆省議會研究》，山東師範大學 2010 年碩士論文。

15. 楊衛東，《民國北京政府時期東北地方行政制度研究》，吉林大學 2010 年博士論文。

16. 郭正懷，《民國時期審判制度研究》，湘潭大學 2010 年博士論文。

17. 塔麗婷，《清末民初的東三省地方議會研究——從清末諮議局到民初省議會（1907～1914)》，吉林大學 2014 年博士論文。

18. 張敏，《民國初期央地權力聚散關係研究（1912～1928)》，西南政法大學 2016 年博士論文。

七、外文資料

1. Meribeth. E.Cameron, The reform movement in China, (1898~1912), Octagon Books,1963.

2. Joh.H.Fincher,Chinese Democracy:The Self-government Movement in Local, Provincial and National Politics, 1905~1914, Australian National University press,1981.

3. Roger.R.Thompson, China's Local Councils in the Age of Constitutional Reform, 1898~1911, Council on East Asian Studies, Harvard University, 1995.

4. Philip.C.Huang, Code, Custom, and Legal Practice in China: The Qing and the Republic Compared, Stanford University Press, 2001.

5. Xiaoqu Xu,Trial of Modernity: Judicial Reform in Early Twentieth-Century China, 1901~1937, Stanford University Press, 2008.